矢嶋　光著

芦田均と日本外交

―連盟外交から日米同盟へ―

吉川弘文館

目次

表目次

序章　課題と方法

本書は、戦前から戦後にわたる芦田均の政治的足跡を辿ることによって彼の再軍備論を内在的に分析し、戦後日本の外交路線の形成と対立の諸相を考察するものである。

従来の戦後日本外交史研究は、吉田茂の外交構想と政治指導の分析を中心に進められてきた。すなわち、国際政治における力を構成するものとして経済的なものを考え、軍事力には二次的役割しか認めない「商人的国際政治観」の持ち主としての吉田像を描き出し、軽武装・日米安保体制・経済中心主義の組み合わせによって軽武装通商国家を目指すことを選択した吉田の政治指導（「吉田路線」）を戦後日本の復興と経済大国化を決定づけた最大の要因として評価した高坂正堯氏による吉田茂論[(1)]を端緒として、「吉田路線」の評価が戦後外交の形成をめぐる主要な論点の一つとなってきたのである[(2)]。

これに対して、吉田に真っ向から対抗したのが芦田であった。芦田は、吉田の軽武装論を批判し、戦後の日本にも軍事力が必要との立場から積極的再軍備論を唱えた。だが、こうした芦田の存在が研究対象として取り上げられることはほとんどなかった。

これまで芦田の研究が本格的になされてこなかったのは、そもそも戦争放棄を規定した日本国憲法の制定に携わりながら、朝鮮戦争の勃発をきっかけとして一転して再軍備論を主張したことによって、その政治行動は一貫性を欠くものとして見られ、芦田の外交構想が十分に理解されなかったことがあげられる。しかも、再軍備論を唱えていくなかで、日本社会党との提携による中道路線から社会党への対抗を目的とする保守合同路線へとその政治的立場を変えていったことは、芦田の「変節」をいっそう印象づけることになった。実際、再軍備論者としての芦田については、当時から「その態度の急変」が指摘され、「政治的行動の首尾一貫しない」「オポチュニスト」との批評がつきまとった(3)。

しかし、近年になって芦田の再軍備論に対する関心は高まりを見せている。なぜなら、吉田の軽武装論を正面から批判する芦田の再軍備論は、「吉田路線」の評価を試みるうえで格好の比較対象であるのみならず、芦田を位置づけることは「吉田路線」の代替可能性を探る試みでもあるからである。

こうした吉田の比較対象としての芦田の存在に最初に注目したのは、戦後期の「芦田均日記(4)」を編纂した進藤榮一氏である(5)。進藤氏は、芦田の再軍備論が民族の生存や独立といった自己保存の本能から導かれる自衛権によって正当化され、過激ともいえるナショナリズムの言辞に彩られたものであったことを指摘したうえで、芦田の国際政治観は「〝ヨーロッパ近代〟の延長上にあり、外交を欧米列強の〝力の均衡〟ゲームを軸に見すえ、西欧との協調を説くリアリズム外交論であり、ヨーロッパ近代の植民地主義者の外交論と近似している」と論じ(6)、ナショナリスティックなリアリストとしての芦田像を提示した。進藤氏が提示したこの芦田像は現在でも定着しているといってよい(7)。

もっとも、進藤氏の問題関心は、中道路線とこれを保守の側から担った芦田の再評価という点にあったため、実際には再軍備論者としての芦田については十分な分析がなされているとはいえない(8)。なかでも問題なのは、再軍備論者としての芦田を分析する際の枠組みとして理想主義と現実主義の二項対立の図式を用いていることである。なぜなら、日本国憲法の平和主義に依拠する理想主義と日米安保体制に依拠する現実主義という対立の図式は、一九六〇年安保期の保革対立のなかで定着したものであり、これを戦後外交の形成期に逆投影することは当該時期の外交論の対

立を本質的に説明することにはならないからである。(9)

この点に関してより具体的にいえば、第一に、この理想主義と現実主義の二項対立の図式によると、芦田と吉田はともに日米安保体制を肯定するリアリストとして分類されることになり、両者の差異が曖昧なものになってしまうことがあげられる。すなわち、「芦田と吉田の差は、再軍備を早めるか遅らせるか、公然と行うか非公然と行うか、その差でしかなかった」というように、(10)結局のところ積極的再軍備論と軽武装論は再軍備をめぐる方法の問題でしかなかったという結論に至るのである。その結果、再軍備問題は、保守勢力内における権力闘争の一部として矮小化され、外交路線をめぐる対立として捉えられてこなかった。(11)

第二に、積極的再軍備路線内の対立や相違についてもそれを覆い隠してしまうことがあげられる。芦田と同様に再軍備論を唱えた政治家に鳩山一郎や岸信介、重光葵らがいたことはよく知られている。従来の研究においては、彼らは自主防衛の立場から再軍備論を唱えた保守政治家として理解されてきた。(12)しかし、進藤氏が日記の解説において指摘しているように、鳩山・岸政権期の芦田は、向米一辺倒を批判する政権から距離を置くようになり、むしろ対米協調の観点から吉田派への接近を図るようになる。このことは、芦田が鳩山や岸、あるいは重光らの対米自主路線とは異なる政策志向を持っていたことを示唆しているが、これとの関連で芦田の再軍備論がどのように位置づけられるのかについて、進藤氏は明らかにしていない。(13)

このように進藤氏の研究は、一九六〇年代の保革対立のなかで定着した理想主義と現実主義の二項対立の図式を再軍備論者としての芦田に当てはめたものに過ぎない。要するに、芦田の再軍備論は、「吉田路線」の代替可能性を探るうえできわめて重要な外交論として注目されながら、それがいかなる思想的背景を持ち、またいかなる外交路線を志向するものであったのか、いまだ十分には解明できていないのである。

たしかに、芦田の再軍備論については、保革対立という一九五五年体制の成立へと向かう一つの分水嶺になったという点で、従来からその政治史的な意義が指摘されてきた。朝鮮戦争の勃発を契機として、外交・防衛政策をめぐる対立軸がそれまでの経済政策をめぐる対立軸に対して優越的なものとなっていくなかで、芦田が再軍備論を唱えたことは、非武装中立を掲げる社会党との政策距離を拡大させ、最終的には中道路線の終焉をもたらすことになったからである(14)。

しかし他方で、そうした保革対立の構図と理想主義と現実主義の対立の図式を連動させる視角は、積極的再軍備論と軽武装論の相違や積極的再軍備路線内の対立といった保守勢力内における外交路線の複雑さを捨象することになってしまったといえる。したがって、これらの問題を解明にするためには、改めて芦田の再軍備論を正面から問い直さなければならないのである。

以上のような問題意識にもとづいて、本書では、次の三つの点に留意しながら、戦前から戦後にわたる芦田の政治的足跡を分析し、彼の再軍備論の思想的系譜を明らかにするとともに、戦後日本外交における再軍備論の位置づけを考察する。

第一に、芦田の国際政治観、とりわけ国際秩序がいかにして維持されるのか、あるいは維持されるべきか、という秩序原理に対する芦田の見方である。芦田は、一九一二年（大正元）に外務省に入省してから一九三二年（昭和七）に政党政治家へと転身するまでのあいだ、ロシア勤務を振り出しにその外交官生活の大半をヨーロッパ在外勤務で過ごした。ちょうどこの期間は、第一次世界大戦を画期とする国際秩序の変動期に当たる。すなわち、第一次大戦はヨーロッパの没落とアメリカの台頭をもたらしたという点で、国際秩序における力の分布を大きく変動させるとともに、大戦後に登場した「新外交」という言葉に象徴されるように、国際秩序を維持するための秩序原理や外交のあり

方についても根本的な変革をもたらすことになった。(15)

なかでも最も大きな変革の一つが、国際連盟の成立であった。連盟は、「戦争に訴えさるの義務」と「各国政府間の行為を律する現実の規準として国際法の原則」を確立し、こうした原則にもとづいて「国際協力を促進し、且各国間の平和安寧を完成」することを目指して設立されたものであった。(16)また、このような戦争違法化の原則にもとづいて、連盟規約第一一条には、「戦争又は戦争の脅威は、連盟国の何れかに直接の影響あると否とを問はす、総て連盟全体の利害関係事項たること」が規定され、第一六条には、連盟規約に違反して「戦争に訴へたる連盟国は、当然他の総ての加盟国に対して戦争行為を為したるものと見做す」こと、またそうした違約国に対しては通商・金融・交通関係の断絶にくわえて軍事力の行使を含む制裁を科すことが規定された。(17)

つまり、連盟の設立は、国際社会の多元性を前提として同盟や協商を積み重ねることで各国の力の均衡を維持する従来の勢力均衡にかわって、戦争違法化とそれにもとづく国際機構を基軸とした集団安全保障体制の構築という普遍主義的な国際秩序を具体化しようとするものであった。(18)そして芦田は、連盟外交や連盟を中心とする多国間外交の現場に立ち会い、そうした普遍主義的国際秩序の形成に自らも参画した経験を持つ欧州在勤の外交官の一人であった。

もっとも、一九三〇年代に入って満洲事変や伊エ戦争、ドイツによるラインラント進駐といった事態が発生すると、連盟を基軸とした集団安全保障体制は、これらに何らの有効な対処もなし得ず、最終的には一九三九年九月のドイツによるポーランド侵攻に端を発する第二次世界大戦の勃発によって完全に崩壊することになる。第二次大戦後には国際連合が設立され、普遍主義的国際秩序の再建が目指されるものの、米ソ冷戦のために国連が機能することはなかった。

本書では、戦争違法化とそれにもとづく国際機構を基軸とした集団安全保障体制という新たな秩序形成の試みに参画した経験を持つ芦田がそれをどのように理解したのか、またその後の国際政治における現実の動向を受けて芦田の国際政治観は変化したのか、しなかったのか、変化したとすればそれはどのようにか、といった点を分析する。

第二に、芦田の対ソ外交論に留意する。戦前の芦田が革命ロシアとの国交正常化の必要性を唱え、満洲事変以後には日ソ中立地帯の設置や日ソ不可侵条約の締結など対ソ協和外交の推進を強く訴えた対ソ協調論者であったことはよく知られている。他方で、戦後の芦田が強烈な反ソ・反共主義者へと変貌を遂げることも、これまでに指摘されてきたことである(19)。しかし、このように戦前から戦後にかけて芦田の対ソ外交論が一八〇度転換することになった理由については、いまだ十分に明らかになっていない(20)。本書では、こうした変化がいつ、どのように引きおこされたのかを分析することを通じて、対ソ外交論の根幹にある芦田の国際政治観を明らかにしていく。

第三に、外務省の政策と人脈の系譜に留意する。すでに述べたように、芦田は外交官としてその政治的足跡の第一歩を踏み出した。また、政党政治家へと転身したのちも、芦田は外交への関心を持ちつづけ、ときには外務省と協働して軍部に対抗し、またときには自らの外交構想を対置して同省を批判した。さらに、戦後には外相として占領下の外交を指導した。その点で、芦田と外務省との関係は生涯にわたって途切れることはなかった。

本書では、外務省のなかでもとくに幣原喜重郎、吉田茂、重光葵の三人との関係に注意を払う。彼らは、戦前日本の外交路線をそれぞれ体現する外交官であり、その活動は芦田と同様に戦後にまで及ぶことになるからである。また分析に当たっては、第一の視角と関連させながら、「新外交」の受容という観点から連盟に対する評価について芦田との比較をおこなう。具体的には、これまでの先行研究を前提としながら(21)、(一)ワシントン体制を日英米三国による多国間協調システムとして尊重する一方、「新外交」を経済主義として解釈し、ワシントン体制下の中国をもっぱら市場として把握する幣原、(二)第一次大戦後も「旧外交」による二国間同盟政策を追求し、日英協調を模索した吉田、（三）「新外交」における民族自決の理念を重視し、中国の脱植民地化要求に積極的に呼応した重光、という三者に整理したうえで、第一次大戦後に登場した集団安全保障という新しい国際秩序原理やこれを具体化した普遍的な国際機構としての連盟に対する評価について芦田との比較をおこなう。彼らとの比較によって、芦田を日本外交全体のなかに位置づけることができると考える。

本書の構成は以下のとおりである。まず第一章から第二章では、主に外交官時代の芦田を取り上げ、彼が国際政治観を形成していく過程を論じる。第一章では連盟外交との関わりを中心に分析し、芦田が勢力均衡原理を否定的に捉えるようになったこと、戦争違法化と集団安全保障の理念を中核とする連盟を重視する普遍主義的国際政治観を形成したことを論じ、第二章では、そうした国際政治観との関係から満洲事変を契機として外務省を退官する経緯と事変に対する外交論を検討する。

つづいて第三章から第四章では、戦前期政党政治家時代の芦田を論じる。第三章では、前章で明らかにした外交論の実現に向けた芦田の政治活動を分析する。第四章では、日中戦争や欧州戦争の勃発によって連盟体制が崩壊していく一九三〇年代後半の国際政治の現実に対する芦田の情勢分析に注目し、連盟の崩壊という現実によって集団安全保障に対する彼の理解が改められていったこと、それにともなって普遍主義的国際政治観にも変容がもたらされたことを論じる。

これらを受けて第五章と第六章では、戦後の芦田を論じる。第五章では、とくに「芦田修正」と「芦田覚書」を中心に取り上げ、占領下における芦田の外交構想を分析する。第六章では、朝鮮戦争の勃発にともなう冷戦の熱戦化のなかで再軍備論者となった芦田を論じる。その際、戦前から戦中を経て形成された芦田の普遍主義的国際政治観から導かれる国際情勢分析、なかでも冷戦に対する見方を検討し、それとの関連から再軍備論の思想的背景を明らかにする。また、軽武装論や積極的再軍備路線内の対立にも注意を払うことで芦田の再軍備論が持っていた政策志向についても検討をくわえる。

最後に終章では、以上における芦田の国際政治観の形成と展開を踏まえて新たな芦田像を提示するとともに、戦後日本外交のなかで彼の再軍備論が持つ意味を総括的に論じる。

註

（1）高坂正堯『宰相吉田茂』（中央公論社、一九六八年）。ただし、高坂氏は、「吉田茂の施した戦後日本の基本路線はいつか変更されることになるであろう」と述べ、吉田の外交スタイルや政治哲学そのものを「礼賛」して「『吉田体制』にまでたかめてしまってはならない」ことも指摘している（同前、二四七、二五六頁）。

（2）こうした研究状況について、中西寛「〝吉田ドクトリン〟の形成と変容——政治における『認識と当為』との関連において」（『法学論叢』第一五二巻第五・六号、二〇〇三年三月）二七六〜二七七頁、Hugo Dobson, "Rethinking Japan's 'Lost Decade'," *Global Society*, 19-2 (April, 2005), pp. 211-223、添谷芳秀「吉田路線と吉田ドクトリン——序に代えて」（『国際政治』第一五一号、二〇〇八年三月）一〜一七頁を参照。なお、「吉田路線」あるいは「吉田ドクトリン」といった概念については、「①安保と軽軍備によって、経済成長が果たされたこと、②吉田が、それを自覚的・意図的に選択し、定式化したこと、③吉田が『弱者の恫喝』を使って、米国の防衛力増強圧力に対して抵抗したこと、④『保守本流』と経済官庁によってそれが維持されていること、⑤その路線を政策として保持することが望ましいこと」の五つにまとめた竹中佳彦氏の定義を参照（竹中佳彦「『吉田ドクトリン』論と『五五年体制』概念の再検討」『レヴァイアサン』第一九号、木鐸社、一九九六年、一七二〜一七三頁）。

（3）「『時の人』芦田均」（『読売新聞』一九五四年三月三一日）。

（4）戦後期の「芦田均日記」は一九八六年に、進藤榮一・下河辺元春編『芦田均日記』全七巻（岩波書店、一九八六年）として刊行された。これにくわえて、二〇一二年に戦前期の「芦田均日記」が、福永文夫・下河辺元春編『芦田均日記一九〇五—一九四五』全五巻（柏書房、二〇一二年）として刊行された。以下本書では、戦前と戦後の日記のいずれも『芦田均日記』と略記し、引用の際は巻数と年月日のみを表記する。なお、「芦田均日記」の原本については、ＪＳＰＳ科研費19330033「芦田均文書の保存・整理・公開および研究基盤創出のための総合研究」（研究代表者：福永文夫獨協大学教授）を通じて、ご遺族である下河辺元春氏から閲覧させていただくことができた。記して感謝申し上げる。

（5）進藤榮一「戦後政治と芦田均――〝保守本流〟に関する一考案」（『国際政治』第八五号、一九八七年五月）。

（6）進藤榮一「解題――日記と人と生涯」（『芦田均日記』第一巻）二九、三五頁。同「第三巻解説――昭電事件と再軍備運動と」（同第三巻）七〜一一頁も参照。

（7）たとえば、大嶽秀夫『再軍備とナショナリズム――保守、リベラル、社会民主主義者の防衛観』（中央公論社、一九八八年）、金俊燮「芦田均の再軍備論考」（『社会文化論集』第三号、一九九四年三月）、植田麻記子「占領初期における芦田均の国際情勢認識――『芦田修正』から『芦田書簡』へ」（『国際政治』第一五一号、二〇〇八年三月）は、いずれも進藤氏が提示した芦田像を踏襲している。近年では芦田のナショナリスティックな一面については徐々に修正されつつあるが、三戸英治「芦田均の外交安全保障論――吉田派・反吉田派との比較の中で」（『六甲台論集』第五二巻第一号、二〇〇五年）は、「戦前から国際政治を権力政治的に理解し、軍事安全保障の問題を最重視する古典的現実主義者であった」（三頁）ことを、楠綾子「芦田均――対米協調論者の『国際貢献』論」（増田弘編『戦後日本首相の外交思想――吉田茂から小泉純一郎まで』ミネルヴァ書房、二〇一六年）も、「力の均衡を国家間関係の基本構図ととらえる観点から成る国際政治観」（七三頁）を持っていたことを指摘しており、リアリストとしての芦田像はいまだ定着しているといってよい。このほかにも芦田を取り上げた研究には以下のようなものがある。一つは、自由主義者、とくに戦前以来のオールド・リベラリストとしての芦田に注目し、政治理念としての自由主義の可能性と限界、さらにその多様性を表すものとして彼の足跡を描いた研究であり、植田麻記子「芦田均にみる『自由主義』の展開――戦後日本の政治と外交における複線性の一考察」（二〇一〇年度慶應義塾大学大学院法学研究科提出博士論文）、上田美和「リベラリストの悔恨と冷戦認識――芦田均と安倍能成」（伊藤信哉・萩原稔編『近代日本の対外認識』Ⅰ、彩流社、二〇一五年）、同『自由主義は戦争を止められるのか――芦田均・清沢洌・石橋湛山』（吉川弘文館、二〇一六年）がそれに当たる。またいま一つは、戦後政治家としての芦田に注目し、政治理念との関わりとともに、現実の政治状況にも留意しながら実際の政治活動を分析した研究であり、吉田龍太郎「保守合同後の芦田均――近代主義者の国家論とその帰結」（『法学政治学論究』第一〇一号、二〇一四年六月）、同「保守合同後の政党政治と外交政策論争――対米自主外交論の内在的抑制と芦田均」（『法政論叢』第五一巻第一号、二〇一四年）、同「芦田均の共産主義認識」（同第五三巻第一号、二〇一七年）、同「芦田均と地元地方選挙――福知山市・天田郡における府議選対応を中心に」（『政治経済史学』第六〇五号、二〇一七年五月）がそれに当たる。

（8）　進藤氏による芦田研究の主な論点は、第一に、「戦後民主主義と戦後改革とのかかわりから言えば吉田はむしろ『日記』のなかで、改革を阻む近衛らに近い守旧派」であったこと、保守合同が「吉田派の権力の喪失と反吉田派による権力の奪還を意味していた」ことを明らかにすることで、「保守本流を吉田と吉田派に体現された思想と政策に見る見方が、どこまでその正当性を歴史に向けて主張できるだろうか」という疑問を提起する点にあり、そのうえで第二に、むしろ「『経済復興』と『民主化』の礎がこの時期、連合政権期に据えられて、通商国家化への道が用意され始めていた」ことを論じて、改革派連合としての中道政権にこそ戦後日本の復興と経済大国化の起源が求められることを主張する点にあった。したがって、進藤氏の主要な問題関心は、中道路線を保守の側から担った芦田を再評価することにあり、そもそも再軍備論者として芦田に対して向けられていなかったともいえる（前掲、進藤榮一「戦後政治と芦田均」六八～七〇頁）。

（9）　酒井哲哉「戦後外交論における理想主義と現実主義」（『国際問題』第四三二号、一九九六年三月）を参照。ほかに、同「戦後日本外交と冷戦」（天川晃・五十嵐武士編『戦後日本史と現代の課題』築地書館、一九九六年）、同「戦後外交論の形成――『理想主義』と『現実主義』の系譜学的考察」（同『近代日本の国際秩序論』岩波書店、二〇〇七年）も参照。

（10）　進藤榮一「第四巻解説――再軍備運動と保守再編と」（『芦田均日記』第四巻）五頁。

（11）　芦田の再軍備論を政局の観点から捉える代表的な研究として、御厨貴「昭和二〇年代における第二保守党の軌跡――『芦田日記』『重光日記』にみる芦田・重光・三木」（『年報　近代日本研究』九、山川出版社、一九八七年）がある。御厨氏によれば、芦田は、野党に転じた国民民主党が吉田自由党に取り込まれることを防ぐために、「吉田が絶対に受けいれることのできない再軍備論の口火を切った」という（二九七頁）。

（12）　たとえば、波多野澄雄「『再軍備』をめぐる政治力学――防衛力『漸増』への道程」（『年報　近代日本研究』一一、山川出版社、一九八九年）一九五頁、樋渡由美『戦後政治と日米関係』（東京大学出版会、一九九五年）一～二頁、植村秀樹『再軍備と五五年体制』（木鐸社、一九九五年）八四～八九頁、佐道明宏『戦後日本の防衛と政治』（吉川弘文館、二〇〇三年）六～七頁、楠綾子『吉田茂と安全保障政策の形成』（ミネルヴァ書房、二〇〇九年）一八九～一九五頁、柴山太『日本再軍備への道――1945-1954』（ミネルヴァ書房、二〇一〇年）四九一～四九四頁を参照。

（13）　進藤榮一「第六巻解説――日ソ交渉と保守合同と」（『芦田均日記』第六巻所収）、同「第七巻――最晩年の日々」（同第七巻所

収）を参照。このほかに、芦田の再軍備論が対米自主路線とは一線を画すものであったことを指摘する研究として、前掲、三戸英治「芦田均の外交安全保障論」、中島信吾『戦後日本の防衛構想――「吉田路線」をめぐる政治・外交・軍事』（慶應義塾大学出版会、二〇〇六年）一〇一～一〇四頁を参照。

（14） 一九五五年に成立した政治体制について、形式的には自民党と社会党による二大政党制、実質的には自民党の一党優位政党制を意味するものとして、一九五五年体制の概念を最初に用いたのは、升味準之輔「一九五五年の政治体制」（『思想』第四八〇号、一九六四年六月）である。そして五五年体制の成立について、外交・防衛政策をめぐる「平和」軸と経済政策をめぐる「保守―急進」軸の二つの対立軸から捉える分析視角を提示したのが、宮崎隆次「日本における『戦後デモクラシー』の固定化――一九五五年体制の成立」（犬童一男・山口定・馬場康雄・高橋進編『戦後デモクラシーの成立』岩波書店、一九八八年）である。この分析視角を踏まえて、芦田の再軍備論が中道政治を崩壊させたとして、これを五五年体制の成立へと向かう分岐点として強調するものに、竹中佳彦「中道政治の崩壊――三木武夫の外交・防衛路線」（『年報 近代日本研究』一六、山川出版社、一九九四年）、同「芦田均の軌跡」（北岡伸一・五百旗頭真編『占領と講和――戦後日本の出発』情報文化研究所、一九九九年）がある。なお、保革対立という国内政治状況を冷戦という国際環境との連関のなかで捉える分析視角を提示したのは、坂本義和「日本における国際冷戦と国内冷戦」（『岩波講座 現代六』岩波書店、一九六三年）であり、この分析視角を踏襲して対日講和と政党政治の連関を論じたものに、五十嵐武士『対日講和と冷戦――戦後日米関係の形成』（東京大学出版会、一九八六年）第四章がある。以上のような五五年体制に関する既存の研究を整理したものとして、山口定「戦後日本の政治体制と政治過程」（三宅一郎・山口定・村松岐夫・進藤榮一『日本政治の座標』有斐閣、一九八五年）八三～八五頁、中北浩爾『一九五五年体制の成立』（東京大学出版会、二〇〇二年）序論を参照。

（15） 「新外交」は、革命ロシアのレーニン（Vladimir Lenin）が「無賠償・無併合」の原則にもとづく平和を呼びかけたのに対抗して、一九一八年一月にアメリカ大統領のウィルソン（Woodrow Wilson）が「平和のための一四ヵ条」の提案をおこなったことをその端緒とする（A・J・メイア／斎藤孝・木畑洋一訳『ウィルソン対レーニン――新外交の起源一九一七―一九一八年』Ⅰ・Ⅱ、岩波書店、一九八三年を参照）。もっとも、「新外交」は「旧外交」を批判するための標語としての性格が強く、その概念を定義することには困難がともなう。本書では、「新外交」を「旧外交」の裏返しとして、「①外交の民主的統制（条約批准の際の議会承認）、②公開外交（全ての条約の国際連盟事務局への登録）、③民族自決権の承認（国際連盟による委任統治）、④集団安全保障（国際連盟）、⑤国際協調主義外交」とする千葉功氏の定義を参考にしつつ（千葉功『旧外交の形成――日本外交一九〇〇～一九一九』勁草書房、二〇〇八年、四六五頁）、二国間同盟・協商の積み重ねといった力の均衡を重視する勢力均衡原理にかわる④の集団安全保障（国際連盟）の成立に注目する。

（16）連盟規約前文は、「締約国は戦争に訴えさるの義務を受諾し、各国間に於ける公明正大なる関係を規律し、各国政府間の行為を律する現実の規準として国際法の原則を確立し、組織ある人民の相互の交渉に於て正義を保持し且厳に一切の条約上の義務を尊重し、以て国際協力を促進し、且各国間の平和安寧を完成せむか為、茲に国際連盟規約を協定す」と謳っている（外務省編『日本外交年表竝主要文書』上、原書房、一九六五年、四九三頁）。

（17）連盟規約第一一条一項は、「戦争又は戦争の脅威は、連盟国の何れかに直接の影響あると否とを問はす、総て連盟全体の利害関係事項たることを茲に声明す」と規定し（同前、四九五頁）、第一六条一項において、「第一二条、第一三条又は第一五条に依る約束を無視して戦争に訴へたる連盟国は、当然他の総ての連盟国に対し戦争行為を為したるものと見做す。他の総ての連盟国は、これに対し直ちに一切の通商上又は金融上の関係を断絶し、自国民と違約国国民との一切の交通を禁止し、且連盟国たると否とを問はす他の総ての国の国民と違約国国民との間の一切の金融上、通商上又は個人的交通を防遏すへきことを約す」こと、同条二項において、「連盟理事会は前項の場合に於て連盟の約束擁護の為使用すへき兵力に対する連盟国家国の陸海又は空軍の分担程度を関係各国政府に提案する義務あるものとす」と規定する（同前、四九八頁）。

（18）集団安全保障とは、「理念的にいえば、主権国家からなる国際社会において、ある国が他の国を軍事的に侵略した場合、他のすべての国が侵略国に対して制裁を加え、そのことによって侵略行動をやめさせ、侵略された国の主権を回復し、現状復帰する仕組み」であり、「もしこのような仕組みが現実の世界において有効に作動することが明らかにされれば、たとえ侵略を考えている国があるとしても、その国は、もし侵略行動を起こした場合、他のすべての国を相手にしなければならないことから、侵略行動をとることはない」という、制裁機能と抑止機能からなる（山本吉宣「集団安全保障」国際法学会編『国際関係法辞典』第二版、三省堂、二〇〇五年、四五三頁）。なお、集団安全保障という用語が外交用語として一般的に使用されるのは一九三一、三二年ごろであり、概念として自立するのは一九三〇年代初頭であるとされる（濱口學「集団安全保障」加藤友康編『歴史学事典』第七巻、弘文堂、二〇〇〇年、三〇八～三〇九頁を参照）。外務省記録からこの点を明らかにしようとした研究として、同「両大戦間期の外務省記録に現れた『集團的安全保障』」（『外交史料館報』第一四号、外務省外交史料館、二〇〇〇年六月）、同「一九三〇年代の外務省記録に現れた『包囲政策』」（同第一六号、二〇〇二年六月）がある。このほかに、国際政治史の観点から集団安全保障と同盟の概念を整理した、高坂正堯「集団安全保障と同盟の変遷――理念と現実」（『国際問題』第二五八号、一九八一年九月）、また国際法の観点から両者の概念を整理した、筒井若水「国際法概念としての集団安全保障と同盟」（同前）も参照。

(19) 前掲、進藤榮一「解題」二八～二九頁を参照。

(20) この点に関して、そもそも芦田の変貌と捉えるか否かで争いがある。たとえば、進藤氏は「第二次大戦後の冷戦の展開と、朝鮮戦争を機にしたその熱戦への転化のなかで、芦田のソ連外交像が急速に変容してい」ったと指摘するのに対して（前掲、進藤榮一「解題」二八～二九頁）、渡邉昭夫氏は「この時期〔占領期〕の芦田をリベラルとし、後年、再軍備論者、反共主義者として変身すると見る向きもあるようだが、こと『反共』に関するかぎり、芦田に転向はない」、あるいは「後年の芦田を再軍備等々に関して『右』へ転向したと見るよりも、それを論理的発展としてとらえた方がよさそうである」と論じる（渡邉昭夫「書評と紹介――進藤榮一・下河辺元春編『芦田均日記』第一巻、第二巻」『日本歴史』第四六五号、一九八七年二月、一一〇～一一一頁）。

(21) 一九二〇年代の日本外交を分析した先行研究において、幣原と田中義一のパーソナリティに注目して、「幣原外交」と「田中外交」として対比して論じるものがある（たとえば、馬場伸也『満州事変への道――幣原外交と田中外交』中央公論社、一九七二年を参照）。この分析視角によると、多国間協調システムとしてのワシントン体制を尊重する「幣原外交」と、旧外交的な二国間同盟政策を追求する「田中外交」が対照的に描かれる。そして、吉田は外務省のなかでは数少ない「田中外交」の系譜に属する外交官とされる（ジョン・ダワー／大窪愿二訳『吉田茂とその時代』上巻、TBSブリタニカ、一九八一年、八四～九四頁を参照）。また、満洲事変前後の外務省の対中国政策について、吉田と重光という二人の外交官の外交理念を内在的に分析し、「英米協調」と「日中提携」として対比して論じるものがある（酒井哲哉「『英米協調』と『日中提携』」前掲『年報　近代日本研究』一一所収を参照）。この分析視角によれば、「幣原外交」と「田中外交」とのあいだには、中国をもっぱら市場として把握する点、英米協調を志向する点で共通性が見いだされる。他方で、重光はワシントン体制下における中国を交渉相手国として捉え、これを積極的に取り込もうとする日中提携路線を追求した外交官として位置づけられる（小池聖一「『国家』としての中国、『場』としての中国――満州事変前、外交官の対中国認識」『国際政治』第一〇八号、一九九五年三月、服部龍二「中国外債整理交渉における幣原外相と重光駐華臨時代理公使」同第一一三号、一九九六年一二月を参照）。

第一章　外交官としての出発

本章では、芦田均が国際政治観を形成していく過程を検討する。第一節では、外務省に入省するまでの芦田の人格形成や思想形成について論じる。第二節では、外交官となった芦田の省内における位置を明らかにし、第三節では、それとの関連からどのような国際政治観を形成したのかを論じる。

一　生い立ちと資質

芦田均は、一八八七年（明治二〇）一一月一五日、京都府天田郡中六人部村（現在の福知山市字宮）に父鹿之助、母しげの二男として生まれた(1)。芦田家は、もともと信州佐久の芦田荘に起源を持つ豪族であったが、戦国時代に武田氏に追われて、丹波に移ったという。江戸時代には代々治左衛門を名乗り、綾部藩六人部荘ほか六〇部落を取りまとめる大庄屋となった。明治維新後になると、芦田家は、村ばかりでなくその地方の世話役も務めた。

そうした家系にあって、父鹿之助はとくに政治への関心が高く、一八八一年に板垣退助が自由党を結成して全国的な運動を展開すると、これに応じて村長や村会議員、さらに府会議員などの公職に就いて地方政治家として積極的に活動するようになった。一八九〇年七月には結果は落選であったものの、第一回総選挙に三十三歳の若さで立候補した。このの ち鹿之助は、一九〇四年三月の第九回総選挙に再び挑戦して初当選を飾り、立憲政友会所属の代議士として中央政界でも活躍した。

また、鹿之助の実弟種吉は、東隣の何鹿郡の豪農である遠藤家の養子に入って三郎兵衛を名乗り、郡是製絲株式会社（現在のグンゼ株式会社）の取締役を務めた。郡是は、波多野鶴吉が中心となって先代の遠藤三郎兵衛らとともに立ち上げた何鹿蚕糸業組合を母体として一八九六年に設立された。地場産業であった蚕糸業の振興を目的に設立された郡是は、設立初年度から国内出荷だけでなく海外輸出もおこなう「関西一流の製糸場」となった(2)。

以上のような背景を持つ芦田家は、自由民権運動を支えた地方名望家の典型的な家系であり、鹿之助はのちの芦田の政治的地盤を培い、叔父の遠藤と郡是は資金面からこれを支えることになった。

もっとも、幼少時代の芦田は、必ずしも幸福な家庭環境のなかで育ったわけではなかった。五歳のときに、母しげと姉はる、よしを亡くしている。これは、ジフテリアに罹った芦田の看病に当たった母と二人の姉に菌が感染したためであった。このことは、「青年になつて後も親類が集まると『お前ハ母と姉とを殺して自分だけ助かつたのだ』と云ハれ(3)」、幼心に大きな傷を残した。

しかも、母の死後に鹿之助が後妻を迎えたこともあって、高等小学校への入学をきっかけに生家を出ることになった。芦田は、兵庫県氷上郡にある崇広高等小学校に通うために、柏原藩の旧家であった小谷家に預けられることになったのである。十歳になったばかりの芦田にとって、生家を離れることには不安がつきまとった。

だが、そこで「男まさりのしっかり者」である小谷幸老婦人から「初めて規律ある生活とはどんなものかという訓練を受け」、「其頃からやっと毎日何時間か勉強する習慣」もつくようになった(4)。「私が一人前の青年として育ったのは、専らこの婦人の薫陶によるもの」であったと回想しているように(5)、厳しくも温かい幸の存在は、幼少期に母を亡くした芦田に精神的な安定をもたらした。

芦田が外交官、政治家を志すようになったのは、中学生のときのことであった。芦田は、高等小学校卒業後も引きつづき小谷家の世話になり、一八九九年に兵庫県立柏原中学校に入学した。中学生時代の芦田は、運動よりも読書や作文を好む軟派とか文弱派と呼ばれる生徒であった一方、二年生のときに演説部が創設されるとそこで「盛んに熱弁を振る」うようになった。(6)「当時は日露の風雲ただならず、本校生徒の間にも富国強兵、勤倹尚武を論ずる者が多かった」というが、(7)芦田もまたそうした生徒の一人であった。

たとえば、一九〇三年五月に華厳の滝に投身して世間を騒がせた藤村操の死に対して、「社会の一員として、国家の人民として、生存する以上は、少くとも、国家、社会に対する本務を忘却し、一時の痴情に気を奪はれて、自ら身を殺すが如きは、吾人不肖と雖、尚、且、大なる恥辱なるを知る」と断じ、(8)個人主義的心情のなかで煩悶する青年の国家に対する無関心を厳しく批判しているのは、そのことを物語るものである。また、「今や、バルカン、ペルシャ湾の低気圧は、急に東に向って進行し来り、東洋の風雲、日々に急にして、吾国第二の維新は、眼前に迫り来れり。吾人青年は、踔励風発して、共国《ママ》一致、国家の為に起たざるべからず」（傍線ママ）と述べているのも、(9)当時の芦田の姿をよく表している。

このように、中学生時代の芦田は、国家的独立と個人の自立を重ね合わせることのできる愛国少年だったのであり、そうした素朴な心情のなかで「殖民事業は、吾帝国を盛んならしむべき唯一の道にして、又我邦の存立上欠くべからざるものなり」として日本の対外膨張を積極的に肯定し、(10)「余が理想のモデルはピット氏と星亨氏となり」と記して、(11)偉大な外交家、政治家になることを夢見るようになっていたのである。

とはいえ、芦田は素朴な愛国少年の気質そのままに外交官となったわけではない。中学生時代には批判していた「煩悶青年」の時期を経験することになるのである。よく知られているように、日露戦争後になると、民族的独立の確保という明治維新以来の国家目標が達成されたことでそれまでの国家中心主義的な価値基準が揺らぎはじめ、個我の解放の気運が促進された結果、利己的な富の獲得を目指す「成功青年」や実存主義的絶望に陥る「煩悶青年」といった自我強調主義的な青年が登場するようになった(12)。

日露戦争さなかの一九〇四年九月に第一高等学校仏法科に入学した芦田も、第一学年が終わろうとする翌年六月ごろには「不思議に、校風の感化を受けて、一種奇妙な考を抱く様になりたることに候」（傍点ママ）と郷里の学友会に書き送るなど(13)、それまでの愛国少年から変化の兆しを見せはじめていた。同年一〇月の校風問題演説会のなかで、「自治寮懐疑派」として個人主義を擁護する立場から敝衣破帽や勤倹尚武、篭城主義といった旧来の全体主義的な校風を批判したように(14)、もはや芦田は、忠孝主義や国粋主義を説いて盲目的に家族や国家への忠誠を求める議論には同調できなくなっていたのである。

そうしたなかで、一方で禅学の老士たちの教説を聞きに湯島の日土講習会に参加し、他方で海老名弾正や綱島佳吉が主催する本郷教会や番町教会に通うなど(15)、芦田は、国家によって与えられてきた旧来の価値観にかわる新たな規範を自己の内面に求めるようになった。この頃の芦田が安倍能成や小宮豊隆、谷崎潤一郎、和辻哲郎、辰野隆ら文芸部の学生とのあいだで盛んに文学論を闘わせ、また和辻の誘いから文芸雑誌『新思潮』の再興にくわわり、自らも「丁字の花咲く頃」と題した私小説を執筆するなど「文学青年」としての姿を垣間見せたのも(16)、政治的世界とは切り離された私的生活という独自の領域の自律性を確立しようと模索する彼の姿を表すものであった。

のちに外交官としてロシアに赴任した芦田が、帝大時代に出会った貿易商長谷見次の娘寿美に向けて情熱的な手紙を送りつづけ、ついに結婚に至ったことはよく知られている(17)。入省を間近に控えた時期には、石井菊次郎（当時外務次官）の娘との縁談が持ち上がったこともあったが、「いろ〳〵す、めてくれたが貰ふ気になれなかつた」とこれを断ってのことであった。[18] 自身の出世のためには政官財界の有力者の閨閥に連なることを目的とする政略結婚が当然の時代にあって、寿美との恋愛結婚を選択した芦田の態度は、公私の区別をはっきりとつけ、自己の内面世界を大切にする彼の価値観や思想のあり様を象徴するものといえる。

こうして一高への入学とともに「煩悶青年」の時期を迎えて新たな価値観を模索するようになった芦田に最も大きな影響を与えたのが、新渡戸稲造とその門下生たちとの交流であった。教育者としての新渡戸は、敬虔なクエーカー教徒として個人の人格とその成長に価値を置く理想主義者として知られている。[19] その新渡戸が一高に赴任したのは、ちょうど芦田が三年生に進級した一九〇六年九月のことであった。校長として赴任した新渡戸は、就任披露式において自己の内面世界の重視とそうした内面世界での思索を外の世界との関わりのなかで活かしていく社会性の涵養を説いて、旧来の全体主義的な校風の刷新に乗り出した。[20]

この新渡戸による校風刷新運動に最も敏感に反応したのが弁論部の学生たちであり、弁論部は新渡戸を精神的支柱と仰ぐ「ニトベ宗」の中核となった。[21] なかでも新渡戸に傾倒したのが弁論部第六代委員の前田多聞や第七代委員の鶴見祐輔であり、これに森戸辰男（第十一代）や河合栄治郎（第十二代）、矢内原忠雄（第十四代）らがつづいた。芦田もまたその弁論部の一員であり、三年生のときには第八代委員として活躍するなど同部の中心的存在となった。[22]

また日記からも芦田が新渡戸に傾倒していた様子を窺うことができる。たとえば、新渡戸によるトーマス・カーライル（Thomas Carlyle）の「衣裳哲学」の講義を聴講した際に、「幾度聞いても面白いのは此の講義。想も趣味も二つ乍ら得られる」といった感想を綴っているのは、[23] そのことを示すものである。くわえて、新渡戸門下との交流も盛んであり、東京帝大時代の一九〇九年には同門下の筆頭であった鶴見とともに緑会弁論部の立ち上げに参加している。[24] 二人の親交は相当に厚かったようで、帝大卒業を目前に控えた鶴見に向けて、「君に対する尊崇の念は今も昔も変りなく寧ろ益々厚きを加へ候」と綴り[25]、一高以来の交際を振り返りつつ官界へと進む鶴見の活躍を祈念する手紙を認めるほどであった。

後年の芦田が「新渡戸稲造博士は私にとって生きた偶像のように見えた」と回想しているように[26]、また経済学者の大内兵衛が河合栄治郎を評するに当たって、「河合君は森戸くんの次のクラスで、森戸、河合とならんで一高の雄弁部でならしたもので、前田（多聞）、青木（得三）、鶴見（祐輔）、芦田（均）の流れをくむ人であろう」と回想しているように[27]、当時の芦田は自他ともに認める「ニトベ宗」の一人であった。

こうして新渡戸への師事と弁論部における交流を通じて、芦田は個人の人格とその自由な発展を重んじる個人主義にもとづく思想を形成していった。旧世代の「明治青年」を代表する徳富蘇峰が「大正青年」の個人主義的傾向と国家への無関心を嘆いて発表した『大正の青年と帝国の前途』に対して、「常套にして陳腐恰んど仕方がない」との感想を残しているのは[28]、そのことを明らかにしている。

ただし、芦田における個人主義的な思想形成については、次の二点に注意を払う必要がある。第一に、それが政治的関心の喪失を意味するものではなかったという点である。たしかに、この時期の個人主義は、公的目的よりも個人の私的欲求の充足を志向し、社会的実践から隠遁する「私化」的傾向を多分に含むものであった[29]。しかし、社会性の涵養を説き、個人の内面世界にとどまることを戒める新渡戸の教えに感化された芦田の個人主義は、個性の自由な発展を抑圧する政治体制への反発を呼び覚ますとともに、議会政治、あるいは政党政治の確立といった個人の自由を守るための政治的要求と結びつくことになった。たとえば、第一次西園寺公望内閣の総辞職に際して、「吾人ハ寧ろサーベルによりて支配せられむよりも民党によりて失政を忍はんを喜ぶ」と記し[30]、また前述の緑会弁論部の発会演説会において、「官吏が国民に号令して軍隊の如く行動するのが理想」とする「官僚政治の賛美歌を合唱するのは絶対に不賛成である」との熱弁を振るっているのは[31]、この点を端的に示している。

第二に、芦田の個人主義が単純な自由放任主義とは一線を画す新自由主義（New Liberalism）的な傾向を持っていたことである。新自由主義は、自由放任型資本主義のもとで貧富の差が拡大していた十九世紀末のイギリスにおいて現れた思想で、理想主義的個人主義の立場から個人の政治的、社会的自由を保障しながら経済的自由主義が生む弊害を国家的政策によって解決しようとするものであった[32]。新渡戸は、「その近代的に修正されたる形の、新自由主義の信奉者」で、「ゼイ・エス・ミルを援用しながら、この新自由主義を講説」していたという[33]。そして新渡戸門下の多くが「理想と現実を離してはならない、理想を現実化し、現実を理想に近づけるのが人間の勤めだ」[34]とする教えを受けて、社会問題に積極的に取り組む開明派官僚として活躍していくことになった[35]。

芦田もまた、新渡戸が一高に赴任した一九〇六年ごろから『新紀元』や『社会主義研究』といったキリスト教社会主義系の雑誌を読むようになり[36]、「新渡戸先生の救世軍に関する話、興味を以て聞」き[37]、高野岩三郎が主催する社会政策学会にも参加するなど[38]、社会問題への関心を深めていった。さらに一九一一年の大逆事件に際して幸徳秋水の死刑判決の報に接すると、「無用の血を流して国体論を維持し得と信ずるものはおめでたき哉」と記し[39]、社会主義者の死に対して同情を寄せた。芦田は、第一次大戦後に現れるマルクス主義に傾倒していく新人会世代とは一線を画しつつも[40]、「社会主義ハ世界の大勢なり」との認識を持つようになっていたのである[41]。

以上のように、一高、帝大時代における煩悶と新渡戸やその門下生たちとの交流を通じて、芦田は新自由主義的な思想に立脚しながら理想の重視とその理想を現実に近づけようとする実践的理想主義者としての性格を形成していった。「思想家的性情と、政治家的特質との相混ぜる頗る矛盾せる性格を有す。一面に於て極めてアソシアーブル性質を有すると共に他面に於て時に甚だ理屈屋たるを失わず」[42]という帝大時代の芦田に対する寸評は、そうした彼の性格を見事に言い当てている。のちに政党政治家として、あるいは言論人として理想と現実とのあいだの緊張関係に身を置きながら、時局に追随することなく何とか自らの理想の実現を図ろうとする芦田の姿勢は、このような彼の性格に由来するものであったといえる。

これにくわえて、思想形成における新自由主義的な傾向については、本章で論じる芦田の国際政治観の形成とも密接に関わっている。というのも、イギリスの新自由主義思想は、好戦的な対外政策は反動的な対内政策とともに歩むとして民主政治や社会改革と平和の不可分を説き、反帝国主義と結びつくものであったからである(43)。しかも、このイギリス新自由主義の思想家たちは、第一次大戦を経て、勢力均衡原理にもとづく平和という伝統的な「旧外交」の方策とは異なる新たな国際秩序のあり方についてのさまざまな試論を提出する戦間期理想主義者たちの系譜へとつながっていく(44)。日本において、そうした戦間期「新外交」の潮流に最も敏感に反応することになるのが、イギリス新自由主義の影響を受けた新渡戸やその門下生たちであった(45)。

一高、帝大時代の芦田がイギリス新自由主義の思想をどこまで正確に理解していたのかを確認することはできないが(46)、それでも中学生時代のように無邪気に日本の膨張主義を肯定する愛国少年でなくなったことはたしかである。一九一〇年の韓国併合に際して、「日本が膨張したのだそうだが一向うれしいとも名誉だとも思ハない。朝鮮人が可愛(哀)想だと思つた丈だ」と記しているのは(47)、そのことを明確に示している。

外交官という国益を最前線で担う職業に憧れを抱きつづけ、ついにその夢を実現させたことからも窺えるように、芦田の思想の根底には自分の生まれた国を愛し、憂える心情的なナショナリズムが動いていたことは間違いない。また、帝国主義が全盛の時代にあって外交官を目指した芦田が、現実の国際関係を捉えるうえで権力政治的観点をまったく欠いていたとも考えられない。

しかし、芦田は、中学生時代に見せた国粋主義的なナショナリズムや日本の膨張主義を単純に肯定する議論からはっきりと決別するようになったのである。このことは、新渡戸やその門下生たちがそうであったように、芦田のなかにも第一次大戦後に登場する「新外交」の理念を受容していく素地が形成されていたことを示唆している。

以上のような資質を踏まえて、次節以降では外交官時代の芦田を論じる。

二　霞が関外交のなかの芦田均

一九一一年（明治四四）一〇月一四日、芦田は第二〇回外交官及領事官試験に合格した。二番の成績であった。同期には重光葵や堀内謙介、桑島主計らがおり、重光は第二〇回の首席合格者であった。吉田茂はこれより五期上で、このときイタリア大使館三等書記官であった。また、一九二〇年代における協調外交の立役者となる幣原喜重郎は第四回の合格者で、このとき取調課長として条約改正に取り組んでおり、同年二月の日米通商航海条約の締結に貢献していた。

芦田は病気のために正式な入省は同期より約一年遅れることになったものの、入省後は欧州勤務を主体とする経歴を積み重ねていった(48)。芦田は、第一次大戦の勃発を最初の赴任先であるロシアで迎え、一九一七年のロシア革命を目の当たりにし、翌年にフランス在勤へと転じた際にはパリ講和会議に日本全権随員として参加した。その後約二年半の本省勤務を経て、一九二五年（大正一四）からトルコ、一九三〇年（昭和五）からベルギーと再び欧州在勤に転じ、満洲事変を契機として政党政治家へと転身した。この間の芦田は、本格的な中国勤務を一度も経験することはなかった(49)。

吉田が回想しているように、当時の外務省での出世街道は、欧米勤務が「表街道」であり、中国勤務は「裏街道」であった。(50) 吉田の回想にしたがえば、芦田の経歴は「表街道」といってよいものであり、外交官時代の芦田は順調に出世街道を歩んでいたように見える。

しかし、鈴木九萬が(51)「芦田さんは外務省では不遇だったのです」と回想しているように、(52) 芦田は決して主流派の外交官ではなかった。なぜ、芦田は非主流派の外交官と見なされるようになったのであろうか。

その原因として真っ先に考えられるのは、彼の対ソ協調論である。なぜなら、当時の外務省主流を形成したのは、英米協調を基軸とする幣原ら欧米派(53)であり、彼らはロシアとの提携には慎重であったからである。しかも、革命後には共産主義への警戒感やソ連がワシントン体制から排除されたこともあって、同国との提携に対して欧米派はいっそう消極的になっていた。(54) 対ソ提携に積極的であったのは、ワシントン体制に不満を持つ後藤新平や海軍といった外務省外の勢力であった。(55)

もっとも、芦田の対ソ協調論は、先行研究(56)が指摘するほどには省内において特殊な位置を占めるものではなかったように思われる。たしかに、ロシア革命を実際に目の当たりにした芦田は、その原因を社会的不平等、なかでも「土地問題か革命の原因の一なりとも解釈することを得へし」と分析したうえで、(57) こうした社会経済問題は「ドウしても政治上の革命無しには解決されない」ものであったと指摘するなど、(58) 革命に対して一定の理解を示した。(59) それゆえ、共産主義イデオロギーに反発する省内上層部とのあいだには、革命の評価をめぐって隔たりがあったことは否定できない。

しかし他方で、ソ連の新経済政策の導入を捉えて、「ロシアの現在はプロレタリアの独裁より、民主政治に移らむとする過渡期を歩みつゝある」とする見方や、(60) イギリスの対ソ承認に際して、新経済政策を進める「現在のソヴエツト幹部の地位を強固にし、又将来その政策の右傾的傾向を助長するに与つて力あるもの」と評価したうえで、日ソの国交正常化を推進すべきであるとする芦田の見解は、[61] 必ずしも欧米派の政策に反するものではなかった。一九二五年の日ソ基本条約が欧米派の幣原外相のもとで締結されたことは、このことを明らかにしている。条約批准に際して幣原が「大局より観察すれは寧ろ彼等〔ソ連〕を国際団体の中に引入れ彼等の主脳者と密接なる関係を作り彼等に安心を与へ徐々に彼等を国際道徳の目標に導くこと彼等の為には勿論列国の為にも得策なり」との考えを示したように、[62] また日ソ復交後の外務省において「露国と雖も国際団体に仲間入し経済的に国力の発展を図る必要上徐ろに其の態度を改むへきは想像に難からさる所なり第二第三の『ネップ』実現を見ること蓋し遠きにあらさるへし」とする対ソ基本方針が策定されているように、[63] 対ソ協調論は英米協調と両立する限りにおいて決して排除されるものではなかったのである。

このような芦田と幣原ら欧米派との一致は、対中国政策における経済主義や不干渉主義についても確認できる。たとえば、一九二〇年代の芦田が「従来の如くたゞ棍棒を振廻」し、「何時までもサーベルの音をさせて居つては、日本の貿易政策を有利に転換することは出来ない」と述べているのは、[64] ワシントン会議の精神にもとづいて門戸開放と機会均等を対中政策の原則に据える幣原外交に対して、芦田が同様の認識に立っていたことを示すものである。しかも、北伐の進展と南京事件によって幣原外交が対外硬の世論からの強い批判にさらされた際には、わざわざ赴任先のトルコから寄稿して、「徒に感情に駆られて昂奮の余り前後をわきまへず積極的な行動に出ることは、事それが計画的に行はれたものでない限り、却て対支経済発展を頓挫せしめ」るとして、[65] 幣原の方針を支持する立場を明らかにしている。

むしろ、一二〇年代における幣原外交の批判者となったのは、日英協調を説く吉田であった。そもそも吉田は、第一次大戦後の新しい国際秩序に懐疑的であり、日英同盟の廃棄が決定されたワシントン会議に対しても積極的な支持を与えなかった。大戦後にあっても欧米による植民地支配は相変わらずつづいていたし、人種差別の観念も根強く残っていたのであり、そうした点から見れば、新しい国際秩序といっても、それは「なんともちぐはぐな」ものであり、「完全に国際連盟規約に従ってやっていけるのかのどうか疑わしかった」のである。[66] それゆえ、吉田は幣原の対中不干渉主義に対しても否定的であった。芦田がトルコから寄稿したちょうど同じ頃、奉天総領事であった吉田は、「鉄道付属地内外を問わず満州の治安は我力の及ぶ限り之れか維持に任」ずべきことを説いて、[67] 治安維持のためには出兵すらも辞さない強硬な態度を見せていた。

こうした吉田の態度に関しては、あくまでも条約上の権利を守るという範囲に限定されたものであったことが指摘されているが、[68] それでも北伐をめぐる芦田と吉田の対応の差異は、幣原外交に対する両者の距離感の違いを象徴するものといえる。すなわち、芦田は吉田に比べて幣原の外交路線にずっと近い位置にいたのである。

それでは一体何が芦田を非主流派へと追いやったのであろうか。この要因を探るうえで重要なのが外務省革新同志会への参加である。革新同志会は、有田八郎や重光葵、堀内謙介、斎藤博らパリ講和会議に参加した少壮外交官たちを中心として、省内機構改革を目指して結成されたものであった。[69] 結成に参加した少壮外交官たちは、ウッドロー・ウィルソン（Woodrow Wilson）の掲げた平和一四原則に象徴されるような第一次大戦後の新しい国際秩序や外交のあり方、いわゆる「新外交」に衝撃を受け、これに対応するための外交体制を早急に整備しなければならないという危機意識を共有していた。[70]

芦田もまたパリ講和会議に参加した経験から日本外交の立ち遅れを痛感し、そうした危機意識を持つようになった少壮外交官の一人であった。実際、講和会議において経済委員会の事務を担当した芦田は、全権事務所の通信や印刷設備などが不十分なうえに専門家も帯同せず事務官すら不足するなかで英仏の好意によって辛うじて会議録を作成している現状を指摘して、「五強国の一たる帝国の権威を保持し我国の地位を重からしむる所以に非ず」と本省に訴えている(71)。

こうしたなかで、革新同志会が「門戸開放」「省員養成」「機構の拡充強化」を中心に二三項目にわたる「外務省革新綱領要目」を決定し、この革新案の審議と実行に十分な権限を有する常設機関の設置を求める建議をおこなうと、芦田もそのなかに名を連ねた(72)。しかし、省内上層部はこうした動きに批判的であり、必ずしも積極的というわけではなかった(73)。その点で、革新同志会への参加は、多くの少壮外交官と同様に、芦田がパリ講和会議の体験から「新外交」に強い衝撃を受けたこと、また同会の活動に消極的であった省内上層部の外交官たちとのあいだに世代的な距離感が生じるようになっていたことを示すものであった。

これらにくわえて、この革新同志会については、二〇年代の外務省主流を形成した幣原ら欧米派とは一線を画すアジア派の淵源としても知られている。アジア派は有田を中心とした政策派閥で、一九二七年に有田が亜細亜局長に就任したことを契機に形成されたとされる。有田は革新同志会の中核的存在でもあったことから、アジア派は革新派とも呼ばれるようになった。満洲事変以後の外務省において、幣原の退場と入れかわるかたちで省内主流を形成することになるのがこのアジア派であった(74)。

もっとも、革新同志会とアジア派を直線的に結びつけることはできない。たとえば、同会のなかには、日中提携路線を推進するアジア派の中心人物となる有田や重光らが参加している一方で、欧米派で幣原直系と見なされる佐分利貞男や、のちに国際連盟に入り連盟事務次長兼政務部長として日本の連盟外交を担う杉村陽太郎らも含まれていた(75)。ここからわかるように、革新同志会は必ずしも一枚岩ではなく、政策的には多様な集まりであった。在パリ大使館員中の革新同志会の会合に参加した芦田が「一旦改革か内容の改善に及ぶと吾々の主張は極めて困難になり且客観的の認容を得る事が六ヶ敷くなる」[76]と記しているのは、この点を明らかにしている。たしかに、同会は、情報部や対文化事業部の新設、省外からの人材誘致や在外研究員制度の実施、さらに職員や予算の充実を実現するなど一定の成果を残した。しかし、共通の課題として認識されたこれらの制度改革や予算充実が実現されると、「同志会も事実ぬけがらに成つて了つた」のである[77]。

こうした革新同志会の実情は、少壮外交官たちによる「新外交」の受容がアジア派の形成に収斂されるものではなかったことを示している。つまり、「新外交」の受けとめ方は個々の外交官によって違いがあったのである。

この点に関して、芦田と同期で革新同志会の中核的存在となった重光の場合、大戦後の中国勤務が大きく影響したことが指摘される。すなわち、中国勤務を通じて「新外交」における民族自決や脱植民地化といった理念を強く意識するようになった重光は、中国ナショナリズムを積極的に取り込む必要性を認め、英米との協調よりも日中提携路線を追求するアジア派の中心人物として成長を遂げていくことになるとされる[78]。

これに対して、芦田もアジアの民族自決問題に決して無関心であったわけではなかった。実際、「未来の歴史家は、第一次世界大戦後の最初の一〇年をヨーロッパの世界における重要性の相対的低下のはじまりであると記すだろう。さらに、三つの明白な事実、すなわち、アメリカの経済的支配、革命ロシアの興隆、そして『未だかつて歴史になかった東洋における民族意識の覚醒』によって、東洋世界が能動的なアクターとして国際政治に参入してくることを目撃するだろう」と述べる論説に関心を示し[79]、イスラム教徒のナショナリズムやトルコ革命にも注目していた。

だがその一方で、「亜細亜連盟、回教国同盟の考案の如きも一場の理想としてのみ描かるべき案であつて、俄かに実現し得べきものとは思はれない」と述べているように[80]、東洋世界が独自の秩序を形成しようとする動きには否定的であった。むしろトルコにおける西洋文明を導入した改革運動を高く評価していることからもわかるように(81)、東洋世界が近代化を通じて西欧国家システムに参入すべきである、というのが芦田の基本的な考え方であった。

このようなナショナリズムに対する芦田と重光の感受性の差異は、両者の勤務経験の違いに求めることができるように思われる。大戦後の芦田は、重光とは異なり、欧州勤務がつづいた。そこで経験したのは、「新外交」の一つの帰結として誕生した国際連盟や連盟を中心とした多国間外交の現場であった。具体的には、一九二〇年の国際連盟第一回総会と翌年の第二回総会に参加したほか、一九二二年四月から開催されたジェノア会議、これを受けて同年六月から開催されたハーグ会議にも参加している。また、これらの会議外交の経験を積むなかで、のちに常設国際司法裁判所の判事となる安達峰一郎(82)や連盟帝国事務局長を務める佐藤尚武(83)といった連盟外交を担う外交官たちとのあいだに親密な関係を築いていった。次節で詳述するように、芦田は、欧州での勤務経験とその人脈のなかで、連盟を基軸とした新しい国際秩序の形成に関心を寄せるようになっていくのである。

さらに、この勤務経験の違いは、その後の両者の進路にも大きな影響を及ぼした。というのも、先に述べたように、満洲事変以後の外務省主流を形成したのはアジア派であり、重光は中国勤務を経て同派の中心人物となるきっかけを摑むことになったからである。これに対して、欧州大陸勤務をくり返しながら連盟外交に携わる外交官は、省内では傍流と見なされていた。

この点に関して、たとえば二〇年代に杉村陽太郎連盟帝国事務局長のもとで事務官として仕えた鈴木九萬は、次のような証言を残している。「やはり日本の外交からいって主流ではないという感じがあった……連盟の仕事は連盟外交という一つの特別なセクションがあり……これに対し誠実に協力するということが大切だという面はあるけれども……何か連盟でやることは稍々本流から離れるような感じを持つのはやむを得なかった(84)」。ここには、連盟外交が

「一つの特別なセクション」として省内でも認知されていたこと、ただ一方でそれが「主流ではない」「本流から離れる」ものと理解されていたことがはっきりと述べられている。

また、佐藤尚武も連盟帝国事務局長時代を振り返って、白鳥敏夫情報部長から連盟外交は不要との言葉を受けたことを回想している。このとき佐藤は、「ムッとし」、「心外千万」に思い、連盟外交を軽視する本省の局部長にその必要性を力説してまわったという[85]。

このように連盟外交に携わる在欧の外交官と本省とのあいだには、連盟の評価をめぐって大きな隔たりが存在したのであり、欧米勤務を主体とする欧米派といっても必ずしも一枚岩の存在ではなかったのである。先行研究でも指摘されているように[86]、二〇年代の本省主流を形成したのは、幣原を中心としたいわゆる幣原派であった。これに対して連盟外交に携わる在欧外交官は、本省の枢要なポストに就くことなく、欧州大陸勤務をくり返しながら連盟や連盟を中心とした多国間外交の現場を担う独特のキャリアパスを辿ることで、「会議屋」[87]と呼ばれる連盟外交の専門家となっていった。彼らは連盟派として一つの政策派閥に分類し得るものであり、本省主流を形成した幣原派とは一線を画す存在であった（補論1を参照）。

大戦後の芦田は、まさに「会議屋」であり、その経歴は連盟派のそれと同じといってよいものであった。つまり、芦田が非主流派と見なされる原因の一端は、彼が省内において傍流に位置づけられる連盟派の外交官であったからであると考えられるのである。

これにくわえて、「新外交」の受容と省内における芦田の位置という問題から注目すべきなのは、彼の国民外交論である。フランス在勤時代の芦田は、『エコー・ド・パリ』のアンドレ・ジェロー（André Géraud）や『ル・タン』のジャン・エルベット（Jean Herbette）、『プチ・パリジアン』のフィリップ・ミレ（Philippe Millet）といったジャーナリストと交友関係を持つようになり、なかでもジェローとは「隔日位ニ文通ガアル」ほどで、「利用トカ方便トカ云フ事ヲ離レテ自分ハ Amitié デ色々ノ話ヲスル」関係になった[88]。こうしたジャーナリストとの交流は、単に外交上の情報源として利用するためというだけでなく、芦田が「新外交」の理想の一つして掲げられた外交の民主化、当時の日本の理解に即していえば国民外交に関心を持つようになったことと関係している[89]。西園寺公望の秘書としてパリに同行し、講和会議を傍聴した近衛文麿が「専門外交秘密外交がやうやく過去の遺物となりて国民外交公開外交の時代将に来たらむとする」に当たって、「プロパガンダは実にこの時代の必要に応じて生れ出でたる外交上の新武器に外ならざるなり」と指摘したように[90]、「新外交」が掲げる外交の民主化という流れのなかで、報道機関を通じて国内外の世論に訴えかける宣伝活動や広報活動は、外交上の有効な手段として意識されるようになっていた。

このような外交の民主化にともなう国民動員とそのための宣伝外交や広報外交の重要性は、前述の革新同志会が省内改革の第一に情報部の設置を掲げ、一九二〇年四月には官制による制定を待つことなく同部が事実上発足したことからわかるように[91]、省内でも十分認識されていた。一九二三年六月にフランスから帰朝した芦田は、この新設まもない情報部の第二課長に就任することになる。そして課長就任後の芦田は、外務省と陸海軍省に逓信省をくわえた国際情報電信調査委員会を立ち上げ、各省に分立している情報機関を統合し、「統一せられたる機関を内閣に直属として創設すること」[92]を提案するなど、宣伝外交や広報外交の組織的強化に取り組むことになるが、こうした取り組みも省内における外交の民主化に対する意識の高さを反映したものであったといえる。

ただし、芦田の場合、外交の民主化を外交における国民動員という一面からだけではなく、外交の民主的統制という側面からも理解していた。たとえば、「外交の伝統における最悪の要素の一つである政府間の秘密交渉が条約システムを危機に陥れた」とする論説に注目し[93]、第一次大戦の原因論のなかで、「若し独逸が世界戦争よりも一代前に完全な議会制度をもつてゐたならば、此大戦争は決して起こらなかつた」との説に立ち、「秘密外交は大戦を誘ふた大原因の一つであることは明白である」と論断しているのは(94)、芦田が外交の民主的統制の必要性を強く意識していたことを示すものである。また、情報部時代の芦田は、数々の雑誌に外交評論を寄稿するとともに、五冊もの著作を刊行し、講演活動も積極的におこなっていたが(95)、これは、「外交を政府及外交官の専売制度から奪つて国民的外交にするには世論と議会が外交に関する知識を有し、外交政策に対する厳正な批判を有する様にしなければならない」と考えていたからであった(96)。

芦田は、パリ講和会議において国民世論を背景に持つ政治家が外交交渉を主導していったことを目の当たりにし、外交がもはや職業外交官たちだけの政策領域にとどまるものではないとの認識を持つようなっていた。フランス在勤時代の芦田が「このまま職に留まるべきか否か」を自問するなど職業外交官としての限界を感じはじめ、外交指導者として政党政治家への道を意識するようになったのも(97)、そのためである。

ところが、省内では議会や政党が外交政策の決定過程に介入することには反対する空気が強かった。たとえば、田中外交期に野に下っていた幣原は、「民衆は果して政府当局者よりも其の判断力に於て優つて居るといふことを、何時でも断言し得らるゝであらうか？　多数の民衆は果して政府当局者以上に国家永遠の利害を達観し、一時的の虚栄、偏狭なる利己心等により動かされないと言ふことは保証し得らるゝであらうか？」と述べて外交の民主的統制に対する疑問をはっきりと口にしていたし(98)、政策的には幣原と立場を異にする吉田も、田中義一首相による外相兼摂に対して、「専任外相を置く事焦眉の問題なり……此れは霞ケ関一統の切迫したる希望」として「霞ケ関の畑」からの外相登用を岳父の牧野伸顕に訴えていた(99)。さらに、こうした態度は幣原や吉田にとどまらず、「新外交」の衝撃を受けた同世代の重光も同じであり(100)、外務省による外交の一元化を正統と見なす霞が関外交の意識は省内に深く浸透していた[101]。

それゆえ、外交の民主的統制を求める芦田の議論は、省内において彼を浮き上がらせることになった。自らの著作活動や講演活動に対して「上司は余り好い顔をしなかつた」と回想しているように[102]、芦田の言動は省内では十分に理解されなかったのである。

しかも、情報部第二課長時代の一九二五年三月には、在京の英字新聞社『ジャパン・アドヴァタイザー』紙のベンジャミン・フライシャー（Benjamin W. Fleisher）の報道が省内で問題となり、芦田の責任が問われる事態も起きた。一九二四年移民法の成立にともなって帰国した埴原正直にかわって、新たに駐米大使に任命された松平恒雄に関して、「着任早々米国政府と日露条約、加州土地法、第二軍縮等につき交渉すべし[103]」とする訓令が与えられているとする記事がフライシャーから『ニューヨーク・タイムズ』紙に打電されたことで省内は大騒ぎとなり、大臣や次官まで巻き込む大事件となったのである[104]。

こののち六月に、芦田はトルコ在勤を命じられた。この人事に関して、フライシャーの一件が働いたことは間違いないと思われるが、それだけにとどまらず、日頃の芦田の言動に対する省内上層部の不信感も作用していた。芦田は、トルコ勤務を左遷と受けとめ、その理由を外務次官の出淵勝次が自分に「偏見を持っている」ためだと理解した[105]。

こうして芦田は、次第に孤立感を深めていった。約四年にわたるトルコ勤務から帰国した芦田は、当時、鉄道官僚から政界に転じていた旧友の鶴見祐輔に宛てた書簡のなかで次のように述べている[106]。「僕身辺の境涯ハ嘗て君が鉄道省生活の末期に嘗められたと同じ経路を少さい乍らに踏んで居る、つまり役人派から異端扱いされて居る」。ここには省内で疎外感を抱く芦田の姿がありありと現れている。そしてこのとき同時に、「其中には裸になつて闘ふ時がありましよう今日は雌伏してそれを準備してゐるのです」との決意を綴っているように、芦田は従来から思い描いてきた政治家への転身を現実のものとして強く意識するようになっていったのである。

以上本節では、芦田が非主流派の外交官と見なされるようになった理由を「新外交」の受容との関連から検討した。その結果、芦田が大戦後の欧州大陸勤務を通じて国際連盟や連盟を中心とする多国間外交の現場を数多く経験していくなかで、英米協調を基軸とする欧米派のなかでもとくに連盟外交を重視する連盟派の人脈に連なるようになったこと、また外交の民主化を外交の民主的統制という側面からも理解し、外交政策の決定過程に議会や政党も関与させるべきであるという国民外交論を説くようになったこと、がその理由であったことが明らかとなった。

次節では、とくに連盟派としての芦田に注目しながら、彼が具体的にどのような国際政治観を形成していったのかを検討する。

三　欧州経験と普遍主義的国際政治観の形成

情報部第二課長に着任した直後の一九二三年（大正一二）一一月、芦田はフランス大使館時代の経験をもとにして『巴里会議後の欧洲外交』という一冊の本を刊行している。同書における芦田のヴェルサイユ条約に対する評価は意外なほどに低い。その理由は、「バランス・オブ・パワーが日々の戦争を先延ばしにすることで大きな戦争がますます避けられないものとなる。ヴェルサイユ条約においてバランス・オブ・パワーは再び具体化されたのであり、このバランス・オブ・パワーが国家間の関係を規定する限り、先の大戦よりも大きな戦争はまったく避けられないものとなる」[107]、と考えていたからである。芦田は、ドイツの賠償問題のほか、近東問題やソ連承認問題など戦後処理の至るところで英仏の利害が衝突し、結局のところウィルソンの掲げた平和一四原則は「有耶無耶に葬り去られ」、「此主義を一貫し得なかつた」ことに落胆したのである。[108]

だが、芦田は大戦後の国際秩序にまったく失望したわけではなかった。実際、同書において「戦後の世界に澎湃として漲り来つた世界平和の潮流」についても言及している。[109] これは、設立まもない連盟の大きな成果として知られるドイツとポーランドの国境画定をめぐる上部シレジア問題の解決に芦田自身も関わり、[110] 連盟を中心とする新しい国際秩序に対して期待を抱くようになったからではないかと考えられる。このような連盟に対する芦田の期待は、一九二三年の相互援助条約、あるいは翌年のジュネーブ平和議定書の提出といった連盟を基軸とする新たな平和維持の枠組みを構築しようとするヨーロッパの取り組みに肯定的な評価を与えていることからも窺うことができる。[111]

そうしたなかで、一九二五年一〇月にドイツ西部の国境の現状維持を中核とするロカルノ条約が締結されると、芦田はこれを高く評価した。ロカルノ条約の特徴は、連盟による集団安全保障体制を補完するかたちで西ヨーロッパの地域秩序を形成した点にあった。[112] これを受けて加盟国のなかからは、「国際連盟がその歴史のなかで最初の困難な局面に区切りをつけ、普遍的な機構となるのに向けた重要な一歩」として称賛する声があがり、連盟日本代表の石井菊次郎も、「ロカルノで成し遂げられた素晴らしい成果に心からの祝福」を述べた。[113]

芦田もまたロカルノ条約においてドイツの連盟加盟が許されたことに注目し、[114] 条約の成立に際して連盟の発展について言及した。芦田は、「力の関係に過ぎなかつた従来の国際関係を社会的正義に依つて支配せしめよう」とする普遍主義にもとづく国際秩序の形成に対する努力の成果として、ロカルノ条約を高く評価したのである。[115]

このようにヨーロッパにおける連盟を基軸とした新たな国際秩序の形成に注目していた芦田は、連盟による集団安全保障体制を具体化していくことを構想するようになっていく。そうした芦田の構想を示すものが、一九二九年（昭和四）に東京帝国大学に提出された博士論文「国際法及国際政治ヨリ見タル黒海並ニ君府海峡ノ地位」である。同論文は、一九二五年九月に情報部第二課長からトルコ在勤へと転じた芦田が約三年間を費やしてボスポラス、ダーダネルス両海峡の通航をめぐる近東地域の国際政治の展開を研究したもので、一九三〇年に『君府海峡通航制度史論』として巌松堂書店から刊行された。

同書のなかでまず注目されるのは、近東地域における第一次大戦後の処理をめぐって締結されたローザンヌ条約を「近東の局面に一大革命を与へたもの」であり、「海峡の通航制度に就ても亦国際法及び国際政治に一新紀元を劃した」として賞賛している点である。[116] 芦田がこうした評価を下した理由は、第一に、ローザンヌ条約がこれまでの戦後処理の諸条約が有してきた利害の相反する団体間の合意という性質とは異なり、「共同の目的を追求する多数国家の間に締結せられた所謂 Law making treaty」であることを明記し、「国際法の原則として価値づけらるべき規範たる性質を備ふる」ものとなったことにある。[117] また、ローザンヌ会議で海峡通航の自由を取り決めた新海峡協約に地域大国であるソ連が調印したことも、多国間協調の枠組みの安定性を高めるものとして、芦田が歓迎する要因となった。[118]

第二の理由は、この地域秩序を取り決めた協約が勢力均衡原理による安全保障を否定し、連盟による保障を規定したことである。それまでのセーブル条約は、海峡通航を管理するために関係各国からなる海峡委員会を設立することを取り決めていたが、実質的に海峡の自由通航を保障していたのは英仏伊三国の軍事力であった。これは、英仏伊が地中海に政治的特殊の関係を有することを理由とする勢力圏外交の反映であった、と芦田は説明している。[119]

これに対して、ローザンヌ会議で締結された新海峡協約は、関係各国からなる海峡委員会を設立することを取り決めるだけでなく、海峡委員会は連盟の庇護のもとに任務を遂行し、かつ任務遂行に関して連盟への報告義務を負うものとすると規定した。くわえて、新海峡協約は、海峡の自由通航や海峡地帯の安全が危機に陥る場合、連盟理事会はこれを保障するために適当と認めるいっさいの方法を決定し、連盟理事会の決定があるときはすべての締約国がその決定により共同の措置をとることも規定した。このことを捉えて芦田は、この新海峡協約が「大国の特殊の地位を撤廃し、海峡の国際化を実現化する為めに国際連盟の威力に信頼する方法を定め」たと評価し、「新海峡協約が完全なる通航自由の原則を確立し、これを国際法の一部として承認した以上、将来君府海峡の通航制度をして時と共に消長ある欧洲の政治的勢力の反映たらしめることは世界平和の為めに断じて之を排斥しなければならない」と論じた[120]。

以上のようなローザンヌ条約や新海峡協約に関する叙述から、芦田が地域秩序の安定のためには勢力均衡原理よりも多国間協調の枠組みの方が望ましいと考えていたこと、また連盟が地域秩序に関与することを肯定的に捉え、普遍的な国際機構を基軸とする新しい国際秩序の形成を積極的に評価していたことが確認できる。

そのうえで、さらにこの著書で注目すべき点は、海峡地帯の安全保障の改善案として集団安全保障論にきわめて近い議論が展開されていることである。芦田によれば、海峡地帯の安全保障には二つの大きな欠陥があるという。それは、第一に、新海峡協約が海峡地帯の安全保障のために同地帯におけるトルコの武装解除を義務づけている一方で、武装解除の措置は他国による同地帯の攻撃を禁止するものではないこと[121]、第二に、海峡の自由通航と海峡地帯の安全保障のための連盟理事会による決定は全会一致を原則とし、一致の決定が得られない場合には締約国は何らの義務も負わないことであった[122]。

これらの問題に対する改善案として、芦田は海峡委員会の権限拡張と海峡地帯の中立化の二点をあげている。前者の提案において注目されるのは、海峡委員会を連盟の補助機関から「一分岐機関とし理事会に直属せしめる」ことによって、連盟と地域秩序の結びつきを強化しようとしている点である[123]。

次に、後者の提案である中立化の措置は、海峡地帯における「一切の戦争行為を禁止する措置」として位置づけられるもので、先にあげた二つの問題点を解決するものであった。芦田によれば、この措置を設けることで戦時においてはすべての国が同地域を交戦地域とすることを避けなければならなくなるため、「国際紛争の結果を制限」することができるという[124]。くわえて、もし中立地帯への侵犯が生じた場合には、現在の武装解除の措置とは異なり、国際法違反として直ちに侵犯を防止するために共同の措置をとる義務が締約国に発生すること[125]、また共同の措置を義務づけることによって「国際関係の消長により海峡地帯の帰属に変更を加へんとする野心を除く（ママ）ものを予め防ぐことが出来る」ことも指摘した[126]。

　この中立化の措置に関する内容は、戦争違法化にもとづく集団安全保障論といっても差し支えないものであり、これを国際紛争の「取締の方法」であるとともに「予防的手段」であると位置づける叙述は[127]、芦田が集団安全保障における制裁機能とともに抑止機能についても理解していたことを窺わせる。また、連盟が直接に海峡地帯の管理をおこなうとする前者の提案と合わせて考えると、一連の提案は連盟と地域秩序を結びつけたロカルノ方式と同じ地域的集団安全保障体制といえるものであり、芦田がそうした体制を理想的な秩序として考えていたこともわかる。この当時「新外交」の理想に共鳴し、連盟を基軸とした集団安全保障の構想を論じていた国際法学者の横田喜三郎が芦田の提案を「特に貴重なもの」として称賛しているのは[128]、これらの点を裏書きするものである。

　さらに、外務省退官後の一九三四年に刊行した『国際外交の智識』は、こうした芦田の考えをいっそう明確なかたちで表している。すなわち、第一に、「均衡の為めの均勢は競争の為めの均勢に堕落」し、「戦争の一時的延期で、小戦争から大戦争への準備に過ぎない」として勢力均衡原理を退ける一方で、国際連盟を「各国の闘争を廃絶し、和衷協同を実現する為めに各国を法的に規制しようとしたものであつて、国際協同の理想型」であると評価した[129]。そして第二に、「連盟は世界の全部を網羅し得なかつたこと」、とりわけ「アメリカとソヴエット・ロシアを加へ得なかつた」ことで「理想型実現の困難」にあることを理解したうえで、利害関係国が集まり、「各国に取つて共に利益するやうに解決」し、「最後の手段としての戦争をさける為めに協力」することを「も一つ《(ママ)》の国際協同主義」であるとして、多国間協調の枠組みにも高い評価を与えた[130]。そのうえで芦田は、「外交がマキャベリズムからウィルソニズムへ進化したことを認めなければならない」とまでいい切って見せたのである[131]。

こうして芦田は、従来の勢力均衡原理にかわる普遍的な国際機構を基軸とした集団安全保障という新たな秩序原理に期待するようになり、それを補完する地域的な多国間協調にも高い評価を与えるようになった。第一次大戦後の「新外交」の衝撃を正面から受けとめ、さらに大戦後の新たな秩序形成に自らも参画するなかで、芦田は普遍主義的国際政治観とでもいえる国際関係の見方を身につけたのである。

註

（1）以下、本節の記述については、石山賢吉『芦田首相を描く』（ダイヤモンド社、一九四八年）を参照した。同書は、芦田が資料を提供して執筆されたもので、校正の段階まで直接関わるなど、自伝的性格が強い著作である。このほか、阿部真之助「芦田均論――現代政治家評論」（『文芸春秋』第三二巻第六号、一九五四年六月一日）、宮野澄『最後のリベラリスト・芦田均』（文芸春秋、一九八七年）も参照。

（2）『グンゼ一〇〇年史』（グンゼ株式会社、一九九八年）第一章を参照。

（3）「生い立ちの記」（「芦田均関係文書」書類の部六八三、国立国会図書館憲政資料室所蔵）。

（4）芦田均「世相さまざま（98）――若き日の思出」（『東京だより』第一〇二号、一九五八年一月一日）七五頁。

（5）同前。

（6）由良英三（明治三十六年卒業）「思い出」（『創立六十周年記念誌』兵庫県立柏原高等学校、一九五七年）五九頁。

（7）「兵庫県立柏原中学校々史」（同前）一五～一六頁。

（8）芦田均「学生の自殺に就いて」（『学友会雑誌』第二号、兵庫県立柏原中学校学友会、一九〇三年一一月一二日）一一～一三頁。

（9）同前、一五頁。
（10）「文集巻五」（「芦田均関係文書」書類の部六六六）。
（11）「中学作文稿」（同前、六六四）。
（12）岡義武「日露戦争後における新しい世代の成長（上）・（下）―明治三八～大正三年―」（『思想』第五一二・五一三号、一九六七年二月・三月）を参照。なお、「成功青年」や「煩悶青年」といった類型化については、徳富蘇峰『大正の青年と帝国の前途』（民友社、一九一六年）八～二六頁を参照。
（13）「会友のたより」（『学友会雑誌』第五号、兵庫県立柏原中学校学友会、一九〇五年六月八日）六四頁。
（14）『芦田均日記』第一巻、一九〇五年一〇月二四日の条。なお、校風問題演説会の概要については、一高自治寮立寮百周年委員会『第一高等学校自治寮六十年史』（一高同窓会、一九九四年）七八～八〇頁を参照。
（15）前掲、芦田均「世相さまざま（98）」七九頁を参照。
（16）芦田均「新思潮の前後」（『文学界』第一二巻第一号、一九五八年一月一日）一二二頁を参照。「丁字の花咲く頃」は、夏樹茂の名で『雄弁』第四巻第四号（一九一三年四月一日）一七七～二二七頁に掲載されている。なお、「文学青年」の概念については、内田義彦・塩田庄兵衛「知識青年の諸類型」（『近代日本思想史講座』Ⅳ、筑摩書房、一九六七年）二六八～二七一頁を参照。
（17）「総理大臣のラブレター」（『女性自身』第二一巻第四三号、一九七八年一一月二三日）六六～七二頁を参照。
（18）『芦田均日記』第二巻、一九一二年二月一二日の条。
（19）松隈俊子『新渡戸稲造』新装版（みすず書房、二〇〇〇年）二〇五～二三〇頁を参照。
（20）前掲『第一高等学校自治寮六十年史』八〇～八三頁を参照。
（21）森戸辰男「教育者としての新渡戸先生」（前田多門・高木八尺編『新渡戸博士追憶集』故新渡戸博士記念事業実行委員、一九三六年）三二九～三三一頁を参照。
（22）矢内原忠雄「弁論部史」（『向陵誌』第一高等学校寄宿寮、一九一三年）一四二～一四五頁を参照。
（23）『芦田均日記』第一巻、一九〇七年五月一〇日の条。
（24）野間清治『私の半生』増補版（大日本雄弁会講談社、一九三九年）三〇〇頁を参照。
（25）一九一〇年七月一一日付鶴見祐輔宛芦田均書簡（「鶴見祐輔文書」一八―一、国立国会図書館憲政資料室所蔵）。

(26) 前掲、芦田均「世相さまざま(98)」七七頁。
(27) 大内兵衛『経済学五十年』上(東京大学出版会、一九五九年)一〇二頁。
(28) 『芦田均日記』第一巻、一九一七年三月三一日の条。
(29) 丸山眞男「個人析出のさまざまなパターン――近代日本をケースとして」(細谷千博編訳『日本における近代化の問題』岩波書店、一九六八年)を参照。
(30) 『芦田均日記』第一巻、一九〇八年七月四日の条。
(31) 芦田均「如是我観」(『雄弁』第一巻第三号、一九一〇年四月一日)七九頁。『芦田均日記』第一巻、一九〇九年一一月一四日も参照。
(32) 宮本盛太郎『日本人のイギリス観――新自由主義・国民主権論のモデル』(御茶の水書房、一九八六年)四八～六八頁を参照。
(33) 前掲、森戸辰男「教育者としての新渡戸先生」三五〇～三五一頁。新渡戸稲造「新自由主義」(『内観外望』一九三三年)。新渡戸稲造全集編集委員会『新渡戸稲造全集』第六巻(教文館、一九六九年、一八七～二一三頁)も参照。
(34) 前田多聞「寄生蟲としての感想」(前掲『新渡戸博士追憶集』)一八八頁。
(35) 水谷三公『日本の近代13――官僚たちの風貌』(中央公論社、一九九九年)二二七～二三二頁を参照。
(36) たとえば、『芦田均日記』第一巻、一九〇六年四月二三日、五月一八日、二一日を参照。
(37) 同前、一九〇七年一一月一二日の条。なお、芦田は、同年に来日した救世軍のブース(William Booth)将軍の講演会に実際に足を運んでいる(同前、一九〇七年四月二二日を参照)。
(38) 同前、一九〇七年一二月一二日を参照。
(39) 同前、一九一一年一月二四日の条。
(40) 芦田と新人会世代とのあいだにはおよそ一〇歳前後の差がある(ヘンリー・スミス/松尾尊兊・森史子訳『新人会の研究――日本学生運動の源流』東京大学出版会、一九七八年所収の「新人会名簿」を参照)。
(41) 『芦田均日記』第一巻、一九〇八年七月一八日の条。
(42) 紫峯生「学生論客月旦(其三)――芦田均君(帝大)」(『中学世界』第一一巻第三号、一九〇八年三月一日)八二頁。
(43) 宮本盛太郎「日本の新自由主義――東洋経済新報社の人々」(同編『近代日本政治思想の座標』有斐閣、一九八七年)一九一頁を参照。

(44) デーヴィッド・ロング/ピーター・ウィルソン(宮本盛太郎/関静雄監訳)『危機の20年と思想家たち――戦間期理想主義者の再評価』(ミネルヴァ書房、二〇〇二年)を参照。

(45) 中見眞里「太平洋問題調査会と日本の知識人」(『思想』第七二八号、一九八五年二月)一〇五~一〇六頁を参照。とくに芦田とも親交の厚かった鶴見が「新外交」の象徴的存在であったアメリカ大統領ウィルソンを熱烈に支持したことはよく知られている。鶴見は、一九一六年の大統領選挙でウィルソンが再選を果たしたことを祝して一高弁論部の後輩を集めて火曜会を結成するが、同大統領の理想主義に憧れた者の集まりということから火曜会はウィルソン倶楽部の愛称で呼ばれた。火曜会は、一九一八年ごろには鶴見の多忙によって中断されたものの、二一年ごろには再開され、外交官となっていた芦田も来会したという(北岡寿逸「鶴見祐輔さんの思い出――火曜会を中心として」同編『友情の人鶴見祐輔先生』一九七五年、六四~六五頁を参照)。

(46) 外交官時代の芦田がホブソン(John Atkinson Hobson)やノーマン・エンジェル(Sir Ralph Norman Angell)といったイギリス新自由主義の思想家の著作を読んでいたことをその蔵書から確認することができるが、傍線書込みや欄外書込みといった記述がいっさいないため、これらの著作から芦田がどのような影響を受けたのかを具体的に知ることはできない。なお、芦田の蔵書に関しては、以下の引用も含めて、国立国会図書館整理部編『故芦田均氏寄贈図書目録』(国立国会図書館、一九五九年)を参照して、閲覧した。

(47) 『芦田均日記』第一巻、一九一〇年八月二九日の条。

(48) 外交官としての芦田の経歴は以下の通りである。明44・9外交官及領事館試験合格、大1・8外交官補・露国在勤、6・12大使館三等書記官・露国在勤、7・3仏国在勤、9・7大使館二等書記官・仏国在勤、12・2外務事務官・情報部第二課、12・6外務書記官・情報部第二課長、13・6兼情報部第三課長、14・9大使館一等書記官・トルコ在勤、昭4・4法学博士、4・4大使館参事官、5・1帰朝、5・3ベルギー在勤、7・2帰朝、7・2依願免本官(秦郁彦『戦前期日本官僚制の制度・組織・人事』東京大学出版会、一九八一年、一九頁)。このほかに、戦前の芦田の足跡については、三川譲二「芦田均とその時代の研究」(二〇〇一~二〇〇三年度文部科学省科学研究費補助金研究報告書、二〇〇四年)も参照。

(49) 芦田の中国勤務については、一九三〇年三月六日から四月三日まで中国に出張視察したことが確認できるだけである(「本省並在外公館員出張関係雑件　本省並在外公館員海外出張ノ部」第一巻、外務省外交史料館所蔵、外務省記録 M.2.2.0.1-3)。

(50) 吉田茂『回想十年』第四巻（新潮社、一九五八年）九二～九三頁。
(51) 鈴木は、一九二一年入省。同年に外交官補としてフランスに赴任した際、大使館二等書記官であった芦田とともに働いた経験を持つ。また、戦後には終戦連絡地方事務局事務官・横浜事務局長として外相であった芦田を補佐した。
(52) 天川晃監修『現代史を語る⑥鈴木九萬――内政史研究会談話速記録』（現代史料出版、二〇〇八年）四〇頁。
(53) 一九二〇年代における外務省は欧米派とアジア派の二つの政策派閥に区分される。主流である欧米派には、幣原のほかに出淵勝次、佐藤尚武、広田弘毅らがあげられる。一方、アジア派の外交官としては、有田八郎、重光葵、谷正之、白鳥敏夫らがあげられる（臼井勝美「外務省――人と組織」細谷千博他編『日米開戦史――開戦にいたる一〇年』第一巻、東京大学出版会、一九七一年、一一七頁を参照）。
(54) 小林幸男『日ソ政治外交史』（有斐閣、一九八五年）八三～八五頁、一二一～一三八頁、東郷茂徳『東郷茂徳外交手記――時代の一面』（原書房、一九六七年）五〇～五二頁を参照。
(55) 酒井哲哉『大正デモクラシー体制の崩壊――内政と外交』（東京大学出版会、一九九二年）一五一～一五四頁を参照。とくに後藤の外交構想については、北岡伸一『後藤新平』（中央公論社、一九八八年）二〇〇～二二六頁、ワシーリー・モロジャコフ『後藤新平と日露関係史――ロシア側新資料に基づく新発見』（藤原書店、二〇〇九年）を参照。
(56) 前掲、進藤榮一「芦田均と戦後改革」五六～六一頁を参照。
(57) 「露国戦時産業概況」大正六年一一月調査（外務省外交史料館所蔵、外務省調書・政務局七一）二六頁。
(58) 芦田均「露西亜の革命前後」（『雄弁』第九巻第八号、一九一八年七月一日）六二頁。
(59) ただし、「曾て文字で見たデモクラシーが現実に於ては何故如斯く見にくいものになるであろうか」とその日記に記しているように、革命の持つ暴力性に対しては強い嫌悪感を抱いていた（『芦田均日記』第二巻、一九一七年三月一四日の条）。
(60) 芦田均「労農執権第六年」（『外交時報』第四六七号、一九二四年五月一五日）七〇頁。ほかにも、この時期の芦田はソ連の経済政策の変化と政治的民主化の関係をくり返し述べている（同「農村問題を中心とするロシアの政治問題」『外交時報』第四八七号、一九二五年三月一五日、一七～三四頁、同「労農露国財政経済の現状」『龍門雑誌』第四三八号、一九二五年三月二五日、一一～二三頁を参照）。
(61) 芦田均「英国のソヴエット承認とその波紋」（『改造』六巻三号、一九二四年三月一日）一六〇～一六一頁。芦田均「露西亜対日

本及び列強」（『朝鮮公論』第一二巻第一一号、一九二四年一一月一日）一三三頁も参照。

(62)『枢密院会議事録』第三四巻（東京大学出版会、一九八六年）二四五頁。

(63)「我が国の対ソ提携基本方針について」一九二七年九月三〇日付出淵外務次官口述筆記（『日本外交文書』昭和期Ⅰ第二部第三巻三文書）。

(64)芦田均「経済と外交」（『大阪銀行通信録』第三四二号、一九二六年二月二五日）四三頁。

(65)芦田均「支那に於ける日本の経済的地位」（『実業之世界』第二四巻第五号、一九二七年五月一日）八五頁。

(66)吉田茂『日本を決定した百年』（日本経済新聞社、一九六七年）五四〜五六頁。

(67)一九二七年四月二一日付在奉天吉田総領事発木村亜細亜局長宛書簡（『日本外交文書』昭和期Ⅰ期第一部第一巻八八文書）。

(68)北岡伸一「吉田茂における戦前と戦後」（前掲『年報 近代日本研究』一六）一一〇〜一一四頁を参照。

(69)外務省革新同志会の結成の経緯については、外務省百年史編纂委員会『外務省の百年』上巻（原書房、一九六九年）七三九〜七四六頁を参照。

(70)重光葵『外交回想録』（毎日新聞社、一九五三年）四三〜四四頁、有田八郎『馬鹿八と人はいう』（光和堂、一九五九年）二六〜二九頁、堀内干城『中国の嵐の中で』（乾元社、一九五〇年）四三〜四四頁を参照。

(71)「巴里平和会議　経済委員会　総括報告」（外務省外交史料館所蔵、外務省記録2.3.1.26-9）。

(72)「革新同志会関係」（「外務省官制及内規関係雑件」第一五巻、外務省外交史料館所蔵、外務省記録M.1.2.0.2）。

(73)たとえば、当時外務次官であった埴原正直は、革新同志会を「省内の秩序を乱す過激分子と見なし」ており、その中心的存在であった有田を「敬遠」し、シャムの代理公使に転出させたという（澤田寿夫編『澤田節蔵回想録――一外交官の生涯』有斐閣、一九八五年、六二頁）。

(74)前掲、臼井勝美「外務省」一一七頁を参照。

(75)前掲「革新同志会関係」。

(76)『芦田均日記』第二巻、一九二一年八月一九日の条。

(77)同前。

(78)たとえば、一九二五年の北京関税特別会議における会議冒頭の関税自主権承認演説や一九三〇年から三一年にかけて行われた中国外債整理交渉において、重光は幣原の方針に反して日中提携を模索したことが明らかにされている。北京関税特別会議に関しては、馬場伸也「北京関税特別会議にのぞむ日本の政策決定過程」（細谷千博・綿貫譲治編『対外政策決定過程の日米比較』東京大学出版会、一九七七年）、前掲、酒井哲哉「『英米協調』と『日中提携』」六七〜七〇頁を参照。中国外債整理交渉に関しては、前掲、小池聖一「『国家』としての中国、『場』としての中国」一四八〜一六〇頁、前掲、服部龍二「中国外債整理交渉における幣原外相と重光駐華臨時代理公使」一六七〜一八〇頁を参照。以上の点に関する重光自身の回想として、前掲、重光葵『外交回想録』五三〜五四、八九〜九一頁、同「佐分利公使の死」（『中国研究月報』第四八九号、一九八八年一一月）三九頁を参照。ほかに、武田知己『重光葵と戦後政治』（吉川弘文館、二〇〇二年）第一部第一章も参照。

(79) Hans Kohn, *Nationalism and Imperialism in the Hither East* (London: George Routledge and Sons, 1932), p. 5の芦田による傍線書込。

(80) 芦田均「回教民族の動き」（『外交時報』第六〇七号、一九三〇年三月一五日）三三頁。

(81) 芦田均「トルコに於ける革命運動について」（『法学協会雑誌』第四八巻第七号、一九三〇年七月一日）一六二〜一六七頁を参照。

(82) 安達は一八九二年入省。芦田と安達はパリ講和会議、国際連盟第一回、第二回総会にともに参加した経験を持つ。両者は個人的にも親密であったようで、夫人同士の手紙のやりとりも残されている（一九二二年六月一八日付安達鏡子宛芦田寿美書簡「安達峰一郎関係文書」一六―三、国立国会図書館憲政資料室所蔵）。また、安達の死に際して、芦田が「安達博士は矢張り一種の才物であつたことを思ふ。然し僕ハ生まれ変つて来なければバあんな人にハなれない」と敬意を込めて記していることも、両者の親密な関係を示すものである（『芦田均日記』第三巻、一九三五年一二月一八日の条）。

(83) 佐藤は一九〇五年入省。芦田のロシア、フランス、ベルギー在勤時代の上司であった。なかでもロシア在勤時代の芦田は、佐藤に兄事し、「公私ともに随分世話をかけた」という（芦田均「佐藤外相論」『改造』第一九巻第四号、一九三七年四月一日、二五四頁）。ほかにも、佐藤が一九二二年のハーグ会議日本代表を務めた際には、芦田がこれを補佐した（佐藤尚武『回顧八十年』時事通信社、一九六三年、一六〇〜一六三頁を参照）。

(84) 前掲『現代史を語る⑥鈴木九萬』三八頁。

(85) 佐藤尚武監修・鹿島平和研究所編『国際連盟における日本』（鹿島研究所出版会、一九七二年）四五三〜四五四頁。

(86) こうした前提に立って、一九二〇年代の外務省内の政策派閥について、幣原を中心に彼と深い人的関係にある出淵勝次や佐分利貞男らを幣原派として分類し、その政策過程を分析したものに、服部龍二「幣原喜重郎の政策と人脈」（『中央大学論集』第二七号、二〇〇六年三月）がある。ほかに、同『幣原喜重郎――外交と民主主義』増補版（吉田書店、二〇一七年）第二章から第四章も参照。

(87) 前掲、佐藤尚武『回顧八十年』一九八頁。

(88) 『芦田均日記』第二巻、一九二二年八月一二日の条。

(89) 日本の国民外交論のあり様については、たとえば、酒井一臣『帝国日本の外交と民主主義』（吉川弘文館、二〇一八年）を参照。

(90) 近衛文麿『戦後欧米見聞録』（中央公論社、一九八一年）三七～四〇頁。

(91) 情報部設置の経緯については、前掲『外務省の百年』上巻、一〇二八～一〇三九頁を参照。

(92) 「国際電信情報調査委員会関係一件」（外務省外交史料館所蔵、外務省記録1.3.1.40）。なお、芦田によるこの提案は、海軍省委員が独自の組織を廃止することに反発したために合意が得られず、各省相互の連絡を密にすることを確認するにとどまった。この点に関しては、Tomoko Akami, *Japan's News Propaganda and Reuter's News Empire in Northeast Asia, 1870–1934* (Dordrecht: Republic of Letters, paperback, 2012), pp. 165–167も参照。

(93) Cecil D. Burns, *International Politics* (London: Methuen, 1920), p. 129の芦田による傍線書込。

(94) 芦田均「世界戦争の思想的背景（一）」（『国際法外交雑誌』第二四巻第三号、一九二五年三月一五日）四三頁、同「世界戦争の思想的背景（二）」（『国際法外交雑誌』第二四巻第四号、一九二五年四月一五日）一六頁。

(95) 「情報部関係講演関係雑纂　本省職員之部」（外務省外交史料館所蔵、外務省記録1.3.1.38-1）によると、芦田の講演回数は約二年半の課長時代のあいだに一五回を数える。

(96) 芦田均『列強の政戦』（大阪毎日新聞社、一九二四年）三三頁。

(97) 『芦田均日記』第二巻、一九二〇年一月七日の条。

(98) 木村小左衛門編『外交大観――前外務大臣幣原喜重郎氏講演』（一九二八年）二一頁。

(99) 伊藤隆・広瀬順晧編『牧野伸顕日記』（中央公論社、一九九〇年）一九二七年七月八日の条。

(100) 「日支関税協定条約改正の準備」（「重光葵関係文書」一B―〇二、衆議院憲政記念館所蔵）、小池聖一「外務省記録と『重光葵関係文書』について――日中関税協定関係史料を一例に」（『外交史料館報』第七号、一九九四年三月）六七頁を参照。

(101) たとえば、第一次大戦期に外交官から外交史家・国際法学者に転じた信夫淳平が、「外交当局官人は、よしんば口にこそ発せざれ、胸中動もすれば議会政治を厄介視し、憲政国に於ては外交は常に議会の掣肘を受け、其敏活の行動、一定の方針の遂行に迷惑少なからず、此の点に於て専制国は憲政国に勝れり、との思想が深く浸潤するやうに見へる」と指摘しているのは、この点を示すものである（信夫淳平『外政監督と外交機関』日本評論社、一九二六年、二三七～二三八頁）。こうした外務省の自律性と外交官の特別官意識については、前掲、千葉功『旧外交の形成』第Ⅰ部も参照。

(102) 芦田均「世相さまざま（25）――役人の無駄骨」（『東京だより』第二六号、一九五一年九月一日）四二頁。

(103) 「松平大使ノ任務ニ関スル風評打消」（「新聞雑誌操縦関係雑纂」外務省外交史料館所蔵、外務省記録1.3.1.1）。

(104) 『芦田均日記』第三巻、一九二五年三月一二、一三日も参照。

(105) 同前、一九二五年六月二三日の条。

(106) 一九三〇年三月一日付鶴見祐輔宛芦田均書簡「鶴見祐輔文書」一八―三。

(107) Burns, *op. cit.*, p. 141の芦田による傍線書込。

(108) 芦田均『巴里会議後の欧洲外交』（小西書店、一九二三年）二〇頁。

(109) 同前、六〇七頁。

(110) 一九二一年八月のパリ最高会議において上部シレジア問題が連盟に付託されることが決定されると、芦田は、パリ出張中の駐独大使館参事官の出淵勝次とともに「Silesie ノ問題ヲ研究」して参考書類を作成している（『芦田均日記』第二巻、一九二一年八月一二日の条）。なお、上部シレジア問題と日本外交の関わりについては、濱口學「国際連盟と上部シレジア定境紛争」（『國學院大學紀要』第三一巻、一九九三年三月）を参照。

(111) たとえば、芦田均「世界の安定とドース案」（『実業之日本』第二七巻第二一号、一九二四年一一月一日）一八～二五頁、同「平和記念大会に於ける祝辞演説」（『雄弁』第一六巻第一号、一九二五年一月一日）三四六～三四九頁、同「欧洲安定の問題――平和議定書から安全保障へ」（『国際知識』第五巻第一一号、一九二五年一一月一日）八一～九五頁を参照。

(112) ロカルノ条約の規定と国際連盟との具体的な関係については、植田隆子『地域的安全保障の史的研究――国際連盟時代における地域的安全保障制度の発達』（山川出版社、一九八九年）六一～六五頁を参照。

(113) League of Nations, *Monthly Summary of the League of Nations, Supplement* (December, 1925), pp. 23-24.

(114) George Glasgow, *From Dawes to Locarno; being a critical record of an important achievement in European diplomacy, 1924-1925* (London: Ernest Benn, 1925), pp. ix-xi において、「一番目に重要なことはドイツの国際連盟加盟である」とするラムゼイ・マクドナルド(Ramsay MacDonald)の言葉が引用された部分に、芦田は傍線を書き込んでいる。

(115) 前掲、芦田均「欧洲安定の問題」八一頁。

(116) 芦田均『君府海峡通航制度史論』(巌松堂書店、一九三〇年)一四頁。

(117) 同前、四四五頁。

(118) もっとも、ソ連は条約に調印したものの批准せず、「露国多数の識者が現行の海峡制度に不満足である一事は軽々に看過す可らざる現象である」として、芦田はそのことを憂慮した(同前、五二七頁)。

(119) 同前、四〇三頁。

(120) 同前、一四~一五頁。

(121) 同前、四八一~四八二頁を参照。

(122) 同前、四九三頁を参照。

(123) 同前、五二九~五三〇頁。

(124) 同前、四八二~四八三頁。

(125) 同前、四八四~四九三頁を参照。

(126) 同前、五三〇~五三一頁。

(127) 同前、四八三頁。

(128) 横田喜三郎「紹介　芦田均『君府海峡通航制度史論』」(『国際法外交雑誌』第二九巻第六号、一九三〇年七月一日)七二頁。なお、戦前から戦後にかけての横田の安全保障論については、片桐庸夫『横田喜三郎1896-1993――現実主義的平和論の軌跡』(藤原書店、二〇一八年)および、同「横田喜三郎の安全保障観――戦間期を中心として」(『社会科学討究』第一二九号、一九九九年一月)、同「横田喜三郎の戦後日本の安全保障論」(『WIAPSリサーチ・シリーズ』六、二〇一六年二月)を参照。ほかに、竹中佳彦『日本政治史の中の知識人』上・下(木鐸社、一九九五年)の横田に関する部分も参照。

(129) 芦田均『国際外交の智識』(非凡閣、一九三四年)二二一~二二二、二二〇頁。

(130) 同前、二一〇〜二一一頁。

(131) 同前、六二頁。

補論1　外務省連盟派の形成とその位置

第一章では、国際政治観の形成過程を論じるなかで、芦田が連盟や連盟を中心とする多国間外交を担う在欧外交官グループとしての連盟派の人脈に連なる外交官であったことを明らかにするとともに、連盟派が独特のキャリアパスを経た会議外交の専門家集団であることを指摘した。以下では、国際連盟帝国事務局長や同次長に就任する外交官の人事履歴から連盟派のキャリアパスの特徴を明らかにし、同派の形成とその位置づけを検討することで、第一章の内容を補うこととする。

1　国際連盟帝国事務局の組織と編成

まず、日本の連盟外交を担った国際連盟帝国事務局の組織と編成を確認することからはじめたい。連盟帝国事務局は、一九二一年（大正一〇）八月にパリに設置された。連盟本部のあるジュネーブではなくパリに設置されたのは、連盟理事会の代表を補佐することを任務とする以上、代表を務める駐仏大使のいるパリに事務所を設置することが望ましいとの判断からであったとされる[1]。事務局の編成は、局長一名、次長一名、事務官七名、書記二名の計一一名で、局長は特命全権公使、次長は大使館参事官をもってこれに充てるとされた[2]。局長と次長の官等はそれぞれ高等官一等と同二等の勅任官であり、本省でいえば次官や局部長に相当する外交官であった。このほかの事務官の七名は奏任官で、書記には外務書記生（判任官）が任命された。

以上のような編成に関して、当時の序列でいえば最上位に当たる駐英大使館（大使一名・大使館参事官一名・大使館書記官七名・理事官二名・外交官補五名・書記生四名・計二〇名）と比較すると見劣りするものの、その編成は駐ベルギー大使館（大使一名・大使館参事官一名・大使館書記官五名・外交官補三名・書記生二名・計一二名）や駐伊大使館（大使一名・大使館参事官一名・大使館書記官四名・理事官一名・外交官補二名・書記生二名・計一一名）並みであった。こののち行政整理のあおりを受けて、一九二三年三月に事務官の定員は七名から三名に減員されたものの、[3]それでも欧州における公使館としては最も大きい部類に入る駐オランダ公使館（公使一名・公使館書記官二名・理事官一名・外交官補一名・書記生二名・計七名）並みの規模を維持した。

一九三三年（昭和八）三月に連盟脱退の通告が決定されると、一〇月に事務局の名称は国際会議帝国事務局に改称された。このとき官制上の編成や定員には変更がくわえられなかったものの、[4]実質的には組織は縮小されることとなった。まず同年一二月に事務局の所在地がジュネーブに移転したため、これまで連携してきた在パリ駐仏大使館の協力が得られなくなり、「従来の制度……を以てしては到底手不足」の状態に陥った。[5]また本省が「連盟脱退後此種事務局を公然寿府に設くることは対瑞西国及連盟関係よりするも面白からさるを以て寿府に帝国総領事館を開設し国際会議帝国事務局次長をして総領事を兼任せしめ次長兼総領事として活動せしめんとす」る方針を定めたため、[6]以後の事務局は局長不在の状態となった。官制上では局長職が存在し、その任命もおこなわれたが、局長はベルンの駐スイス公使が兼務するかたちをとり、ジュネーブにおける対連盟関係の事務については、大使館参事官兼総領事の次長が局長代理としてこれを統括する体制となった。こうした体制は一九三八年一一月の連盟諸機関との協力終止までつづき、その後は局長の任命もおこなわれず、四一年四月に事務局は廃止された。

2　省内における連盟派とその位置

次に、国際連盟帝国事務局長や同次長に就任する外交官の人事履歴を分析したうえで、連盟派のキャリアパスの特徴を明らかにし、あわせて同派の形成と省内における位置を検討する。なお、煩雑さを避けるため、以下、とくに断りのない限り、国際連盟帝国事務局・同局長・同次長の語は、それぞれ国際会議帝国事務局・同局長・同次長を含むものとして用いる。

方法と資料

はじめに、分析のための人事履歴の集計方法およびその際に用いた資料について説明する。人事履歴の集計方法に関しては、本省勤務経験と在外勤務経験に分けたうえで、以下のように集計した。本省勤務経験については、国際連盟帝国事務局長就任者と同次長就任者を列挙したうえで、彼らがどの局で課長以上、および課長未満の職を経験したかを集計した。ここで課長以上とは奏任官のなかで課長職を持つ者と勅任事務官とし、課長未満とは課長職を持たない奏任官とした。ただし、集計に際して事務取扱や心得、兼務は除いた。これは人事異動によって生じる間隙を埋めるためのごく短期間の措置であることが多く、当該外交官を特徴づける業務体験の蓄積過程として見なすには不適当であると考えるためである。(7)また、組織改編にともなう後継局での課長以上および課長未満の職の経験についても集計しなかった。これも同じく業務体験の蓄積過程として同一のものと見なすのが適当であり、集計の重複を避けるためである。

一方、在外勤務経験については、本省勤務経験と同様に、連盟帝国事務局長と同次長就任者を列挙したうえで、彼らがどの国や地域で在外勤務を経験したかを国ごとに集計した。その際、同じ国や地域に継続して勤務していても職階が上昇した場合には別のものとして集計した。これは長期にわたる在外勤務を業務体験の蓄積過程として集計に反映させることが適当であると考えるためである。また、大・公使館勤務と領事館勤務とは区別して集計した。これは政治上の案件を扱う大・公使館と通商および経済上の案件を扱う領事館の業務区分にもとづき、業務体験の蓄積過程が異なると見なすのが適当であると考えるためである。したがって、在外勤務の兼勤については、大・公使館と領事館の両者を横断する兼勤の場合は別のものとして集計した一方で、そうでない場合は同一のものとして集計した。

つづいて、資料に関しては、「外交彙報附録月報」（一八九二年五月～一八九三年一二月）、「外務省月報」（一八九四年一月～一九二一年九月）および「外務省報」（一九二一年一〇月～一九四六年一二月）を用いて、外交官の人事履歴を収集した。(8) このなかで欠号があった場合には『官報』で情報を補った。これ以前については、戦前期官僚制研究会編・秦郁彦著『戦前期官僚制の制度・組織・人事』（東京大学出版会、一九八一年）や『日本外交史辞典』新版（山川出版社、一九九二年）を参照したほか、個別の外交官の回想や伝記を参照した。そのため一八九二年五月以前と以後では情報の正確性に違いがある。

以上を踏まえて、集計した結果が巻末の表1－1から表2－2である。また、比較のために、次官就任者および各局部長就任者についても同様の方法を用いて人事履歴を集計し、表3－1以下に掲載した。なお、勤務経験者の割合や歴任率の数値は、小数点第二位以下を切り捨てとした。

連盟帝国事務局長・次長のキャリアパスと連盟派の形成

まず、在外勤務経験から見ていく（表1-2、表2-2）。在外勤務経験の特徴は次の三点にまとめられる。第一に、勤務国別に見た場合に仏国勤務経験が多いことである。連盟帝国事務局長就任者のなかに占める仏国勤務経験者の割合は六六・六％（四／六）、歴任率は一七・三％（八／四六）である。これは一見するとそれほど目立った特徴のようには思われないが、欧州地域を所管する欧米／欧亜局長就任者におけるその割合と歴任率がそれぞれ四四・四％（四／九）、八・〇％（五／六二）であることと比較すると、連盟帝国事務局長就任者の仏国勤務の多さがわかる。一方、この点に関する次長の特徴は際立っている。次長就任者のなかに占める仏国勤務経験者は奥山清治を除く全員であり、その割合は八五・七％（六／七）、歴任率は四一・六％（二〇／四八）にまで達する。

第二に、英国勤務経験と米国勤務経験が極端に少ないことである。連盟帝国事務局長就任者六名のうち沢田節蔵と天羽英二の二名が英国勤務経験の歴任率（一三・〇％）を引き上げているが、残る四名（松田道一、杉村陽太郎、佐藤尚武、堀田正昭）には英国と米国ともにその勤務経験がない。さらに、次長就任者のなかにはそもそも英国勤務と米国勤務の経験者が一名もいない。

第三に、地域別に見た場合に欧州勤務経験が多く、アジア勤務経験が少ないことである。具体的には、連盟帝国事務局長就任者の欧州勤務経験の歴任率が六九・五％（三二／四六）に対して、アジア勤務経験の歴任率は二六・〇％（一二／四六）、次長就任者のそれは八〇・八％（三八／四七）に対して、一四・八％（七／四七）である。この点に関して、第二の特徴と考え合わせると、欧州のなかでも大陸勤務経験が多いことがわかる。

これらの特徴は、連盟帝国事務局長や次長のポストにフランスを主として欧州大陸勤務を多く経験している外交官が意図的に選任された結果として見ることができる。そのような人事がおこなわれた理由は、二〇世紀の欧州大陸において会議外交が定例化、あるいは制度化されていくなかで、それらの経験を積んだ外交官に連盟外交を担わせようとしたからであると考えられる。杉村陽太郎が「連盟の外交は会議外交である」といい、その態様からとくに「代表者の個人的力量」が必要であると述べているように[9]、連盟外交には会議外交に特有の専門的な能力が必要とされた。そこでまず会議外交の経験を積んだ欧州大陸勤務の外交官が連盟帝国事務局長や次長に起用され、連盟が設立されたのちには、連盟や連盟を中心とする多国間外交の現場に参加した外交官が選任されることとなり、欧州大陸勤務の外交官が連盟帝国事務局長や次長に就任する人事のあり方が定着していったと考えられる。実際、時代が下ると次長就任者のなかに仏国勤務とともに連盟帝国事務局勤務の経験者が現れてくるのは、この点を示している。以上を要するに、先に述べた特徴は、業務の専門性にもとづく人事の結果として見ることができるのである。

そしてこのような人事の仕組みによって徐々に連盟派が形成されていったと考えられる。たとえば、行政学者のピーター・セルフ氏によれば、組織としての個性であるところの「機関哲学」は「蓄積された経験と伝統の所産と見なされ、特定の任務や問題に精通した結果生まれる」という[10]。また、牧原出氏も「官僚の構想力を支えるのは業務体験を通じた『執務知識』であるのだが、この業務体験の蓄積過程は人事異動を経る官僚のキャリアパスそのものである」と述べ[11]、同じようなキャリアパスを経て同じような業務体験を蓄積した官僚はその政策志向を同じくする傾向があると指摘する。つまり、官僚は昇進していくに当たって数多くのポストを経験していくことになるが、その際にキャリアパターンを同じくする官僚は政策志向を同じくする一方で、キャリアパターンを異にする官僚とのあいだには政策志向の差異が生じるため、同じ省内にあっても異なる政策目標と独自の行動様式を備えた政策派閥が生まれるというのである。

こうした指摘を踏まえれば、フランスを主とした欧州大陸勤務を通じて会議外交の経験を豊富に持つ外交官が連盟帝国事務局に選任されることで、同局は連盟や連盟を中心とする多国間外交による協調を志向する部局として成立し、さらにそうした人事が定着していくことでその政策志向は局内に継承され、連盟帝国事務局を中心に政策派閥としての連盟派が形成されていったと考えることができる。すなわち、本章で指摘したような在欧外交官と本省とのあいだの連盟をめぐる評価の隔たりは、特定のキャリアパターンとそこから得られる業務体験の蓄積によって生みだされた政策志向の結果として理解できるのである。この点に関しては、本論のなかで改めて確認していくことになるが、少なくともここからは、連盟との協調や国際主義の受容といった政策志向が外交官個人のパーソナリティのみに還元されるものではなく、外務省のなかに形成された一つの政策路線として位置づけられるものであったことが指摘できる。

つづいて、連盟帝国事務局長就任者と次長就任者の本省勤務経験を見ていく（表1－1、表2－1）。ここで気づくことは、とくに次長就任者において条約局での勤務経験が多く見られることである。次長就任者に占める条約局勤務経験者の割合は四二・八％（三／七）、歴任率も三五・七％（五／一四）にのぼる。一方、連盟帝国事務局長就任者の場合には必ずしもそうした特徴は見られず、歴任率の点から見れば大臣官房は条約局とまったく同じ割合となっている。ただし、これを引き上げている松田道一の官房勤務経験はすべて条約局の前身に当たる取調課での勤務経験であり、その松田は一九一九年に新設された条約局の初代局長を経て連盟帝国事務局長に就任している。これらの点を考慮すれば、連盟帝国事務局長就任者の場合も条約局での勤務経験が必ずしも少ないとはいえない。

これを踏まえて、条約局長就任者の在外勤務経験を見る（表8－2）。ここからわかることは、条約局長就任者の在外勤務経験は、勤務国別に見れば仏国勤務経験が多く、勤務地域別に見れば欧州地域が多いことである。条約局長就任者のなかに占める仏国勤務経験者の割合は七五・〇％（九／一二）、歴任率は三四・五％（二八／八一）で、欧州勤務の歴任率は八〇・二％（六五／八一）にまで達する。

また、条約局長就任者の在外勤務経験については、連盟帝国事務局での勤務経験も多く見られる。条約局長就任者のなかに占める連盟帝国事務局勤務経験者の割合は五〇・〇％（六／一二）、歴任率は九・八％（八／八一）である。条約局と連盟帝国事務局の設置がそれぞれ一九一九年と二一年であるため、初期の条約局長就任者が連盟帝国事務局での勤務経験を有することはあり得ず、このことを考え合わせれば、条約局長就任者に占める連盟帝国事務局勤務経験者の割合がかなり高いことがわかる。

さらに、これをほかの本省局部長就任者と比較した場合、その高さはいっそう明白となる。実際、本省局部長就任者のなかで連盟帝国事務局での勤務経験を有する者がいるのは、条約局を除けば、欧米／欧亜局と通商局の二局しかない。しかも、両局長就任者の連盟帝国事務局勤務経験者の割合と歴任率はそれぞれ、欧米／欧亜局長就任者が二二・二％（二／九）と八・〇％（五／六二）、通商局長就任者が三・七％（一／二七）と〇・七％（一／一二六）である（表6－2、表9－2）。先に述べたように、連盟帝国事務局の設置は一九二一年であるから通商局長就任者の場合には単純な比較はできないとしても、同局長就任者のなかに占める連盟帝国事務局勤務経験者が一名というのはいかにも少ないし、ほぼ同時期に設置された欧米／欧亜局長就任者の場合でもその経験者の割合、歴任率ともに条約局長就任者のそれを下まわっている。

これらの特徴が示しているのは、一つには連盟帝国事務局長や次長に就任する外交官と条約局長に就任する外交官がフランスを主として欧州大陸勤務を多く経験するよく似たキャリアパスの持ち主であるということである。またもう一つには連盟帝国事務局と条約局を往来する人事が見られることである。後者の点に関していえば、先に述べた松田のように条約局長から連盟帝国事務局長に就任する事例や、柳井恒夫のように連盟帝国事務局次長を経て条約局長に就任する事例もあり、かなり高い次元でも人事の往来が見られる。

このことは、連盟帝国事務局長や次長と条約局長が同じような基準によって選任されていることを示すものであり、同時にそれは省内において連盟帝国事務局と条約局が一つの政策単位として見なされていることを示している[12]。実際、条約局は国際連盟に関する事項を所管している[13]。つまり、これらの特徴もまた、業務の専門性を重視した人事の仕組みによる結果といえる。さらに、前述の行政学の先行研究に従えば、連盟派は連盟帝国事務局と条約局を横断するかたちで形成されていたことになる。

省内における連盟派の位置

最後に、省内における連盟派の位置について考察する。この点に関して、まず次官就任者の本省局部長経験から見ていく（表3－1）。そこにあるように、次官就任者三三名のうち政務局長経験者が四名、政務局を分割するかたちで新設された各地域局の局長経験者が七名であり、本省の最高幹部である次官には、政務局長経験者や地域局長経験者が就任する傾向が強いことがわかる。これに対して、次官就任者のなかで条約局長経験を有するのは、松本俊一の一名しかいない（ただし、再任により集計としては二名）。地域局の新設は一九二〇年のことであり、条約局の設置（一九年）とほぼ時を同じくしていることからこれを単純に比較できるとして、その比率は七対二であり、両者の差は明らかである。このことは次官に昇進するに当たって、条約局長経験が重視されていなかったことを示している。それは同時に、連盟派の拠点である条約局の地位が地域局に比して決して高くなかったことを意味している。実際、条約局長は、文化事業部長や調査部長と並んで「誰でも勤まる」軽量級のポストと見られていた[15]。

つづいて次官就任者の在外勤務経験を見る（表3－3）。そこからわかるように、次官就任者のなかで連盟帝国事務局勤務経験を有するのは先にあげた松本のほかに天羽英二がいるだけで、歴任率は二・五％（五／一九七）である。

もっとも、ここでも連盟帝国事務局の設置年（二一年）を考慮に入れなければならないが、その場合に誰から集計するのが適切なのか、その線引きは難しい。それゆえ、この歴任率を用いて何らかの推論を引き出すことはできない。ただし、次官就任者のなかに連盟帝国事務局長、もしくは次長経験者が存在するかどうかを数え上げたとき、局長経験者は天羽のみで、次長経験者に至っては皆無であることがわかる。しかも、その天羽の局長経験もスイス公使兼任時代のもの、すなわち事務局の体制がすでに次長中心へと移行した国際会議帝国事務局時代のものであって、連盟外交の舵取り役を期待しての人事ではなかった。それは、赴任直前の天羽に対して、外相の広田弘毅が「瑞西ハ欧州問題研究」と述べていることからもわかる。(16) このことと次官就任者のなかに次長経験者が一人もいないことを考え合わせると、連盟帝国事務局長や次長ポストは省内においてそれほど重視されていなかったのではないかと推察できる。

以上のように、連盟帝国事務局長や次長、さらには条約局長といったポストは、省内の最高幹部である次官をねらえるようなポストではなかった。それはつまり、省内における連盟派の地位は総じて低く、同派が傍流に位置していたことを意味している。このことは、本章第二節で引用した外交官の回想とも符合する。たしかに連盟派は省内における政策路線の一つを形成していたが、それは決して本流に位置するものではなかったのである。

註

（1） 前掲、佐藤尚武『回顧八十年』一九六～一九七頁を参照。
（2） 「御署名原本・大正十年・勅令第三百八十四号・国際連盟帝国事務局官制」（JACAR〈アジア歴史資料センター〉Ref. A03021344700、国立公文書館所蔵）。
（3） 「御署名原本・大正十二年・勅令第百四号・国際連盟帝国事務局官制第二条中改正」（JACAR〈アジア歴史資料センター〉Ref. A03021439800、国立公文書館所蔵）。

（4）「御署名原本・昭和八年・勅令第二百九十三号・国際連盟帝国事務局官制中改正」（JACAR〈アジア歴史資料センター〉Ref. A03021914000、国立公文書館所蔵）。

（5）一九三四年一月九日付横山国際会議帝国事務局長代理発広田外務大臣宛電報（「国際連盟帝国事務局（国際会議帝国事務局）関係一件／人事関係」外務省外交史料館所蔵、外務省記録 B.9.1.0.5-1）。

（6）「国際連盟帝国事務局ヲ国際会議帝国事務局ニ改称ノ件並ニ寿府総領事館開設ノ件」（「第六十五回帝国議会参考資料　条約局第三課調書（上巻）」外務省外交史料館所蔵、議会調書・議 JY-36）。

（7）山内一夫「事務取扱・事務代理・併任・心得」（『時の法令』第二三四号、一九五七年二月）を参照。

（8）これらの資料は『アジア歴史資料センター』（https://www.jacar.go.jp/）から閲覧することができる。

（9）杉村陽太郎『国際外交録』（中央公論社、一九三三年）二二頁。

（10）ピーター・セルフ（片岡寛光監訳）『行政官の役割――比較行政学的アプローチ』（成文堂、一九八一年）一〇〇頁。この「機関哲学」の概念を用いて、キャリアパスから大蔵省内の主計局と主税局の政策志向の違いを説明したものとして、真渕勝「大蔵省主税局の機関哲学」（『レヴァイアサン』第四号、一九八九年四月）がある。

（11）牧原出「内閣・官房・原局（一）――占領終結後の官僚制と政党」（『法学』第五九巻第三号、一九九五年八月）一九頁。

（12）大蔵省および財務省・金融庁を事例として扱った、驛賢太郎「官僚の専門性とキャリアパス――大蔵省を事例として」（『神戸法学雑誌』第六三巻第二号、二〇一三年九月）、同「大蔵省銀行局の人事、専門性、政策――自由化志向の機関哲学の形成と継承」（同第六三巻第三号、二〇一三年一二月）、同「財務省ならびに金融庁幹部のキャリアパス」（同第六三巻第四号、二〇一四年三月）を参照。

（13）一九二四年に臨時平和事務局が廃止されるのにともなって、条約局第三課が国際連盟や連盟を中心とした国際会議の業務を所管するようになった（前掲『外務省の百年』上巻、一〇二二～二四頁を参照）。

（14）一九二〇年に政務局を分割するかたちで亜細亜局と欧米局が設置され、三四年に亜細亜局は名称を変更して東亜局となり、欧米局は欧亜局と亜米利加局に分かれた（外務省百年史編纂委員会『外務省の百年』下巻、原書房、一九六九年、五頁を参照）。

（15）川村建一「外務畑の人材」（『週刊朝日』一九三五年一一月一〇日号）、守島康彦編『昭和の動乱と守島伍郎の生涯』（葦書房、一九八五年）一三一頁に収録。なお、戦後の外交官のキャリアパスを分析した研究によれば、省内における条約局長（現在は国際法局長）の地位はきわめて高いことが指摘されている（竹本信介「戦後日本における外務官僚のキャリアパス――誰が幹部になるのか？」『立命館法学』第三三七号、二〇一一年三月を参照）。その理由について、戦後第一回外交官領事官試験の合格者で、条約局畑を歩んだ中島敏次郎は、講和や安保をはじめとして旧連合国との条約関係を再構築していく過程のなかで条約局が大きな役割を果たすことになったからだと語っている（中島敏次郎著／井上正也・中島琢磨・服部龍二編『日米安保・沖縄返還・天安門事件』岩波書店、二〇一二年、二五六～二六〇頁を参照）。また、中島よりも一三期下で、条約局長から事務次官にまで上りつめた柳井俊二も同様の証言を残している（五百旗頭真・伊藤元重・薬師寺克行編『90年代の証言　外交激変　元外務省事務次官　柳井俊二』朝日新聞社、二〇〇七年、一一七～一一九頁を参照）。

（16）　天羽英二日記・資料集刊行会編『天羽英二日記・資料集』第三巻（天羽英二日記・資料集刊行会、一九九〇年）一九三七年七月一四日の条。もっとも、盧溝橋事件が日中全面戦争へと拡大してくなかで、天羽は連盟対策の矢面に立たされることになり、「各国代表中『ベルヌ』ノ公使アルモ　英仏トノ連絡困難」という状況に陥った（同前、一九三七年九月一三日の条）。

第二章　政党政治家への転身

前章では、戦間期「新外交」の影響を受けて、芦田が普遍主義的国際政治観を形成したことを論じた。芦田は、国際社会の多元性を前提とした旧来の勢力均衡原理にかわって、戦争違法化の原則にもとづく普遍的な国際機構としての国際連盟を基軸とする集団安全保障体制に期待し、またこれを補完する地域的な多国間協調の枠組みにも高い評価を与えるようになったのである。

これに対して、幣原外交を含めて一九二〇年代の日本外交は、連盟を基軸とした集団安全保障体制に消極的であり、連盟に対する態度は二面的であった。すなわち、一方で非欧州圏の唯一の常任理事国として欧州諸国の紛争に対して公平な立場からその解決を促すことで連盟の活動に貢献しながら、他方で日本が死活的利益を有する中国問題に対して連盟が介入することには強い反発を示す、というのが二〇年代の日本の連盟外交の姿であった。(1) そして一九三一年（昭和六）九月に満洲事変が勃発すると、以後の日本外交は、集団安全保障体制を全面的に否定する方向へと舵を切ることになる。

それゆえ、満洲事変の勃発は芦田にとって大きな衝撃であった。いうまでもなく、事変の勃発は芦田の国際政治観と真っ向から対立するものであったからである。さらに、芦田は事変の勃発を契機として、政党政治家への道を歩むことになる。事変の勃発は、自らの政治的進路にとっても一つの転機となる出来事となったのである。

本章では、こうした満洲事変前後の時期の芦田について論じる。第一節では、事変を契機として芦田が外務省を退官する経緯を、第二節では、事変後に政治家へと転身したのちの外交論を、それぞれ外務省内の政策路線に留意しながら検討する。

一　満洲事変の勃発と外務省との袂別

一九三〇年（昭和五）一月、約四年間にわたるトルコ勤務から帰国した芦田は、三月六日からおよそ一ヶ月にわたる中国視察旅行を命じられた。旅程は、神戸を出発して上海に到着、そこから北上して、青島、大連、北京、奉天をめぐったのち、朝鮮半島を経由して帰国するというものであった。外交官としての芦田にとって、これが唯一の中国経験であった。そしてこの視察旅行を通じて芦田は、対中政策における基本原則としての経済主義や不干渉主義の合理性を改めて確認することになった。

まず視察旅行から帰国した芦田は、国民政府による中国統一に懐疑的な見方を持った。当時はちょうど中原大戦直前の時期に当たり、南京の国民政府と地方軍閥との対立が再燃し、これに国民党内部の抗争も絡んで同政府の支配は動揺していた。これを見た芦田は、中国ナショナリズムの発達を認めつつも、「蔣介石が圧倒的勢力を持ち得るかどうかは未知数であ」り、「近き将来に於て支那全土の統一が望めそうにもない」という予測を示した。(2)

また、中国への経済進出の行きづまりについて、その一因は商工業者が政府の保護を過度に求めたために中国とのあいだに摩擦が生じたことにあり、とりわけ満蒙におけるそれは大きな要因になっていると見た。それゆえ、芦田は、満蒙に関して日本が無制限に優先権を持つとする満蒙特殊権益論(3)のような立場には与しなかった。「条約上の当然の権利を明かに」するとともに、「対支政策、満蒙開発等の……内容と限度とを明確に定め」ることからはじめるべきであり、「同文同種、唇歯輔車、日露戦争の犠牲等という感傷的文字を捨て」なければならない(4)、というのが芦田の見解であった。

以上の点から芦田が導いた対中政策論は、不干渉主義を堅持し、経済主義に立ち返ることであった。すなわち、「支那政争の一党一派の消長にヤキモキして、吾等自身の浮沈瀬戸の如く焦慮するのは誠に愚の至りである」として不干渉主義の合理性を説くとともに(5)、中国市場は「我国に於て独占すべく余りに大であ」り、「第三国人も亦其利益配当に参加せしめて然るべきであ」って、経済進出は「堅牢にして安価な商品を造ることさへ出来れば……自然に出来上る」と述べて(6)、門戸開放や機会均等といった原則のもとで欧米に打ち勝つ競争力を育成することこそ重要であると説いたのである。

このように、満洲事変直前の時期にあっても、芦田の中国認識とそれにもとづく対中政策論は二〇年代と変わることはなかった。日英米三国の協調を基軸とするワシントン体制のなかで経済主義と不干渉主義を堅持していくことが、芦田の対中政策論の基本線であった。それはつまり、連盟派の芦田は、依然として幣原外交の路線に近い位置にあったのであり、中国ナショナリズムを積極的に取り込み、日中提携を目指すようになっていた重光葵らアジア派とは対照的な立ち位置にあったことを示している。

もっとも、連盟に対する評価という観点から見たとき、幣原ら本省主流とアジア派、さらに連盟派の三者の関係は、大きく様相を異にしていた。二〇年代を通じて、田中外交はもちろん、幣原外交も連盟を軽視する傾向が強く、とりわけ連盟が中国問題に介入することに対しては、これに否定的であったためである。

たとえば、連盟の設立に際して、幣原が「利害関係国相互の直接交渉によらず、こんな円卓会議で我が運命を決せられるのは迷惑至極だ」と述べたことはよく知られているし(7)、一九二四年（大正一三）の戦争違法化を目指すジュネーブ平和議定書に対して、これを廃案に導くよう指示したのも幣原であった。幣原は、「極東方面に在ては右必要の程度及情勢自ら異なる所あり深く帝国の将来を慮るに於て深入りすることは時期尚熟せさるものあるを認めらる」として地域の特殊性を強調し、(8)連盟の枠組みが東アジアに適用されることを避けようとしていた。

また、一九二九年の中ソ紛争に際して、中国による連盟への提訴やアメリカによる不戦条約にもとづく共同声明といった解決策に非協力的な態度をとったこと、(9)さらに満洲事変直前の一九三一年に中国からの要請を受けて本格化した連盟による対中援助問題に対して冷淡な態度をとったことは、中国問題への連盟の介入に否定的な幣原ら本省主流の姿勢をいっそう明確に示している。なかでも連盟による対中援助問題に対して、幣原直系の永井松三外務次官が来日中のアーサー・ソルター（Arthur Salter）連盟経済部長に向かって、「日本は支那に於て最も緊密なる利害関係を有し且同国の事情に日本が最も精通していること」を指摘したうえで、不用意な対中援助は「連盟の為め不幸なる結果を招来するの虞あること」を告げているのは、(10)そうした幣原外交の姿勢をよく表している。

そして、幣原以上に連盟に対して否定的な態度をとったのが、日中提携を目指すアジア派であった。一九三〇年一月に中華臨時代理公使に就任した重光は、中国に対して外債整理問題や治外法権撤廃問題で譲歩することで、英米に先んじて交渉の主導権を握り日中間の提携関係の樹立を模索していた。(11)その重光は、連盟による対中援助問題が浮上すると、「目下『ソルター』等（連盟関係に付ては『ハース、ライヒマン』共）滞在し居り宋子文の重きを置く対米借款問題等財政より見たる中国の英米関係か余り日本の協力を要せさる形勢漸次明白と成るに於ては宋子文の良好なる対日態度も果して何時迄続くや不明に思はる」とする意見具申をおこない、(12)連盟の介入が日中交渉の障害になるとして警戒感を露わにしていたのである。

これに対して在欧の連盟派の態度は、中国問題に対する日本の主導性を確保しつつも、連盟の枠組みを重視するものであった。たとえば、一九二八年の田中外交期における済南事件の解決交渉に際して、国際連盟事務次長兼政務部長を務めた杉村陽太郎が、日本の軍事行動を非難する中国国民政府が連盟に提訴することを阻止する一方で、「国際連盟存在の事実を考慮に入れ万事措置せられんこと本国の諸賢に対し希望に堪えず」として、列国との協調に比べて連盟を軽視する本省の方針に注意を促しているのは、そうした連盟派の態度を示すものである。(13)

また、幣原ら本省主流と重光らアジア派がともに否定的であった連盟による対中援助問題についても、原則としてはこれを容認すべきであるというのが連盟派の立場であった。実際、一九三一年に入って同問題が本格化するなかで杉村は、「連盟の対支活動に対し帝国が進んで指導的地位に立たむが為めには我に於て（少くとも我一部の守旧的論者より見て）相当の犠牲を払はざるべからざるの要あれば政府当局に於て如何に進歩的意見を有するとも国論決して之に随伴せず乍去反対に西原借款の整理、満洲に於ける我特殊的地位の擁護等を楯にとり難癖を付け連盟の活動疎止に力むるが如きは大勢に逆行し我立場を孤立に陥るゝものと信ず」（取消線ママ）として、中国における連盟の活動をいっさい認めない方針には賛同できない旨を明らかにしている。(14) そのほかに、同時期に連盟帝国事務局長の地位にあった沢田節蔵も、「苟も政治的分子を包含する問題は勿論苟且めにも政治化せらるる危険ありと認めらるる事項に関し連盟か手出しするか如きは日本の立場より見て之を支持し能はさるは勿論連盟自身の見地よりするも決して健全なる方策なりと言ふへからす之に反し純然たる専門技術問題に関しては連盟より参加国に援助を与へたる先例もあり且其問題の性質如何に依りては我方としても敢て反対するにも及はすと存す」として、対中援助が技術問題にとどまる限りはこれを認めるべきであるとの見解を示している。(15)

連盟による対中援助問題に関して、杉村や沢田が日本人顧問の採用を強硬に求めるなど、日本側の要求を突きつけ連盟幹部に圧力をかけたことは事実であるが、他方で彼らは本省への説得をおこなってもいた。連盟派は、本省の意向を代弁しつつも、連盟とのあいだに妥協点を見いだし、その着地点を探ろうとしていたのである。

このように、在欧の連盟派と幣原ら本省主流とのあいだには連盟の評価をめぐって懸隔が生じていたのであり、とくに連盟による中国問題への介入に対する見方に関して、その隔たりは大きかった。その一方で、英米協調と日中提携のどちらを優先するかで対立していた幣原ら本省主流と重光らアジア派は、連盟による中国問題への介入という点では反対の立場で一致しており、その点から見れば、連盟派と本省主流とのあいだの政策距離の開きは、アジア派と本省主流とのあいだのそれよりもずっと大きかったのである。

一九三一年九月の満洲事変の勃発は、そうした三者の関係を浮き彫りにするものとなった。事変の処理に当たって幣原は日中直接交渉に固執し、連盟による介入を拒絶する方針をとり、アジア派もその方針を強力に後押ししたためである。[16]

まず事変の勃発に際して最も強硬な態度を示したのは、アジア派の重光であった。事変勃発直後の重光は、「満州に於ける適法及歴史的地位を擁護するは日本の死活問題にして若し右に付国際連盟等他国の了解（を得す）んは連盟脱退をも辞せさる態度を持すること適当なるへし」とする意見具申をおこない、[17]連盟に対して強い姿勢で臨むよう本省に求めた。さらに連盟がアメリカのオブザーバー招請を決定すると、「満州問題の或種の解決か我国存立の問題たるの見地より他の如何なる犠牲をも忍ひ連盟理事会其他第三者の介入……を絶対に排除するの態度に出つるも亦已むを得さるへし就ては連盟規約の根本解釈に対する疑義の如き一国の条約締結主権に関係する好題目を捉へたる機会に於て連盟脱退を予告するの重大なる決意をなすの秋かと思はる」と意見具申するなど、[18]その姿勢は連盟脱退を促すほどであった。こうしたアジア派からの強い後押しもあって、幣原は日中直接交渉による事変の解決を目指し、連盟による介入を拒絶する方針を示しつづけた。

これに対して連盟派は、幣原の方針に反発した。なかでも最も強く反発したのが、連盟帝国事務局長から駐ベルギー大使に転じていた佐藤尚武であった。たとえば、連盟による米国招請に対して抗議するよう指示する幣原の訓令に対して、「満州問題の如き帝国の死活問題と雖之を連盟の範囲に於て解決すること必すしも不可能とすへからす……全然連盟を介入せしめんとする従来の御方針を継続せらるるに於ては日本は欧州問題に付ては連盟の擁護者たるも自己に直接関係ある問題に対しては連盟の排斥者たるへく右は決して世界の輿論を我に有利ならしむる所以にあらす」と異議を唱えているのは[19]、そうした佐藤の態度を表すものである。

さらに、この間の一〇月一三日に幣原が満蒙権益の懸案解決を盛り込んだ五大綱目の締結を撤兵条件とする方針を示すと、佐藤はいっそう激しく反発した。幣原の方針を受け取った佐藤は、「連盟存在十二年後の今日猶且斯の如き絶対論〔日支紛争に対し全然連盟を介入せしめんとする最強硬論〕を主張し得へきや本使は断して然らすと言ふに躊躇せす……本使は今回の跡始末も規約内にて充分日本の利益を擁護するを得と信するものなり」と反駁し[20]、本省に対してあくまでも連盟の枠組みのなかで事変の解決を図るよう改めて強く求めた。

こうして事変の勃発は、連盟派と幣原ら本省主流とのあいだにあった連盟の評価をめぐる懸隔を表面化させていった。そのなかで連盟派は、日中直接交渉による解決に固執し、連盟の介入を頑なに拒否する幣原に対して、その方針を転換させるべく働きかけをつづけたのである。

芦田もまた、幣原の方針に危機感を抱き、その転換を求めて努力した連盟派外交官の一人であった。事変当時、駐ベルギー大使館参事官であった芦田は、大使の佐藤を支え、これと行動をともにした。撤兵条件として満蒙権益の懸案解決を先決とする方針が出された際に佐藤がこれに反論したことは前述のとおりであるが、このとき佐藤だけでなく、在欧の大公使もいっせいにこれに異議を唱える意見具申をおこなった。これは、佐藤の指示のもと、芦田が「松平〔恒雄〕、小幡〔酉吉〕両大使とも相談して電報は同時に打つ」手はずを整えておこなわれたものであった[21]。この間の芦田は、「自分ハ佐藤大使の下で働くことを少しも嫌つて居る訳でハない。然し、今日以后自分の意思で何事も出来ないといふ身分を恐しく思ふ」と記し[22]、日本外交の危機を目前にして何もできない自分の非力さに苛立ちを覚えるようにもなっていた。

しかし、芦田の危機感をよそに、本省はその方針を改めようとはしなかった。そうして芦田は、続々と届く電報に一つひとつ目をとおしながら、「ジュネーヴと東京からの知らせは良くないものだ」と感じ[23]、ますます危機感を募らせていった。一〇月二四日には連盟理事会が日中両軍の撤兵後に直接交渉を勧告する議長案を採決することに決し、賛成一三に対して日本のみの反対でこれを否決する事態も起きた。これを受けて芦田は、「日本は孤立している」とその日記に記した[24]。また一一月七日には、連盟対策で不在の佐藤にかわってベルギー政府への説明もおこない、事変に関して「速に日支両国か問題を解決する事を希望すと云ふ外特に具体的の意見を有せす」とするポール・イーマンス（Paul Hymans）外相の回答を本省に伝えつつ、一般的にいえばベルギーにとっての「安全保障か一に連盟の威信を強める事にあ」るとする同外相の発言も報告した[25]。このときイーマンス外相は非公式のかたちで、「ベルギーは、満州に対して、実際上、利害関係はない。だが国際連盟の保全には強い関心を持つている。日本が国際連盟の威信を崩すような政策を採るに於ては、我国も深甚の考慮を払わねばならぬ。我国ばかりではない、ヨーロッパ諸国—、いや全世界が考えなければならぬ時となるであらう」と述べたともされる[26]。

ここに至って芦田の危機感は、本省に対する不満と憤りに変わっていった。こののち、事変勃発からつづいた日本側と連盟とのあいだの折衝は、一二月一〇日に連盟からの譲歩もあって日本が連盟による視察員の中国派遣を受け入れることで一時的な決着を見た。だが、これに対する芦田の感想は、「満州問題で出先の大使もウンザリして居る。

本省のやり方ハ何としても感心出来ない」というものであった[27]。事変の処理をめぐって、連盟を軽視し、その存在を否定するかのような態度をとる幣原ら本省に対して、芦田は明らかに批判的になっていったのである。

一方、事変当時、駐伊大使としてジュネーブの連盟総会に出席していた吉田茂も、連盟との協調を説く側にまわっていた。もっとも、連盟による視察員の中国派遣が決定された際に、「帝国政府は英米特に英国政府に対し対支政策協調に関する具体案を以て協議を開始し」、「日英米協調を招来するの準備に取掛るへきものと信す」と主張しているように[28]、吉田が強調したのは、英米、とりわけイギリスとの協調を回復することであった。したがって、後日において「我も亦南中米、北欧諸国までが極東問題に容喙するとなりてハ遂に連盟加盟の利害に付更に考慮せさる得さるへく、前途に懸念すへき事情茲生致居候事に御座候」と述べているように[29]、吉田は連盟の枠組みそのものを重視していたわけではなかった。その点で、事変への対応をめぐっても、芦田と吉田の立場は必ずしも一致していたわけではなかった。

満洲事変が進行するさなかの一九三二年二月一〇日、芦田は急遽帰朝して外務省を退官した。第一八回総選挙に郷里の京都府から立候補するためであった。前章で述べたように、政党による外交指導を求める国民外交論の影響から、芦田は政治家の道を意識するようになり、省内において非主流派へと追いやられていくなかで、その思いはいっそう強まっていた。そうしたなかで一九三〇年三月にフランス勤務の希望が容れられずベルギーに転出させられたことは、芦田の決断を促す大きな要因となった。ベルギーへの転出は、幣原直系の出淵勝次が自らに近い栗山茂を駐仏大使館に据えるための強引な人事の結果であり、芦田はこれを「Debukats 派の専横」であると見た[30]。こうして芦田は外交官としての将来に見切りをつけ、「次の選挙に打つて出る決心をした[31]」。

しかし、政治家への転身は、単にそうした人事に対する不満だけでなく、連盟派の立場からする本省への抗議の意味も込められていたように思われる。革新派の外交官である川村茂久が揶揄して述べるように、事変の結果、最も打撃を受けたのは「連盟一座に踊る在欧洲大公使団」にほかならなかったからである[33]。事変への対応をめぐる本省とのやり取りは、出先の一部局に過ぎない連盟派にとってその無力さを痛感させられるものであった。この当時、連盟帝国事務局長として連盟との折衝の中心的な役割を担っていた沢田節蔵が、政治家への転身を決意した芦田に向けて、「小生如きは外務省に御厄介になる事既に二十有余年菲才の致す処にてこそ得さる次第なるを今日迄何等の効なきなり今后幾年之を継続するも渉外の勤務なり所詮は縁の下の力持ちに不過静かに前途を観じて淋しさを感ずる事一再ならず内地にて仮令赤脚とならんも何等有用なる御奉公の途だにあらば大兄の御決心に倣ひ転換の方策を講ずる事一生を定めし得る所以に非ずやと考へさせられ候」と認めているのは[34]、そのことを如実に物語っている。芦田は、「満洲事変以来余りにも虐げられた日本の外交を建直すことが御奉公の一端であると思込んでかすかなる努力を致さんとの一念」から政治家への道に進むことを決意したのである[35]。

二　満洲事変外交論

1　満洲国承認問題と国際連盟脱退批判

外務省を退官してからわずか一〇日後の一九三二年（昭和七）二月二〇日、芦田は第一八回総選挙に京都府第三区から出馬し、定員三名のうち第二位で初当選を飾った。このとき芦田は立憲政友会に所属しているが、これは政友会の代議士であった父鹿之助の地盤を引き継いだものであった[36]。

政党政治家となった芦田が満洲事変についてはじめて言及したのは、一九三二年四月二四日から二七日まで連載された『報知新聞』の紙面上であった。このときの芦田の主張は、そもそも事変の原因は中国の反日運動や日貨排斥にあるとするもので、一見すると中国国民政府を一方的に非難するもののように思える。しかし他方で、芦田は、日本側に対しても慎重な態度で事変に臨むことを求めた。

第一に、満洲国の承認に反対であった。まず、芦田は満洲国承認について「複雑な副作用を伴ふとも考へられる」（傍点ママ）として、承認によって生じる問題点を検討すべきであると論じた。なぜなら、満洲国承認は「九カ国条約に無関心でやり遂げる訳には行かなくなる」からであり、さらには連盟規約や不戦条約にも関係する問題であるからであった。おそらく「複雑な副作用」とは連盟規約違反にもとづく制裁を指しているものと思われる。このとき芦田は、「承認の有無は必ずしも満蒙との実質上の協力を左右するものではない」として、対日制裁につながる可能性のある満洲国承認をあえておこなう必要はないと結論づけた。

第二に、連盟脱退にも反対であった。事変に対する連盟の決議は、事態の悪化を防止すること、日中両国間における平和の基礎たる了解をかく乱するいっさいの事情を調査し報告する委員会を任命することであり、その間の両国の直接交渉を妨げるものではなかった。それゆえ、満洲国承認を強行しない限り、「日本と連盟との正面衝突を避け得る」、というのが芦田の見とおしであった。芦田は、連盟脱退によって日本にもたらされる利益など何一つなく、「何を苦しんで脱退論を唱へる必要があるかを疑ふ」と述べるとともに、連盟脱退の風潮はまったく軍部によってつくり出されているものに過ぎないと論断した。

これら一連の『報知新聞』の記事を分析した駐日アメリカ大使館が指摘するように、芦田の意図は、軍部のみならず外務省内にも連盟脱退の機運が高まるなかにあって、「国際連盟脱退後に生じる深刻な結果を指摘し、警告を与え」ることにあった。実際、別の雑誌記事のなかでも、事変の解決は連盟の枠組みのなかで図るべきであるとする主張を展開している。「日支間の問題は何事によらず直接交渉でなければ解決しないといふ如き狭い考を固執する必要はない」、「海牙の国際司法裁判所に持ち出しても、或は連盟の席上で支那の反省を促しても差支えない」、「支那が同様の手段を用ゐても吾方で周章しない丈けの用意をすれば足りる」というように、事変の解決を連盟に委ねたとしても日本の利益を守ることは可能であり、むしろ連盟を積極的に活用することこそ肝要である、と芦田は説いたのである。(44)

ところが、同年九月に日本が満洲国を正式承認すると、芦田の議論は後退していった。第一に、満洲国を容認するようになった。八月三〇日、第六三議会の予算委員会で質問に立った芦田は、満洲国承認をおこなう場合、「我国の外交的立場は極めて困難になることが予想されると思ふのであります、其場合には或は九カ国条約の問題が討議せられ、或は日本に対する経済封鎖の問題が論ぜられ、更に一層険悪なる事態をも覚悟しなければならぬと思ひます」と述べて、(45)改めて承認がもたらす制裁問題に対して危機感を露わにした。ただその一方で、満洲国の独立とその承認を前提として、各国が「満洲国を承認するやうな機運を作る」ための外交努力をすべきであると説いた。(46)その後、日本が満洲国を正式に承認すると、「独立承認を基礎としない妥協案は到底我国の承諾し得ない所である」としてリットン報告を批判した。(47)芦田は、承認反対から承認を前提としてその時期を問題とするように変化し、承認後には連盟の枠組みによる事変の解決をも拒絶するようになったのである。

第二に、事変における日本の軍事行動を正当化するようになった。芦田は、日本の軍事行動については「純然たる自衛手段」、満洲国の独立については「民族自決の精神」であるとして、いずれも連盟規約や不戦条約、九カ国条約の違反にはならないとの見解を示すようになった。(48)連盟の枠組みによる解決が不可能となった以上、日本の行動を自らが積極的に正当化する必要に迫られた結果であった。そしてもし、連盟理事会がリットン報告を採用し、これを勧告として決議する場合には、「我国は敢然としてその勧告に応じない」との態度で臨むべきだと述べた。[49]

ただ、ここで注意しなければならないのは、こうした後退にもかかわらず、これらの主張が連盟脱退とはいっさい結びついていない点である。このとき芦田は、勧告拒否の発言につづけて、連盟の勧告を受諾しないことが規約違反を導くことはないこと、規約違反にならない以上は制裁の問題も生じないことの二点を指摘し、したがって「我国が連盟を脱退するが如き問題も生じない」と述べている。[50]

しかし、その後の経過は、芦田の議論を根底から覆した。内田康哉外相の連盟に対する強硬姿勢にくわえて、熱河問題が生じたためである。熱河省への武力侵攻は連盟理事会の勧告を受諾する意向を示していた中国に対する新たな戦争行為ととられかねず、もしそうなれば連盟規約第一六条一項に抵触し、規約違反を犯してないとする主張を押し通すことが困難になるのは明らかであった。[51]

こうした情勢を受けて、芦田は再び政府への批判を強めた。翌年一月二三日の第六四議会に登壇した芦田は、「出先官憲に日本政府の国策が徹底しないと云ふやうなことで、どうして外交の統一が出来まするか」、「日本の外交政策が今尚軍部に引摺られて居ると云ふやうな印象を諸外国に与へて居ることは、我国立憲政治の恥辱であります」と述べて、[52]軍部による外交への介入を糾弾した。さらに、満洲国の単独承認によって「国際連盟に於て満洲問題を解決すると云ふ望みは極めて薄」くなったと指摘し、「我国が国際連盟を脱退する時は、内田外務大臣の昨年来の楽観論が崩れる時であります、其責任を執ることはよもや御忘れにはなりますまい」と述べて、[53]連盟脱退問題に対する内田外相の責任を厳しく追及したのである。

この芦田による質問演説は、国内各紙で大々的に取り上げられた。翌日の『東京朝日新聞』は「霞ヶ関無能を芦田君痛烈に攻撃」[54]との見出しで、『読売新聞』は「芦田氏外相と渡り合ふ」[55]との見出しで、それぞれ大きく取り上げた。

このほかに、芦田を「国際連盟至上主義の代弁者」であるとして批判的に報じる新聞もあった(56)。

また、このことは海外でも特電で配信され、大きな反響を呼んだ。なかでもアメリカの新聞各紙の報道は、「芦田氏こそ日本を真に救ふ愛国の士」であるとか、「軍部独裁に対する最初の反動」であるとして、「文治派擡頭の一徴候と認め之を歓迎」するものであった(57)。

一方、ジュネーブの松岡洋右連盟代表からは抗議の電報が寄せられた。これに対して外務省は、松岡に宛てて、「芦田君の演説を目して恰も政友会が現内閣の外交方針に反対せるが如く誤報せしものあるやに見受けらるゝも決して斯ることなし誤解なからんことを乞ふ」との電報を発して混乱の収拾に当たった(58)。また、松岡から直接抗議を受けた政友会も、鈴木喜三郎総裁自らが「ジュネーブにおける帝国代表が不必要に強硬態度を持したりとの攻撃的主張をなしたりとの報道は断じてその事実なし」との返電を打ち(59)、演説が政府の外交方針を批判する意図からおこなわれたものでないとする見解を明らかにした。

これらを受けて、芦田にも釈明が求められた。演説から二日後の一月二五日、芦田は再び登壇し、「連盟の行動が我国の重大利害に反するものであるならば、是は断固として脱退すべき」との趣旨であった述べ(60)、ほとんど前言を撤回するような弁明を強いられた。その背景には、当時、斎藤実内閣からの政権円満授受を画策していた政友会側の事情も働いていた(61)。内閣との摩擦を恐れた政友会幹部は、演説が政治問題化することを避けるためにこれを取り消すよう芦田に圧力をかけたのである(62)。

以上のように、芦田は最終的には満洲国の成立を容認するようになった。その点で、満洲事変以後の芦田が列国との関係修復を説く一方で、満洲国の成立についてはこれを容認したとする従来の見解は誤りではない(63)。だがしかし、正式承認以前の芦田の外交論を詳細に検討すると、彼が単純に満洲国を認めたわけではなかったことがわかる。芦田は、事変を連盟の枠組みのなかで解決すべきであると考えており、連盟脱退には最後まで反対の姿勢を貫き、外務省の方針を批判していたのである。

2 「極東ロカルノ」構想と対ソ協調の論理

芦田の連盟脱退批判演説から一ヶ月後の一九三三年二月二四日、連盟日本代表団は連盟規約第一五条四項にもとづく報告書の採択を受けて連盟臨時総会の議場から退場し、翌月二七日に日本政府は正式に連盟脱退を通告した。もっとも、同年五月三一日には中国とのあいだで塘沽停戦協定が結ばれ、これによって満洲事変は一応の収束をみた。このののち陸軍による華北分離工作が本格化する一九三五年中ごろまでのあいだ、東アジアの国際環境は相対的に安定した。

こうしたなかで、一九三三年九月に内田にかわって広田弘毅が外相に就任した。広田は、中国との「善隣互助」とその他各国を含めた「万邦協和」をその方針としたように、連盟脱退後の東アジア地域秩序の均衡回復を図る外務省内の二つの政策路線に立脚したものであった。すなわち、一つは、重光らアジア派の日中提携路線であり、もう一つは、幣原が去ったのち、省内における欧米派を代表するようになった吉田らの日英協調路線であった(64)。重光らアジア派は、満洲国の承認と引き換えに中国における列国の政治的影響力を漸進的に撤退させることで、中国国民党政府内部の親日派と提携することを目指し、吉田ら欧米派は、中国本土に最も大きな権益を持つイギリスとのあいだに経済的な協力関係を構築することで、満洲における日本の地位に関して列国の承認を取りつけることを目指した。

一方、広田外交期の芦田は、これら外務省の二つの政策路線のいずれとも異なる「極東ロカルノ」構想を提唱した。芦田によれば、「極東ロカルノと称するものは日、満、露、支の四箇国の間に相当長期に亙る不侵略条約を結び、これによつて極東の平和と安定とを期せんとする」という地域的な取極であり、その要点はソ連との協調にあった。(65)芦田は、「ソヴェートの外交政策は、新経済政策の採用と共に一転換」して「列強の協調に加入する」ようになり、一九二八年の五ヶ年計画以後もその実現のために「自ら戦争の渦中に立つことをさけ」ていること、(66)また満洲事変以後のソ連が日本に対して不侵略条約を提議し、満洲国には中東鉄道の売却を持ちかけてきたことなどをあげたうえで、共産主義イデオロギーの問題についても、「宗教や、言語や、憲法、法律の相違は国家として代表者を交換し、通商貿易を営むに何の妨げとなるものではない」と述べて、(67)ソ連と協調すべきことを積極的に説いたのである。

このような芦田の対ソ協調論の特徴を探るうえで、まず注目すべきなのは、彼の中国認識である。前節で指摘したように、そもそも満洲事変以前の芦田は、中国の国家的統一について懐疑的であり、日英米三国による多国間協調の枠組みを重視していた。そして満洲事変以後も、「支那四百余州に於て、世界各国と共に通商貿易を行ひ、又産業の開発に協力すべき十分の余地がある」と述べるなど、その見方に変化はなかった。(68)

また、「日本と満蒙とを打つて一丸とした単位経済では、亜米利加や英国のブロック経済に対抗することは甚だ心細い貧弱さであ」ること、(69)「単位経済といふ様な理論のみで吾々が生活の根底を変更することは容易な業ではな」いことといった点を指摘しているように、(70)日満ブロック経済にも否定的であった。芦田は、門戸開放と機会均等を原則とする自由通商主義の立場に立ち、一九三三年九月のロンドン世界経済会議の失敗によって自由貿易の早期復活が困難なことが明らかになったのちも、その立場を変えることはなかった。(71)こうした点から見ると、芦田の中国認識は、中国を交渉相手として積極的に認知していこうとする重光らアジア派よりも、中国を市場として把握する吉田ら欧米派のそれに近かったことがわかる。(72)

だがその一方で、芦田は、吉田による日英協調路線にも懐疑的であった。この時期には満洲や中国に対する日英共同借款を通じて満洲問題の解決を図ろうとするバーンビー・ミッションやリース゠ロス・ミッションといった日英協調を模索する動きが進行していたが[73]、これらの動きに対して芦田は、「日英同盟を復活せんとするが如き政策は、言ふべくして行われない」ものであると断言しているのである[74]。

こうした判断を下した理由の一つには、芦田の対米重視の見方があげられる。芦田は、第一次大戦に勝利したアメリカは「世界に於ける最も恐るべき商業国、工業国、資本国、海運国、而して海軍国とな」り、「英国を凌駕する形勢となつた」と捉えるようになっていた[75]。一方、同じく戦勝国であった英仏については、独伊の台頭という「欧洲の切迫した国際関係と戦時債務の決済問題から、米国の鼻息を伺はざるを得ない地位」に転落したと見なしており[76]、なかでも「世界戦争後の英国は米国の輿論によつて動かされる事の甚だ大なるところ」となり、「米国か、日本か、いづれかを撰ばなければならない」場合、「米国に左袒するものと計算する必要」があると分析していた[77]。それゆえ、「英国を引つ込むにはどうしても米国を引つ込むといふことでなければ実際政策としては不可能」であり[78]、連盟脱退後における日本の外交的孤立を転換するうえで、「日米関係は我国の最も重視する處」でなければならなかった[79]。

したがって、アメリカを「由来外交上頼むべからざる国柄にして、その向背また深く意とするに足らざるべき」相手と見なしてきた吉田が[80]、「米の外交は英に追従するか常なれは英取込み得者米抱込の途自ら可生」として進める日英協調路線に対して、芦田は懐疑的にならざるを得なかったのである[82]。

この対米重視の見方に関連して、芦田が日英協調路線に懐疑的な見解をとるいま一つの理由に、普遍主義や多国間主義が現実の国際政治を規律する規範としての役割を果たしつつあるとの認識があげられる。芦田は、不戦条約の締結を契機として、アメリカの「連盟に協力する程度が一層深められた」ことを指摘し、アメリカは事実上「孤立政策を国際協調政策乃至国際的干渉政策に変更した」と見ていた[83]。そのうえで、満洲事変に対するアメリカの不承認主義は「自国の利害の為のみに行動したと解するのは正当ではな」く、「九カ国条約や不戦条約の如き平和条約の権威が毀傷せられたと信じ、其の提唱者たり担保国たる地位からして、寧ろ世界平和の保障者として自ら居る矜持」にもとづくものとして理解すべきであると論じた[84]。それゆえ、連盟脱退後の日本が国際協調に復帰するためには「連盟規約とか、不戦条約とかいふ主義の問題と東洋の現実の情勢とをどう調和していくか」が重要である[85]、というのが芦田の考えであった。

芦田は、普遍主義や多国間主義が単なる理想としてだけでなく、現実の国際政治を規律する規範として機能していると認識していた。そのような芦田からすれば、勢力圏外交の発想にもとづく日英協調路線は時代錯誤も甚だしく、とうていアメリカの受け入れるところとはならず、結局のところ日英関係の修復にも役立たないものに見えたのである。

以上のような国際情勢分析を前提としたとき、芦田の対ソ協調論については、次の三点が注目される。第一に、それは、英米への対抗といった勢力均衡論的発想から唱えられたものではないということである。先行研究が指摘するように[86]、ワシントン体制の特徴の一つはソ連を排除してきたことにあり、そのようなソ連と提携することは論理的には反米的性格を有せざるを得ない。この点に関して、芦田が一方で対ソ協調の必要性を訴えながら、他方で「日本は露西亜と同盟することによって積極的な利益は何もないと思ひます」[87]（傍点筆者）と述べているのは、対ソ提携の持つ反米的性格を意識していたからにほかならない。

それゆえ、芦田にとって、日ソ関係は二国間同盟ではなく、あくまでも多国間協調のなかに位置づけられなければならなかった。対ソ提携が持つ反米的性格を打ち消すためにも、またアメリカ外交の基調である多国間主義に沿うかたちをとり、対米協調への足がかりとするためにも、対ソ協調は「極東ロカルノ」という多国間の枠組みのなかで実現されなければならなかったのである。実際、「極東ロカルノ条約を提唱する丈けでも〔日米〕両国の諒解に資する処は少くないであろう」と述べているのは、このことを端的に示している。[88]

第二に、この「極東ロカルノ」構想を組み立てるに当たって、芦田がソ連の集団安全保障政策に注目していたことである。満洲事変勃発直後のソ連は、日本との衝突を回避することに終始していたが、一九三二年一二月に日本が不可侵条約の締結を拒否したのをきっかけに急速に極東兵備の拡充を図り、日ソ関係は次第に悪化していった。しかし、それにもかかわらず、その後も芦田は、対ソ協調の可能性は十分にあると判断していた。[89]こうした判断を支えていたのが、マクシム・リトヴィノフ（Maxim Litvinov）による集団安全保障政策の展開であった。[90]芦田は、一九三〇年七月以来外務人民委員として西欧列強との国交回復や東欧諸国との不侵略条約締結を主導し、さらには一九三三年一一月のアメリカとの国交正常化、翌年九月の国際連盟への加入を実現したリトヴィノフの外交手腕を高く評価していた。[91]

もっとも、芦田にとって、リトヴィノフ外交は手放しで称賛できるものではなかった。リトヴィノフによる集団安全保障政策の成功は、英米がヨーロッパにおけるドイツの台頭を共通の脅威として認識するようになった結果であり、また東アジアにおける日本の膨張政策を牽制したいという思惑の結果であって、「この無形の利益はやがて極東に対する外交にも利用されることは疑ない」からである。[92]したがって、ソ連の集団安全保障政策は、日独という東西の脅威に対して「自国の外交的地位を強くせんとする試であ」り、国際的な日本の立場を不利なものへと追い込むものであった。[93]

だがその一方で、芦田は、ソ連の連盟加入が「国際的にソヴェート政府の地位を鞏固にしたことは疑ひないとしても、之によつて、ロシアの不安を除去しその政策を平和的ならしめる効果あるものと思はれる」とも論じている。[94]

すなわち、連盟加入によって、ソ連を「平和政策に固守しなければならぬ破目に立たしめたものと見ることができ」るため、むしろ「日露間の緊張した雰囲気を解消させることも左程難事ではな」くなったというのである[95]。

このような芦田の見方は、必ずしも特別なものというわけではない。たとえば、フランス外務省は、ソ連の連盟加入が極東に及ぼす影響を懸念する日本に対して、「蘇連邦か日本に対し侵略的意図を有すとせは其の連盟加入は自縄自縛となり却つて不利」となること[96]、あるいは「蘇国か連盟の一員となる結果は同国に連盟規約による義務を負はしめ日本に対しても安全を増す」ことを説明している[97]。これらの説明は、日本の懸念をかわすための方便ともいえるものであるが、他方で連盟の中核をなす集団安全保障の理念が一九三〇年代のヨーロッパ各国において勢力均衡原理にかわる安全保障政策の引照基準として現実に作用していたことを反映するものでもあった[98]。芦田は、こうした現実を捉えたうえで、集団安全保障について、戦争違法化を原則として戦争の手段たる軍備の縮小を各国に承認せしめたものとして連盟規約が規定したとおりに理解し[99]、その連盟規約が持つ規範的な力に強い信頼を置いていたのである[100]。

この点に関連して、第三に、芦田が「極東ロカルノ」構想を正当化するための論拠としてモンロー主義を援用しようとしなかったことである。芦田によれば、そもそも連盟規約に盛り込まれる以前のモンロー主義は「多数国家間に存する約束ではな」く、さらに連盟規約に挿入されて以後はアメリカの中南米に対する排他的権利を正当化する論理としての性格を失い、もっぱら「自衛の政策を意味す」るものに変わったという[101]。もはやモンロー主義は、「国際連盟と称する平和機構の出現と不戦条約の締結とに依つて両立す可らざる存在になりつゝある」というのである[102]。

芦田がこうした解釈を示した背景には、この当時モンロー主義を引照基準としつつ、東アジアの特殊性を強調し、日満関係と連盟との関係を両立しようとする地域主義の論理が盛んに唱えられていたことがあった[103]。地域主義の代表的な論者であった蠟山政道が「アジア・モンロー主義と米国のモンロー・ドクトリンとのアナロジー」について、「太平洋に於ける平和機関又は国際連盟の地方的機関への発展として吟味の可能性がある」と述べているのは、その一例である。[104] 地域主義の論者は、南北アメリカ大陸の特殊性を謳ったモンロー主義が連盟規約第二一条に規定されている点を捉えて、連盟を地域的に再編することは可能であり、またそうすべきであると主張したのである。

だが、地域の特殊性を強調する地域主義の論理は、東アジアにおける日本の覇権を正当化する論理へと容易に転化し得るものでもあった。[105] 蠟山が言及したアジア・モンロー主義は、アジアに対する欧米の介入を拒否する論理として用いられてきた経緯を持ち、この当時も満洲事変を正当化し、日本を盟主とする排他的な秩序をアジアに建設することを訴える論者が用いていた標語でもあったからである。

芦田が先に述べたようなモンロー主義解釈を示し、「極東ロカルノ」構想を正当化するに当たってこれを援用しなかったのは、そうしたモンロー主義に内在する覇権的性格に気づいていたからにほかならない。実際、芦田が社長を務める『ジャパン・タイムズ』紙は、その社説のなかで「『日本のモンロー主義』という用語に関して、何よりも注意しなければならないのは、それが何らの歴史的慣習や法的正当性をともなうものではなく、不正確に使用されている」点であるとして、[106] アジア・モンロー主義への批判を展開している。要するに、芦田は、地域的な枠組みが連盟を補完するという点で普遍的な性格を持つ一方で、地域的であるがゆえに特殊性を有するものであることを理解したうえで、あえて地域の特殊性を強調するモンロー主義を援用することを避けたのである。[107]

このことは、蠟山ら地域主義の論者に比べて、芦田のほうがより連盟の存在に重きを置いて国際関係を捉えていたことを示している。そしてこの両者の違いは、日中戦争勃発後に決定的なかたちをとって現れることになる。すなわち、日中戦争勃発後の蠟山らが国際秩序の普遍性に対する原則的批判を展開し、地域的協同体を根幹とする世界新秩序の一環としての東亜協同体論を主張するに至るのに対して、芦田はそれを批判する側にまわることになるのである（第四章第二節）。

以上のように、芦田の「極東ロカルノ」構想は、地域的な枠組みはあくまでも連盟を補完するものであること、集団安全保障は戦争違法化を原則として軍縮を推進するものであること、といった理解から導かれたものであった。そのうえで政策としては、実現可能性の高いソ連とのあいだで協調を図りつつ、最終的には、（一）中国における中央政府確立のための国際的援助の枠組み、（二）ソ連・中国・満洲国・米国・日本を含む国々のあいだにおける仲裁裁判条約の締結、（三）海軍軍縮問題の解決、といった問題を包括的に話し合う国際会議の開催を目標とした[108]。芦田は、排他的な地域秩序を退け、欧米、とりわけ米ソ両国を含めたかたちで東アジアにおける多国間協調の枠組みを再構築することを目指したのである。

註

（1）日本の連盟外交に関する包括的な研究としては、海野芳郎『国際連盟と日本』（原書房、一九七二年）がある。近年では、Thomas W. Burkman, *Japan and the League of Nations: Empire and World Order, 1914-1938* (Honolulu: University of Hawaiʻi, 2008), Chapter 6、篠原初枝『国際連盟』（中央公論新社、二〇一〇年）第三章、同「国際連盟外交——ヨーロッパ国際政治と日本」（井上寿一編『日本の外交』第一巻、岩波書店、二〇一三年）、柳原正治・篠原初枝編『安達峰一郎——日本の外交官から世界の裁判官へ』（東京大学出版会、二〇一七年）が連盟における日本人や日本の外交官の活躍を描いている。また、和田華子「国際連盟と日本——『聯盟中心主義外交』と通商衡平化問題」（小風秀雅・季武嘉也編『グローバル化のなかの近代日本——基軸と展開』有志舎、二〇一五年）や番定賢治「多国間関係のなかの移民問題と日本外交——外国人労働者待遇問題への関与と『安達修正』」（『アメリカ太平洋研究』第一七号、二〇一七年四月）は、多面的な連盟の活動のなかで通商問題や移民問題については日本が連盟の枠組みを重視し、これを利用しようとしていたことを指摘している。そうした日本外交の姿勢は、戦術的な側面を強めていくものの、連盟脱退後にも見られることを指摘した研究に、樋口真魚「国際連盟脱退後の日本と通商均等待遇問題」（『国際政治』第一八一号、二〇一五年九月）がある。これに対して、安全保障という観点からは連盟を基軸とした普遍主義的な国際平和体制が東アジアにまで及ぶことについて、日本はこれを忌避する傾向が強かったことも指摘されている。この点に関しては、服部龍二『東アジア国際環境の変動と日本外交1918-1931』（有斐閣、二〇〇一年）や伊香俊哉『近代日本と戦争違法化体制』（吉川弘文館、二〇〇二年）、小林啓治『国際秩序の形成と近代日本』（吉川弘文館、二〇〇二年）、西田敏宏「ワシントン体制と国際連盟・集団安全保障」（伊藤之雄・川田稔編『20世紀日本と東アジアの形成――1867～2006』ミネルヴァ書房、二〇〇七年）、同「幣原喜重郎の国際認識――第一次世界大戦後の転換期を中心として」（『国際政治』第一三九号、有斐閣、二〇〇四年一一月）、種稲秀司『近代日本外交と「死活的利益」――第二次幣原外交と第二次世界大戦への序曲』（芙蓉書房出版、二〇一四年）、後藤春美『国際主義との格闘――日本、国際連盟、イギリス帝国』（中央公論新社、二〇一六年）が論じている。以上のような日本外交の二面性について、外務省から連盟入りしたことで外交官と国際公務員という二つの顔を持つことになった杉村陽太郎の動向と重ね合わせながら論じたものに、帯谷俊輔「杉村陽太郎と日本の国際連盟外交――連盟事務局内外交とその帰結」（『渋沢研究』第三〇号、二〇一八年一月）がある。

（2）芦田均『高速度支那の旅』（謄写版、一九三〇年）二四～二六頁。

（3）満蒙権益をめぐる認識に関しては、たとえば、加藤陽子『満州事変から日中戦争へ』（岩波書店、二〇〇七年）第二章を参照。

（4）前掲、芦田均『高速度支那の旅』七三～七四頁。

（5）同前、二六頁。

（6）同前、七四頁。

（7）幣原平和財団編『幣原喜重郎』（幣原平和財団、一九五五年）一三六～一三七頁。

（8）一九二五年八月二八日付幣原外務大臣発在仏国石井大使宛電報（『日本外交文書』大正一四年第一冊八一文書）。前掲、海野芳郎『国際連盟と日本』五〇～五六頁も参照。

（9）中ソ紛争に対する日本の対応に関しては、臼井勝美「一九二九年中ソ紛争と日本の対応」（同『日中外交史研究――昭和前期』吉川弘文館、一九九九年）を参照。

（10）「連盟ノ対支援助ニ関スル件」一九三一年五月九日（「国際連盟対支技術的援助問題一件」第一巻、外務省外交史料館所蔵、外務省記録 B.9.7.0.8）。

(11) 前掲、服部龍二「中国外債整理交渉における幣原外相と重光駐華臨時代理公使」一七四頁。
(12) 一九三一年三月七日付在中国重光臨時代理公使発幣原外務大臣宛電報（『日本外交文書』昭和期Ⅰ第一部第五巻六三九文書）。
(13) 「済南事変」（「国際連盟事務局関係一件　東京支局関係　杉村次長報告集」外務省外交史料館所蔵、外務省記録B.9.1.0.4-4-1）。
(14) 「支那借款問題」一九三一年三月三一日（前掲「国際連盟対支技術的援助問題一件」第一巻）。
(15) 一九三一年五月二日付沢田局長発幣原外務大臣宛電報（同前）。
(16) 熊本史雄「満洲事変における幣原喜重郎外相のリーダーシップ――日本外務省の組織的対応と『五大綱目』をめぐって」（佐藤元英・服部龍二編『日本外交のアーカイブズ学的研究』Ⅱ、中央大学出版部、二〇一六年）を参照。
(17) 一九三一年九月二三日在上海重光公使発幣原外務大臣宛電報（『日本外交文書』満州事変第一巻第二冊三九文書）三一四～三一五頁。
(18) 一九三一年一〇月一九日付在上海重光公使発幣原外務大臣宛電報（『日本外交文書』満州事変第一巻第三冊三二六文書）。
(19) 一九三一年一〇月一九日付在ベルギー国佐藤大使発幣原外務大臣宛電報（同前三二五文書）。
(20) 一九三一年一〇月二二日付在ベルギー国佐藤大使発幣原外務大臣宛電報（同前三五三文書）。
(21) 『芦田均日記』第三巻、一九三一年一〇月二一日の条。
(22) 同前、一九三一年一〇月一四日の条。
(23) 同前、一九三一年一〇月二三日の条。
(24) 同前、一九三一年一〇月二四日の条。
(25) 一九三一年一一月八日付在ベルギー国芦田臨時代理大使発幣原外務大臣宛電報（『日本外交文書』満州事変第一巻第三冊四五五文書）。
(26) 前掲、石山賢吉『芦田首相を描く』一一頁。
(27) 『芦田均日記』第三巻、一九三一年一二月一〇日の条。
(28) 一九三二年一月一三日付在イタリア国吉田大使発犬養外務大臣宛電報（『日本外交文書』満州事変第二巻第二冊九文書）。
(29) 一九三二年三月二二日付牧野伸顕宛吉田茂書簡（財団法人吉田茂記念事業財団編『吉田茂書簡』中央公論社、一九九四年）六二八～六二九頁。

(30)『芦田均日記』第三巻、一九三〇年三月一日の条。
(31)同前、一九三〇年二月二八日の条。その後はなかなか好機に恵まれず、同期の重光が駐華公使に就任すると、「結構な事で運の好い人だと思ふ。それに引換へいつ迄もノラクラしてゐる自分が恥かしくなる」と記し、自らの境遇に焦りを募らせていた（同前、一九三一年八月一〇日の条）。
(32)第一章で述べたように、そもそも革新派は外務省革新同志会を淵源とするアジア派の別称であった。しかし、満洲事変以後になるとアジア派のなかでも有田、重光らと白鳥敏夫らとのあいだで対立が生じるようになり、前者は伝統派と称され、後者が革新派と称されるようになった（前掲、臼井勝美「外務省」一一九～一二〇頁を参照）。この満洲事変以後の革新派については、戸部良一氏による一連の研究がある。ここでは近年の研究として、戸部良一『外務省革新派』（中央公論新社、二〇一〇年）を参照。ほかに、田浦雅徳「昭和十年代外務省革新派の情勢認識と政策」（『日本歴史』第四九三号、一九八九年六月）、塩崎弘明「外務省革新派の現状打破認識と政策」（同『国内新体制を求めて――両大戦後にわたる革新運動・思想の軌跡』九州大学出版会、一九九八年）も参照。
(33)川村茂久「霞ヶ関太平記――陣営異状ありやなきや」一九三四年一一月一一日（「川村茂久関係文書」三―七、外務省外交史料館所蔵）。
(34)一九三二年一月八日付芦田均宛沢田節蔵書簡。当該史料は、前掲「芦田均文書の保存・整理・公開および研究基盤創出のための総合的研究」の成果であるＤＶＤ「芦田均資料Ⅶ（補遺）」「書簡」「12先輩来信」に収録されている。
(35)芦田均「審かんとする者審かる」（『政界往来』第四巻第三号、一九三三年三月一日）八八頁。
(36)一九一七年の第一三回総選挙以来、天田郡からは立候補者を出すことができておらず、郷里では代議士経験のある鹿之助を父に持つ芦田を待望する向きが強まっていたことがあった（「祝辞　芦田会幹事　萩野実」一九三二年二月二六日「芦田均関係文書」書類の部六〇―三）。
(37)芦田均「転換期のわが外交（一）――満洲をどうする？」（『報知新聞』一九三二年四月二四日）。
(38)芦田均「転換期のわが外交（二）――満洲から上海へ」（『報知新聞』一九三二年四月二五日）。
(39)同前。
(40)芦田均「転換期のわが外交（三）――連盟と自主外交」（『報知新聞』一九三二年四月二六日）。

(41) 芦田均「転換期のわが外交(四)——連盟と自主外交」(『報知新聞』一九三二年四月二七日)。

(42) "Ashida Sees Folly in Leaving League", *The Japan Advertiser*, May 21, 1932. Ian Nish, *Japan's Struggle with Internationalism; Japan, China, and the League of Nations, 1931-3* (London: Kegan Paul International, 1993), p. 139も参照。

(43) Neville to the Acting Secretary of State, May 7, 1932, U. S. Department of State, *Foreign Relations of the United States: 1932, vol. 4, The Far East* (Washington, D.C.: GPO, 1948), pp. 3-5.

(44) 芦田均「日本外交の功罪」(『中央公論』第四七巻第五号、一九三二年五月一日)二四二頁。

(45) 「第六三回帝国議会衆議院予算委員会議録」第六号、一九三二年八月三〇日。なお、以下の引用も含めて、戦前の帝国議会の議事録については、「帝国議会会議録検索システム」(http://teikokugikai-i.ndl.go.jp)を利用、参照した。

(46) 同前。

(47) 芦田均「リットン報告と満洲問題」(『政友』第三八七号、一九三二年一一月一日)一九頁。

(48) 同前、一七~一九頁。

(49) 同前、二〇頁。

(50) 同前。

(51) とくにこの点を強調し、熱河問題によって外務省が連盟の枠外での協調のために脱退の方針を固めたと論じるものとして、井上寿一『危機のなかの協調外交——日中戦争に至る対外政策の形成と展開』(山川出版社、一九九四年)第二章を参照。

(52) 「第六四回帝国議会衆議院議事速記録」第四号、一九三三年一月二三日。

(53) 同前。

(54) 『東京朝日新聞』一九三三年一月二四日。

(55) 『読売新聞』一九三三年一月二四日。

(56) 『新都新聞』一九三三年一月二八日(「芦田均関係文書」書類の部九七)。

(57) 一九三三年二月二五日付在紐育堀内謙介総領事発内田外務大臣宛電報(「帝国議会関係雑件 質問、答弁関係」第一巻、外務省外交史料館所蔵、外務省記録 A.5.2.0.1-4)。

(58) 一九三三年一月二五日付内田外務大臣発寿府連盟代表宛電報(「満洲事変 前後措置関係 国際連盟ニ於ケル折衝関係」第三巻、

外務省外交史料館所蔵、外務省記録 A.1.1.0.21-12-1)。
(59)『東京朝日新聞』一九三三年一月二六日。
(60)「第六四回帝国議会衆議院議事速記録」第四号、一九三三年一月二五日。
(61) たとえば、佐々木隆「挙国一致内閣期の政党——立憲政友会と斎藤内閣」(『史学雑誌』第八六編第九号、一九七七年九月)を参照。
(62) 肥田琢司『政党興亡五十年——わが歩みし足跡』(国会通信社一九五五年)三一二頁を参照。
(63) 前掲、進藤榮一「解題」三四頁を参照。
(64) 前掲、酒井哲哉「『英米協調』と『日中提携』」八〇〜八六頁、服部龍二『広田弘毅』(中央公論新社、二〇〇八年)第三章を参照。
(65) 芦田均「極東ロカルノの提唱」(『外交時報』第六七一号、一九三二年一一月一五日)三〇頁。
(66) 芦田均『近代世界外交問題解説』(タイムス出版社、一九三二年)二二一〜二二四頁。
(67) 芦田均「戦争果たして起るか？　日露最近の利害関係」(『現代』第一五巻第三号、一九三四年三月一日)一八頁。
(68)「日支親善問題座談会」(『東洋経済新報』第一六四一号、一九三五年二月二三日)五〇頁。
(69) 前掲、芦田均「日本外交の功罪」二四二頁。
(70) 芦田均「世界経済会議の弔鐘」(『中央公論』第四八巻第八号、一九三三年八月一日)六四頁。
(71) 一九三三年に外務大臣の諮問機関として設立された通商審議委員会の民間委員に就任した芦田は、「貿易調節及通商擁護に関する法律案」に対して、「法律制定後内地産業保護の上よりする関税引上の運動起ることある場合之に対しては右法律は適用せざること」を明白にすべきと論じ(「帝国貿易政策関係雑件　通商審議委員会関係　議事関係」第九巻、外務省外交史料館所蔵、外務省記録 E.3.1.1.4-9)、同法案が衆議院に提出された際にも、「動もすれば世界の将来は、自給自足の経済に依って立つ外はないのであると云ふやうな思想から、通商政策を御観察になって居るやうに拝察して居るのであります、此点に付ては本員は多少異論を持って居るのであります」と述べて(「第六五回帝国議会衆議院議事速記録」第二一号、一九三四年三月一〇日)、自由通商の立場を明らかにしている。また、日中戦争の勃発を受けて提出された「貿易及関係産業の調整に関する法律案」の審議においても、「日本のやうに原料品に乏しく、外国市場に常に依存して居る国に於ては、統制を強化して段々自給自足の方向に傾くことは、必然経済的の孤立に陥ることを意味するのである」と論じるなど（「第七一回帝国議会衆議院議事速記録」第八号、一九三七年八月二日）、その立場は一貫していた。

(72) こうした外交官の中国認識の相違について、前掲、小池聖一「『国家』としての中国、『場』としての中国」を参照。

(73) 細谷千博「一九三四年の日英不可侵協定問題」（『国際政治』第五八号、一九七七年三月）、波多野澄雄「リース・ロスの極東訪問と日本――中国幣制改革をめぐって」（同前）、松浦正孝「再考・日中戦争前夜――中国幣制改革と児玉訪中団をめぐって」（同第一二二号、一九九九年三月）を参照。とくにリース＝ロス・ミッションと吉田の関係については、細谷千博「外交官・吉田茂の夢と挫折」（同『日本外交の座標』中央公論社、一九七九年）、波多野澄雄「吉田巡閲使の周辺」（財団法人吉田茂記念事業財団編『人間　吉田茂』中央公論社、一九九一年）を参照。

(74) 芦田均「対支政策を中心とする当面の我が外交諸問題」（『ダイヤモンド』第二三巻第九号、一九三五年三月二一日）一〇五頁。

(75) 芦田均『最近世界外交史』後篇（明治図書、一九三四年）七三〇～七三一頁。

(76) 芦田均「孤立外交の転換」（『経済往来』第八巻第四号、一九三三年四月一日）一九九頁。

(77) 芦田均「孤立日本の外交」（『実業之日本』第三九巻第一九号、一九三二年一〇月一日）四八頁。

(78) 「連盟脱退孤立日本の将来」座談会（『文藝春秋』第一一巻第四号、一九三三年四月一日）二一五頁。

(79) 前掲、芦田均「孤立外交の転換」二〇〇頁。

(80) 一九二七年六月一〇日在奉天吉田総領事発田中外務大臣宛電報（『日本外交文書』昭和期Ⅰ第一部第一巻一一一文書）。

(81) 一九三九年八月一七日付宇垣一成宛吉田茂書簡別紙（前掲『吉田茂書簡』一二五頁）。

(82) 実際、一九三四年に検討された日英不可侵協定案は、日英接近に対するアメリカの危惧に配慮した結果、挫折した（前掲、井上寿一『危機のなかの協調外交』第四章を参照）。

(83) 前掲、芦田均『最近世界外交史』後篇、七八六頁。

(84) 同前、一一三七頁。

(85) 前掲「連盟脱退孤立日本の将来」座談会、二一三頁。

(86) 前掲、酒井哲哉『大正デモクラシー体制の崩壊』一五一～一五六頁を参照。

(87) 前掲「連盟脱退孤立日本の将来」座談会、二一五頁。

(88) 前掲、芦田均「孤立外交の転換」二〇〇頁。

(89) Hitoshi Ashida, "Japan's Foreign Policy in 1934", *Japan Times & Mail*, January 1, 1934.

(90) Jonathan Haslam, *Soviet Foreign Policy, 1930-33: The Impact of the Depression* (London: Macmillan, 1983); id., *The Soviet Union and the Struggle for Collective Security in Europe 1933-1939* (London: Macmillan, 1984) を参照。ほかに、一九三〇年代のリトヴィノフ外交に焦点を合わせた邦語の伝記として、斎藤治子『リトヴィーノフ――ナチスに抗したソ連外交官』（岩波書店、二〇一六年）も参照。

(91) たとえば、芦田均「リトヴィーノフの外交行脚」（『国際知識』第一四巻第一号、一九三四年一月一日）八二〜八九頁、同「独逸を睨む三人男」（『中央公論』第五一巻第五号、一九三六年五月一日）三四一〜三五〇頁を参照。

(92) 芦田均「ソ連邦の連盟参加」（『経済情報』第九巻第一一号、一九三四年一〇月一一日）二八〜二九頁。

(93) 同前、二八頁。

(94) 芦田均「條約廃棄と列強の動向」（『中央公論』第五〇巻第一号、一九三五年一月一日）五五頁。

(95) 同前、五五〜五六頁。

(96) 一九三四年三月二九日付在仏国佐藤大使発広田外務大臣宛電報（『日本外交文書』昭和期Ⅱ第二部第三巻一〇〇文書）。

(97) 一九三四年八月一日付在仏国三谷臨時代理大使発広田外務大臣宛電報（同前一一七文書）。

(98) 前掲、植田隆子『地域的安全保障の史的研究』第Ⅱ部第四章を参照。

(99) 連盟規約第八条一項は、「連盟国は、平和維持の為には、其の軍備を国の安全及国際義務を協同動作を以てする強制に支障なき最低限度迄縮小するの必要あることを承認す」と規定する（前掲『日本外交年表竝主要文書』上、四九五頁）。

(100) たとえば、芦田は、Vera Dean, *Europe in retreat* (New York: Alfred A. Knopf, 1939), pp. 48-63の「東方ロカルノ」構想について書かれた部分について段落ごとに印をつけており、「東方ロカルノ」構想が仏ソ提携を意味すると同時に、「連盟規約の枠内で成立すべきである」という意識が強く働いていたことを理解していた。

(101) 芦田均「モンロー主義の修正」（『外交時報』第七〇四号、一九三四年四月一日）一六〜一七頁。

(102) 同前、二五〜二六頁。

(103) 三谷太一郎「国際環境の変動と日本の知識人」（同『大正デモクラシー論』中央公論社、一九七四年）、同「日本における『地域主義』の概念――ナショナリズム及び帝国主義との関連についての歴史的分析」（同『近代日本の戦争と政治』岩波書店、一九九七年）を参照。

（104）蠟山政道『日満関係の研究』（斯文書院、一九三三年）三一八〜三一九頁。

（105）藤岡健太郎「戦間期日本の『国際主義』と『地域主義』」（『日本歴史』第六四七号、二〇〇二年四月）、同「『容喙拒否』の論理――国際連盟・ワシントン会議と門開放主義・モンロー主義」（『史学雑誌』第一一六編第一〇号、二〇〇七年一〇月）を参照。

（106）"The Monroe Doctrine", *The Japan Times & Mail*, August 30, 1934.

（107）連盟における普遍性と地域性の関係について、とくに両者の競合関係に注目して連盟のあり様を明らかにしようとした研究として、帯谷俊輔『国際連盟――国際機構の普遍性と地域性』（東京大学出版会、二〇一九年）を参照。

（108）Hitoshi Ashida, "The Turning Point in Japanese Foreign Policy", *ibid.*, March 6, 1933.

第三章　外務省との協働と対抗

前章では、満洲事変期の芦田を論じ、そのなかで事変後の芦田が外務省の政策路線とは異なる「極東ロカルノ」構想を提唱していたことを明らかにした。芦田が政府の外交政策に対して自らの構想を積極的に対峙させていったのは、言論人として世論に働きかけることで少しでも日本外交の現実を転換させようとする彼の努力を表している。だが、芦田はそうした言論人としての活動にとどまらず、政党政治家としてより直接的に現実の外交政策に対して影響を与えようと試みていく。それは、政党による外交指導という外交官時代以来の国民外交論の実践でもあった。

本章では、「外交を建直す」ために政治家へと転身した芦田の活動について、外務省との関係に留意しながら分析する。

一　軍部の抑制と外務省との協働

前章で述べたように、連盟に対する評価をめぐる芦田と外務省とのあいだの懸隔は、満洲事変をきっかけに重大な亀裂として表面化するようになった。しかも、この亀裂は事変後にはますます大きくなっていった。なぜなら、事変以後の幣原喜重郎が去った外務省を掌握したのは、連盟の介入に対して最も強硬に反対していたアジア派であったからである。

実際、外務次官として事変後の外務省を取り仕切ったアジア派の重光葵は、連盟はもちろん、東アジアにおける多国間協調の枠組みさえも全面的に否定するようになっていた。一九三四年（昭和九）四月の天羽声明はそうした重光の外交構想を反映したものであった[1]。天羽声明以後の重光が「東亜に於ける使命乃至は責任は、日本は東亜に於ける諸国と共に共同に且つ協力して持つ所のものであって東亜以外の諸国の介在は許されぬ[2]」、あるいは「東亜『ロカルノ』協定の必要かあれは、夫れは東亜に於ける諸国間に締結すへきてあって、東亜以外の国は直接には関係なき筈てある」と述べて[3]、東アジアにおける多国間協調の枠組みを復元しようとする動きを一蹴しているのは、芦田と重光とのあいだの国際政治観の相違とそれにもとづく外交構想の対立の大きさをよく表している。

しかし、それにもかかわらず、満洲事変以後の芦田と外務省との政治的な距離は接近していく。たとえば、一九三三年一月に芦田が外務省の後援する英字新聞『ジャパン・タイムズ』社の社長兼主筆に就任していること[4]、また同年九月には外務省が芦田に対して通商審議委員会民間委員への就任依頼をおこなっていることなどは[5]、両者の接近を物語るものである。

このように事変以後の芦田と外務省が政治的に接近していくようになったのは、軍部の抑制を図るという共通の目的を有していたからであると考えられる。なぜなら、芦田の「極東ロカルノ」構想にしても、重光の日中提携路線にしても、その実現のためには事変を満洲に限定し、さらなる対外的な緊張をもたらす軍事行動を抑制する必要があったからである。くわえて、一九三三、三四年の時期において、とくに抑制すべき対象であったのは、事変とともに台頭しはじめた陸軍皇道派であり、彼らの主張する対ソ主敵論にほかならなかった。

この点に関して、たとえば、欧米派の東郷茂徳欧米局長がソ連による日ソ不可侵条約締結の申し出に対して積極的であったことはよく知られているが[6]、アジア派の有田八郎外務次官や谷正之亜細亜局長も「カムフラージュして、ソ満間の條約となすこと」には「全幅の賛意」を表していたという。[7] また、有田の後任として次官に就任した重光は、日ソ不可侵条約の締結には慎重であったものの、日ソ間において「平和的の外交工作か進んで行き得るたらう」と考えており、[8] ほぼ同時期に外相に就任した広田弘毅は、五相会議において荒木貞夫陸相の対ソ強硬論を抑制し、日ソ間の懸案であった北満鉄道買収交渉に取り組むなど、対ソ関係の改善に積極的な姿勢を見せた。[9] このような外務省の動向を捉えて、芦田は広田外交を高く評価するようになったのである。[10]

一方で、外務省も政党政治家としての芦田に働きかけを強めていった。その好例が一九三四年に入って本格化しはじめていた海軍軍縮条約廃棄問題への対応である。同問題について、重光や東郷は芦田と何度も協議をおこなっている。[11] 重光らは、当時政友会の国防小委員会の委員を務めていた芦田に党内の強硬論を沈静化させることを依頼したのではないかと推測される。実際、委員会の前日には軍縮担当の山形清調査部第五課長が芦田を訪問して準備がおこなわれている。[12] 委員会の結果は、芦田が「独り慎重論を主張したが遂に五対一でまけ」ることになったものの、[13] その後も「『軍縮条約廃棄通告即行』の決議等出してハいけない」ことを若宮貞夫幹事長に申し入れるなど、[14] 芦田は党内の強硬論を抑制する努力をつづけた。

これらの事実は、芦田と外務省とのあいだに軍部の抑制に向けた協働関係が成立するようになったことを示している。この時期の外務省が軍部への対抗から政党への接近を模索していたこと、[15] これを主導したのが次官の重光であったことは従来から指摘されてきたが、[16] その際に外務省と政党とをつなぐ結節点の一つとなったのが芦田であった。

こうした両者のあいだの協働関係を象徴するのが、一九三五年一月二五日の第六七議会における芦田の質問演説である。この質問演説の冒頭で、芦田は、「現内閣が声明せられたる外交方針、或は外交理論には同感の意を表する者であります」と述べ、つづけて対ソ関係について、「北鉄売買の問題が漸く円満なる妥結に達せんとする旨を外務大臣より御報告になりましたことは、吾々の慶賀する所であります」と述べている。[17] 芦田は、外務省の対ソ緊張緩和路線を積極的に評価し、これを支持することを明言したのである。

しかも、この質問演説には、陸軍による華北分離工作を牽制する意図が込められていた。芦田の質問演説に対して、広田が「私の在任中に戦争は断じてない」と答弁したことはよく知られているが、この答弁を引き出すきっかけとなったのが、演説終盤における「満洲国の周囲の情勢」について、「どうか篤と政府の御考慮を煩したい」とする芦田の質問であった。[18] 芦田と広田のやりとりは、この二日前に発生した熱河省とチャハル省の省界問題をめぐる日中の軍事衝突に絡んで中国国民政府に圧力をかけようとする関東軍の動きを「全面的に打消すため」のものであった。[19] 翌々日の『ジャパン・タイムズ』紙は、「広田氏の声明がこれまでのどの外相よりもありのままで率直なものであり、「日本全体の希望や確信を表現したものといってよい」とする社説を掲載し、[20] 広田外交の立場を内外に積極的に宣伝した。

また二九日には、再び「外務省と打合せて熱河方面の日支軍衝突について諸外国に巻起つた誤解につき陸相に声明させる工作」をおこなっている。[21] このとき芦田は、政友会の島田俊雄に予算委員会でも華北における軍事衝突事件を取り上げることを依頼し、林銑十郎陸相から「日本軍或は満洲国軍は、之〔支那軍〕を国境の線まで駆逐すれば、それから先きは断じて進まない」、「察哈爾侵入と云ふやうなことは、断じて無い」との言質を引き出すことに成功した。[22] 外務省は議会を通じて陸軍を牽制することを画策し、芦田はそれに全面的に協力したのである。

そのうえで、さらに注目すべきなのは、芦田の質問演説に助言を与えていたのが岡田啓介内閣を支持する立場から政民連携運動を推進していた山本条太郎であったことである。[23] 五・一五事件以後、政権を失った政友会では政権回復をめぐって三つの潮流が混在していた。[24] 第一に、斎藤内閣からの政権円満授受工作が失敗したのち、政友会単独内閣論の立場から反挙国一致内閣を標榜して野党路線をとることになった鈴木喜三郎派の動きである。第二に、政民連携による倒閣と一国一党論の実現を目指す久原房之助派の動きであり、倒閣の目的を共有する鈴木派が次第にこれに同調するようになっていた。第三に、当面のあいだは挙国一致内閣を支持し、政党政治復活の準備工作として政民連携運動を位置づける山本ら旧政友派や床次竹二郎派の動きであり、表面的には同じく政民連携を推進する久原派と提携関係にあった。

質問演説に際して山本から助言を受けていた事実は、芦田が第三の潮流に位置していたことを示している。また同時にこのことは、芦田が単に外務省の対ソ緊張緩和路線を支持することを表明するだけでなく、政民連携によって岡田内閣の政治基盤を安定化させることで、対ソ緊張緩和路線を進める外務省の国内基盤を強化しようとしていたことを示唆している。

実際、岡田内閣成立当初の芦田は、内閣支持を決めた民政党を「官僚の為に利用せられ」たとして批判する一方で、「政友会が清党を断行して然る後に民権の為に闘ふ決心をす」べきだと論じて野党路線を支持していたにもかかわらず[25]、外務省との関係を深めていく一九三四年末ごろから挙国一致内閣支持路線へとその立場を変えていく。たとえば、同年一一月に「山条、久原氏の招待会」に参加して「政民連繋《ママ》の話を聞」いているのは[26]、そうした芦田の変化を示すものである。さらに、翌年一月には政民連携運動が「必ずしも現内閣を屠るとか、直ちに政局に取つて代るとかの眼前の駈引を目的とする運動ではない」とし、「政局に立つ者が政党の首領たると海軍大将たるとは、実は第二義的な問題」であると述べて[27]、早期の政党内閣復活にはこだわらない立場を明らかにするようになっていく。芦田は、軌道に乗りはじめた外務省の対ソ緊張緩和路線が頓挫することを恐れて倒閣運動に慎重になり、むしろ岡田内閣を支持するようになったのである。

たしかに、先行研究でも指摘されるように、政友会における芦田は、鳩山一郎とのあいだに親密な関係を築き、鳩山が鈴木総裁の義弟で鈴木派の有力幹部であったことから同派とも近しい関係にあった。[28]当選直後の芦田が鳩山の主催する「九日会」に参加し、[29]五・一五事件後の鈴木総裁就任の宴席において挨拶役を務めるなど、[30]鈴木派の会合に頻繁に顔を出す姿は、[31]政友会内のそうした芦田の立ち位置を表している。

しかし、「外交を建直す」ために政治家となった芦田と、生粋の政党人として政権獲得に奔走する鈴木や鳩山とのあいだには微妙な距離感が存在していたように思われる。前章で述べたように、第六四議会において政友会幹部は斎藤内閣からの政権円満授受のために連盟脱退問題を追及する芦田を無理やり抑え込んだが、この工作を進めていたのは鈴木派であり、なかでも主導的役割を果たしていたのが鳩山であった。[32]

これに対して芦田は、演説に際して「政友会は弥次り、民政と社民ハ拍手」という状況を目の当たりにし、「自分の行くべき途が今日こそはつきりした。党の事よりも吾日本の行末の方が大事だ」との信念を強めていった。[33]また、質問演説後の二月一六日には「鈴木総裁を往訪して卅十分間、外交の話をした」が、「いつ逢つても鈴木さんの真価が発見出来ない」と記しているように、[34]鈴木に対する不満を募らせるようにもなっていた。連盟脱退問題をめぐって政権獲得を優先する立場からその追及を見送る党幹部の姿勢に対して、外交こそ重要であると考える芦田は不信感を抱くようになったのである。

こうした鈴木や鳩山ら党幹部に対する不信感は、実際の政治活動からも窺うことができる。たとえば、一九三四年一月に芦田が船田中や木暮武太夫らとともに国政一新会の結成に参加しているのは、[35]そのことを示すものである。国政一新会は「一貫せる方針を樹立し所信に邁進すべしといふ趣旨を高潮するために催されるもの」であり、[36]政局本位で動く党幹部への批判から生じたものであった。しかも、同会はやがて鳩山派と対立することになる中島知久平派の萌芽として位置づけられるものでもあった(37)。中島派が近衛新党運動や新体制運動へと傾斜していくと、芦田は国政一新会から脱会し、鳩山との結びつきを強めていくことになるが(38)、少なくとも日中戦争勃発以前の時期までは同会の中心人物として活動していた(39)。

このほかに、芦田は一九三三年末から高橋守平や多田満長ら民政党有志とのあいだで「十六日会」という会合を持っている(40)。「十六日会」は、憲政擁護を掲げてファシズムを批判する政民両党の少壮代議士による会合であり、政民連携運動の一翼を担うものであった(41)。芦田は「十六日会」の幹事を務め(42)、「目下の時局に処する国策の根本に於いて政民両党の政策に大差なき以上、この両党が連合して、ファッショ独裁政治の潮流に対抗し明治憲法を擁護することは当然の責務である」と述べるなど(43)、政友会側から政民連携を推進した一人であった。

一方の鳩山は、政友会単独内閣の実現を目指して斎藤内閣とのあいだで政権円満授受工作を画策してきた経緯から政民連携には否定的であった。また、工作が失敗に帰したのちも、連携運動が鈴木総裁の排斥につながるものとしてこれに慎重であった(44)。

このように、芦田は鳩山や鈴木派から一定の距離を置き、独自の政治活動をおこなうようになっていた。広田の外相就任を契機として外務省とのあいだに協働関係を築くようになったのも、鳩山や鈴木派から自立した芦田独自の政治活動の一つであったと考えられる。政権円満授受工作失敗後の鈴木派が野党路線へと転換していくのとは対照的に、芦田は、外務省の国内基盤を強化するために挙国一致内閣を支持する立場をとるようになり、山本ら旧政友派が主導する政民連携運動へと接近していったのである。

もっとも、挙国一致内閣支持の政民連携運動が実現することはなかった。政友会単独内閣に固執する鈴木派が、一九三四年末の臨時議会においていわゆる「爆弾動議」を提出、民政党との協調関係を一方的に破棄する行動に出たためである[45]。さらに、政友会の策動はこれにとどまらず、翌年二月一八日の貴族院における天皇機関説批判をきっかけとして国体明徴運動が開始されると、山本悌二郎らを中心に鈴木総裁や久原派がこれを岡田内閣への攻撃に利用した[46]。

これに対して芦田は、「吾々ハ此種の離合集散に巻込まれる必要はない。正しい途を歩いて五年、十年の末を期待すればよいんだ」として、「爆弾動議」による鈴木派の策動に不快感を露わにした[47]。また岡田内閣への攻撃を目的とした天皇機関説排撃の決議案を提出することが決まると、「政友会を脱出し度くなつた」とその日記に記し[48]、政権獲得のためには手段を選ばない政党人のやり方に落胆した。しかも、この間に機関説排撃の動きが衆議院にも広がりを見せるなかで、「美濃部博士攻撃の毒舌を振ふ」江藤源九郎代議士を「怒鳴」りつけたために[49]、芦田自身も「国体擁護連合会の関係方面から捻じ込まれ」ることになった[50]。

それにもかかわらず、芦田は、美濃部達吉を擁護する姿勢を貫くとともに、国体明徴運動に突出する鈴木を抑えるために奔走した[51]。こののち国体明徴運動を重臣ブロックの排撃、ひいては岡田内閣の倒閣にまでつなげようとする久原派らの動きに対して、芦田は、「国体明徴運動を政争に利用すべからず」とする「国体明徴政争回避派」の一員として岡田内閣の倒閣を阻止しようと努めた[52]。くわえて、政友会の国体明徴運動からの撤退を図る山本条太郎らによって政民連携運動の再開が模索されると、芦田も連携運動の再起を企図して、鳩山や中島知久平に運動への参加を働きかけた[53]。

だが、芦田の提案が受け入れられることはなかった。中島は「政友会の独往論」を主張してこれを拒絶し[54]、当初積極的な姿勢を見せていた鳩山も「先般来の大同団結運動は一時見合わせること」を告げて、その態度を急変させたからである[55]。こうして政民連携による対ソ緊張緩和路線の強化という芦田の試みは失敗に終わった。

一方、政民連携をめぐる政友会の内紛とそれにともなう連携運動の挫折は、政党との提携によって軍部の抑制を模索してきた外務省にとっても痛手であった。華北工作に際して、広田が「事は統帥権に関するから自分の方からいまかれこれ言ふわけにも行くまい」と述べたように[56]、外務省が軍事行動に介入することには制度的な困難がつきまとった。外務省が芦田を通じて政党とのあいだに提携関係を築き、議会の場で陸相に軍の方針を答弁させることで関東軍や支那駐屯軍の陰謀的な行動を抑制するという迂遠な方法をとってきたのも、そのためであった。

ところが、政友会が陸軍皇道派とともに国体明徴運動による倒閣に乗り出したことは、政党に軍部を牽制する役割を期待してきた外務省を落胆させることになった。政党との提携を主導してきた重光が当時を振り返って、「鈴木総裁の下の政友会は、飽くまで野党で、政府反対党として世論に迎合し、軍部とともに極端論を煽動していたので、一般政情は益々悪化する一方であった」と述べて政党の姿勢を厳しく批判しているのは[57]、そうした外務省の失望を表すものであった。

こうしたなかで華北工作が本格化しはじめると、外務省は次第に陸軍との妥協へと傾き、対ソ緊張緩和路線から「防共的国際協調主義」路線へと転換していく[58]。そしてこの対ソ政策の転換とともに、芦田と外務省とのあいだの亀裂は再び顕在化していくことになるのである。

二　防共外交批判と倒閣運動

華北分離工作は、一九三四年（昭和九）末から翌年はじめにかけて相次いでおこなわれた中国在勤の現地陸軍武官会議の決定にもとづき、華北における中国国民党勢力を打倒し、親日的区域を拡大することを目的として開始された。

この華北工作によって、塘沽停戦協定以後の落ち着きを取り戻した東アジアの国際環境は再び緊迫化することになった。[59]

芦田は、華北工作が内蒙古にまで進展するなかで、「日露戦争ハ不可避となりつゝある」との危機感を抱く一方で[60]、伊エ戦争に強い関心を示した。伊エ戦争は、一九三四年一二月に伊領ソマリランドのイタリア軍が国境を越えてエチオピア軍を攻撃したことに端を発し、翌年一〇月に入ってイタリア軍がエチオピアに本格的に侵入を開始したことによりヨーロッパの国際情勢を動揺させていた。

芦田がこの伊エ戦争に注目した理由の一つには、「正義と公平の立場から国際紛争を平和的に解決する任務を有」する連盟の存在意義に関わる問題であると認識していたことにある。[61] すなわち、「国際連盟の権威の失墜は即ち集団的安全保證《ママ》の失敗であり、欧洲の平和を維持する力が甚しく弱められることを意味する」と述べるように[62]、伊エ戦争が集団安全保障の実効性に関わる重大なものであるがゆえに、芦田はその行く末に大きな関心を寄せていたのである。一九三五年一〇月五日に連盟がイタリアの侵略を認定すると、「侵略国の宣告を受けたイタリーが国際連盟から除名された暁には、将来永く世界の輿論から糾弾せらるべきは自然の勢ひである」とする論考を発表し[63]、さらには「僕は少くともムッソリーニやヒットラーの没落を待ち構へてゐる」とその日記に記すなど[64]、芦田は集団安全保障によってイタリアの侵略が抑止されることを期待していた。

だが、芦田が華北工作とは一見無関係とも思える伊エ戦争に注目した最大の理由は、同戦争を対ソ協調、あるいは国際協調復帰の好機として捉えていたことにある。芦田は、伊エ戦争における対伊制裁問題に積極的なソ連の動向について、「将来国際連盟の威力を自己に有利に利用せんとする底意に外ならない」と分析していたが[65]、他方で「今回の紛争は極東問題の解決の為に両国政治家に與へられたる絶好のチャンス」であるとも見ていた。[66] この点について、芦田は具体的な内容には触れていないが、連盟による対伊制裁に日本も協力することで連盟との協調や、それを主導するソ連との協調を回復しようと考えていたのではないかと思われる[67]。実際、このとき芦田は「外務省に行つて、通商局長と条約局長を訪ね、伊エ事件に関する economic sanction の適用の話を聞」いている[68]。

実は、こうした対伊制裁問題を通して日本の国際的立場を改善しようとする発想は、決して芦田ひとりに限られたものではなく、脱退後も連盟外交に携わる欧州在勤の連盟派のなかで広く見られたものであった[69]。たとえば、当時駐仏大使に転じていた佐藤尚武が「余り深刻に伊を非難せは我自ら日支事件中の行動を否認するの珍現象を招致」する恐れがあるとしつつも[70]、「不取敢の措置として伊『エ』両国への武器輸出を禁止し其の旨宣言せらるること目下の事態に際し帝国の態度を公明ならしむるのみならす他日万一再ひ日支間に不幸にして紛争起りたる場合等に備ふる為にも適当なるへし」とする意見具申をおこなっているのは[71]、そのことを示すものである。佐藤は、華北工作によって日本の立場がいっそう悪化することに懸念を抱きつつ、対伊制裁問題に対して連盟と足並みをそろえることで日本の国際協調復帰の糸口をつかもうとしていたのである。

また、国際会議帝国事務局長代理（駐ジュネーブ）の横山正幸も、伊エ両国に対して武器禁輸措置をとることを最良とする意見具申をおこない、同措置が「他面米国と歩調を一にする利益に付て見るも充分の考慮に値するもの」であると訴えている[72]。横山の意見具申は、中立法の発動によって事実上対伊制裁に参加するアメリカとの関係を考えても、日本が連盟と共同歩調をとることは得策であることを訴えるものであった。

このように、対伊制裁問題を日本の国際協調復帰の好機として捉える芦田の発想は、在欧の連盟派が唱えていた政策と共通するものであった。芦田や連盟派は、脱退後もなお連盟の存在を考慮し、連盟との関係を国際協調復帰の鍵として重視していたのである。

しかし、本省の見方は、これとはまったく異なるものであった。本省は、「事態の推移を注視するを適当」として積極的な行動に出ようとはしなかった。(73)これに対して横山が「若し非連盟国たる立場より連盟側に何等具体的約言を与ふること面白からすと御考察も有之に於ては武器等禁輸の点に付ては書面に依らす口頭にて轉達することも一方法たるへきかと存す」と食い下がると、(74)「此の際我方より進んで連盟の対伊裁決を是認し連盟の制裁を援助するものと解せらるゝか如き通報を為すことは帝国か非連盟国として連盟の政治的活動には一切関与せざる方針にも戻る」として、(75)連盟派の方策を退ける決定を下したのである。

本省がこのような決定を下したのは、このときすでに華北問題収拾のための新たな対中方針として広田三原則を策定し終えていたためであった。(76)本省は、排日運動の停止・満洲国の承認・共同防共の三つを対中交渉の前提条件とする広田三原則によって、陸軍の華北工作を対ソ防衛の観点から正当化することでその行動を華北に限定するとともに、欧米政界の一部に存在する反ソ・反共イデオロギーに訴えかけることで列国との関係悪化を食い止める方針を固めていた。

外務省がこうした反ソ・反共イデオロギーを導入した防共外交へと転換した理由については、軍部の政治的影響力が増すなかで積極的な大陸進出を図る陸軍の主張をある程度容認しなければならない状況に追い込まれていたことがあった。また、省内において防共外交への転換を主導した重光葵が一九二〇年代から中国ナショナリズムにソ連のイデオロギー的影響力が浸透しつつあることに危機感を抱いていたこと、同様の危機感は中国勤務の経験を持つ外交官、たとえば欧米派の吉田茂などにも幅広く共有されていたことも知られている。(77)

ただ、ここで改めて注目しておきたいのは、アジア派の重光にとって、連盟による対伊制裁に同調することで日本の国際的立場を改善するというような方策は、防共外交にかわり得る選択肢にはならなかったという点である。重光にとって、「協和外交」とは「協調外交と同しく外交工作に依る平和手段であるか『コレクテイヴ、システム』に依らすして『インデヴイデユアル、メソド』て行くこと」であった[78]。「日支の関係は他国の介入なき時に於て初めて正道に上る。他国か容喙すれは結局日支の親善はとうしても出来」ないのであって、「『コレクテイヴ、システム』を止めなけれは」ならないからである[79]。

したがって、重光にとって、伊エ戦争における集団安全保障政策の成功は決して歓迎できるものではなかった。むしろ、伊エ戦争は「資源に恵まれざる国の要求する現状打破の顕著なる例証であ」り、「独逸が『ヴェルサイユ』条約の被圧迫国として現状打破の機会を捉ふることは極めて自然」なことであって[80]、それらは評価に値するものであっても、否定されるべきものではなかった。それゆえ、防共外交への転換が対ソ関係において利害を同じくするドイツとの接近を促し、一九三六年一一月の日独防共協定の締結という結果をもたらすと、重光はこれにも一定の評価を与えるようになるのである[81]。

一方、当時駐英大使であった吉田が対独接近に強く反対したことはよく知られている。吉田は、日独提携論を主張する陸軍の辰巳栄一ロンドン駐在武官や大島浩ベルリン駐在武官の説得を頑として受け入れようとはしなかった[82]。とはいえ、このことは、吉田が防共外交それ自体を否定していたことを意味するわけではない。「最近英上下の対独感情良好ならさる際日独協定締結せられ自然英の対日感情悪化せりとの点は遺憾乍ら事実なり」と報告しているように[83]、吉田が問題視したのは、対独接近が英米との関係に悪影響をもたらすことであった。こうした観点から吉田は、日独防共協定を批判しながら、ソ連脅威論を高唱して日英協調の必要性を説きつづけたのである[84]。

これに対して、芦田も吉田と同様に対独接近に反対であった。一九三三年一〇月のドイツの連盟脱退に際して、「我等はドイツの進退に対して同情を表する必要もなく、又世界が日本とドイツとを同一の範疇に押込まんとするならば、それは我等にとつて甚だしい迷惑である」と述べたように[85]、芦田は再軍備要求によって連盟に挑戦するドイツとの接近には以前から警戒していた。

だが、芦田の批判において注目すべきなのは、吉田とは異なり、防共外交の論理それ自体にもその矛先が向けられていた点である。芦田は、日英同盟やワシントン体制が中国の領土を保全する機能を果たしてきたことを論じたうえで、「若し、支那を分割する勢力があるとすれば、それは日本その者である」という状況にあってイギリスが日本との協調に応じるはずがないこと[86]、むしろ「曾ては日本と同盟して支那市場の保全を策し、ロシアの進出を防止せんとした英国は、ソ連邦との提携によって、同一の目的を達成せんと期待してゐる」ことをあげて[87]、防共外交がまったく説得力を欠いた論理であることを指摘した。イギリス外交は「依然として国際連盟主義、集団安全保障主義」であり、ソ連の連盟加入以後は「英露両国の政策が期せずして一致する形となつてゐる」[88]、というのが芦田の分析であった。それゆえ、芦田から見れば、「保守党一派は今尚依然として伝統的日英友好関係を捨てす」[89]としてソ連を仮想敵とした日英同盟の復活に期待する吉田のような見方は、「見当違ひの推測」でしかなかったのである[90]。

こうしたイギリス外交をめぐる芦田と吉田の分析の差異は、根本的には両者の国際政治観の相違にもとづくものであったように思われる。よく知られているように、駐英大使時代の吉田は対英接近工作をおこなう際に、勢力均衡原理を引照基準とするイギリス保守党の伝統的な外交手法に対する親近感から、しばしばアンソニー・イーデン(Anthony Eden)が率いる外務省を迂回して、ネヴィル・チェンバレン(Neville Chamberlain)らに直接働きかけることを好んだ[91]。これに対して芦田は、「老巧や手管による英国式外交」には「うんざり」しており、むしろ「年壮気鋭なイーデンによつて、世界平和の理想の幟が一層色濃く世界をリードする日の来ることを待つ」ようになっていた[92]。すなわち、吉田のイギリス外交分析が旧外交的な勢力圏外交の発想にもとづいていたのに対して、芦田の分析には連盟を基軸とする集団安全保障に対する期待と共感が働いていたのである。

したがって、華北工作への対応をめぐって外務省が防共外交へと転換していくと、芦田と外務省とのあいだの亀裂は、対ソ外交をめぐる政策的対立として再び表面化するようになった。とりわけ二・二六事件後に組閣の大命を拝した広田弘毅にかわって外相に就任した有田八郎のもとで対独接近が具体化していくと[93]、両者の対立は鮮明となった。芦田は有田を訪問して、「日独協定の反対意見を述べ」て、「興奮して議論をし」、堀内謙介次官にも面会して「同じ論をした」[94]。また実際に日独防共協定が締結されると、「この協定の政治的結果として、支那を決定的にロシアの懐に追込み、英米をして我国の真意に疑惧の念を抱かしめ、国際的環境を一層険悪ならしめた」と糺弾し[95]、さらには「この不利益な情勢を転換する」ためには「現内閣の処決を促すことが唯一最善の方策」であるとまで断言した[96]。

こうして防共外交の転換を求めて倒閣も辞さない態度を明らかにした芦田は、政民連携によってその実現を模索するようになった。一九三六年二月の総選挙で大敗を喫した政友会では、鳩山一郎らを中心に政民連携による政党内閣の復活を目指す動きが活発化していた。この連携運動に際して、政民両党のあいだに「実質的了解」をもたらしたのが、「広田内閣の失敗外交」であり、「対外交糾弾」であった[97]。

これを受けて芦田は、「従来外交に対してほとんど無関心とでもいふべき程冷淡であった政党が、遅れ馳ながらこゝに気がついたことを喜びとしなければならぬ」として外交問題における政党間の協力を評価する論陣を張り[98]、政民連携運動への支持を訴えた。また、芦田自身も積極的に連携運動にくわわり、同年末の一二月二九日に開催された政民両党による有志会合では、広田内閣に対して「決心してぶつか」ることを申し合わせるまでに至った[99]。

ところが、年が明けて一月の民政党幹部会では自重派が優勢を占め、外交問題の取り扱いには「慎重を期さなければならぬ」[100]として広田内閣への態度を軟化させたため、両党の足並みは乱れはじめた。民政党の動きを察知した鳩山は、「政友会か不信任案を出しても民政党はついて来ない、解散されて其上民政党に叩かれたらバカを見る」として[101]、芦田に連携運動の中断を言い渡した。鳩山は、倒閣が政友会内閣の実現にはつながらないことや、結局のところ民政党に利用されて終わることを心配して、土壇場で政民連携から手を引いたのである。

しかし、それにもかかわらず、芦田はなおも政民連携による倒閣を模索しつづけた。一月九日の会合では、改めて政民両党の連携強化を確認し、「現内閣の外交に対し全面的に不満の意を表明し内閣弾劾の気勢を挙げ[102]」、同月一九日には、世話人の一人として政民両党連携時局大懇談会を開催し、政民合わせて一二〇名の代議士を結集して両党幹部に対して広田内閣倒閣のための全面提携を迫った[103]。そして二一日、第七〇議会において政友会強硬派の浜田国松が寺内寿一陸相に対していわゆる「割腹問答」を仕掛け、これに対する反撃として衆議院の解散を求める寺内と解散を避けたいそのほかの閣僚とのあいだで閣内不統一に陥った広田内閣は、二日後の二三日に総辞職した。こうして倒閣の目的は達成された。

もっとも、広田内閣倒閣後の展開は、防共外交の転換という点では微妙なものとなった。広田内閣退陣後に成立した林銑十郎内閣の外相には、華北工作の撤回と防共外交の転換を入閣の条件としていた佐藤尚武が就任したが[104]、その林内閣は宇垣流産内閣を経て成立した陸軍中堅層を基盤とする内閣であり、林内閣と政民両党との関係は広田内閣期以上に悪化したからである。したがって、政民両党からの支持を調達できない林内閣の政治的基盤はきわめて脆弱であり、その結果として佐藤外交もまた不安定なものとならざるを得なかった[105]。

これに対して芦田は、かつての上司であり、連盟派としてともに満洲事変への対応にも当たった佐藤を支持する側にまわった。芦田は、政党に対して否定的な立場をとる林内閣の閣僚であるにもかかわらず、佐藤への支持を積極的に世論に訴えかけたのである。佐藤の外交手腕に懐疑的な見方を示す新聞報道が多数を占めるなかで、『ジャパン・

タイムズ』紙が「日本主義が絶叫されるなかにあって、均整のとれた解決を手にするためにはより広い世界的な視野も必要である」と論じ、「会議屋」としてヨーロッパ在外勤務をつづけてきた佐藤の外相就任を積極的に評価する論陣を張っているのは、その好例である。(106)

また、芦田は議会においても佐藤への支持を呼びかけた。三月一一日の第七〇議会に登壇した芦田は、日中関係の改善が進捗しないのは「之を破壊するが如き行動が、白昼公然行われて居つた為めであ」り、「領土的野心を以て長城の外に武力を行使するが如きは、断じて戒めねばならぬ」と論じるとともに、「日『ソ』関係の重点を共産主義の宣伝に置くと云ふことでは、当分両国の関係は改善の見込がな」く、「此方策を極端に押進めて行くならば、我国も遂に『イデオロギー』に依る国際的対立の渦中に、捲込まれる危険がある」と訴えた。(107) これは佐藤を批判するためのものというよりも、華北工作の撤回、あるいは防共外交の転換を図る佐藤の決意を引き出すことで、国内外に向けて佐藤外交の性格を明らかにするためのものであった。実際、佐藤が「日本の考へ一つで其危機は何時でも避け得る」と答弁し、その答弁に批判が集中すると、芦田は「佐藤外相の補足声明をやらせないように奔走」している。(108)芦田らの働きかけもあって、政民両党は佐藤による補足説明の必要はないとしてこれを支持する立場を明らかにしたが、国民同盟や東方会といった小会派を中心に、佐藤の方針は「国際連盟回顧主義的」である、(109)として厳しく追及する動きがつづいた。

これらにくわえて、芦田は、伍堂卓雄商相に対して「何か政党に対しても手をうつべきだと忠告」し、(110)対立する林内閣と政党との関係を調整しようとする動きさえ見せた。当時の芦田が「内閣を余りに頻繁に取り変へることは好くないと思ふ。だから或る程度迄我慢をして、仕事を仕易いやうに一応してやつて仕事をやらせる」、「外交にしてもそうですよ」と語っているように、(111)これは林内閣と政党との対立関係を緩和し、佐藤外交を継続させるための国内環境を整えようとするものであった。

だが、このとき鳩山が「政党が妥協する如き態度をとることは面白くない」としてその行動を制止したため、芦田は「仕方なしに」林内閣への協力を断念した。[112]さらに、林内閣が予算成立直後に突如として衆議院を解散して政民両党への対決姿勢を鮮明にしたことで、芦田の態度も一変した。林による抜き打ち解散に対して、鳩山が「立憲政治擁護を名乗つて野党を造ろう」と呼びかけると、芦田は「それより外に吾々の往く途ハ無い」としてこれに同調するようになったのである。[113]

その後、総選挙が政民両党の大勝に終わると、芦田は、林内閣の居座りを画策する伍堂から「新政党の樹立を説かれ」たが、「所詮できない相談で、其中に血みどろの戦いをしなければならぬ運命だと答へ」て、これを拒絶した。[114]伍堂の勧誘を一蹴した芦田は、林内閣の即時辞職を求める政民両党大懇親会に参加した。[115]芦田も政党人である以上、政党の存在それ自体をも否定しようとする林内閣は何としても容認できなかったのである。

こうして政民連携による防共外交の転換という芦田の試みは失敗に終わった。生粋の政党人である鳩山に見られたように、政権獲得のためにしのぎを削る政党が互いに協力することは困難であったし、まして非政党内閣である挙国一致内閣を支持することにはいっそう否定的であったからである。そして当時当選回数いまだ一、二回の陣笠議員に過ぎない芦田には、そのような政党人の論理を抑え込むだけの力はなかった。

林内閣倒閣直後、「変わつたとてどうならうぞ」と投げやりに記しているように、[116]芦田は政治活動への自信を失いつつあった。しかもこののち一九三七年七月七日には盧溝橋事件が発生した。事件に際して、「極東における恒久的な平和のためにも、日中両国政府には事件拡大を抑制するための献身的な努力を熱望する」[117]とした芦田の期待は裏切られ、盧溝橋事件は日中全面戦争へと発展していった。日中戦争の勃発は、東アジアにおける多国間協調の枠組みを再構築するという「極東ロカルノ」構想を根底から覆すものであり、芦田は政治活動のみならず、外交構想の面でも行きづまることになった。日中全面戦争の勃発によって、「過去数年来の自分等の努力が凡て瓦崩に帰した」のである。(118)

もっとも、長い目で見たとき、芦田にとって政民連携運動の経験は決して無駄ではなかったように思われる。というのも、政府の外交基盤を強化するために、あるいは政府の外交政策を転換させるために政党間の連携を模索するといった芦田の活動は、議会内多数を制することによって外交をコントロールしようとするものであり、そうした発想は、政党政治が全面的に展開する戦後政治において必要不可欠な要素となるものだからである。

戦後政治において芦田が急速に台頭していったことに関しては、占領下という特殊な事情のなかで幣原喜重郎や吉田茂と同じく元外交官としての経歴が作用したことが指摘される。(119) しかし、外交官としての経歴では遠く及ばない芦田が幣原や吉田と対等に渡り合えたのは、むしろ政党政治家としての経験というほかの二人にはない政治的資産を持っていたことが大きかったように思われる。のちに論じるように、一九四七年の民主党結成に際して、芦田は数の力で幣原を圧倒、総裁に就任し、その勢いのまま幣原の四党連立論を退けて、自由党を除くかたちで日本社会党と国民協同党との保革連立政権を発足させることになる（補論3）。

ただその一方で、政治家としての芦田の行動原理が多数派形成による政権獲得よりも、外交を優先するものであった点にも注意する必要がある。これまで見てきたように、芦田の政治活動は、「反軍主義者として軍国主義に抗して孤塁を守り続けた議会主義者」(120)といった従来のイメージには収まらない、非常に複雑なものであった。芦田は、軍部批判では一貫していたものの、必ずしも政党内閣の復活にはこだわらず、広田外交を支持する立場から非政党内閣である岡田内閣に協力しようとしたり、佐藤外交を支持する立場から反政党内閣ともいえる林内閣に協力しようとしたのである。このような外交優先の行動原理については、戦後の政治活動のなかで改めて確認する（第六章）。

註

（1）冨塚一彦「一九三三、四年における重光外務次官の対中国外交路線――『天羽声明』の考察を中心に」（『外交史料館報』第一三号、一九九九年六月）を参照。

（2）重光葵「『我外交の基調』に就いて」（『国際知識』第一四巻第六号、一九三四年六月一日）八頁。なお、この演説は「重光大使ノ欧洲政局報告」（外務省外交史料館所蔵、外務省記録 A.2.0.0.X1）にも所収されている。

（3）「国際関係ヨリ見タル日本ノ姿」一九三五年八月一日付重光外務次官（『日本外交文書』昭和期Ⅱ第二部第四巻一文書付記二）。

（4）芦田が『ジャパン・タイムズ』の社長に就任することを後押ししたのは外務省であり（『芦田均日記』第三巻、一九三二年一一月二五日、一二月一七日を参照）、同省の支援を受けた芦田は、約七年という歴代社長のなかでも比較的長期にわたって同紙を運営していくことになった。なお、『ジャパン・タイムズ』における芦田の活動については、補論2を参照。

（5）『芦田均日記』第三巻、一九三三年九月二八日を参照。

（6）「連盟脱退後ニ於ケル帝国ノ対欧米方針」昭和八年四月中旬（前掲、東郷茂徳『東郷茂徳外交手記』所収）を参照。

（7）森島守人『陰謀・暗殺・軍刀――一外交官の回想』（岩波書店、一九五〇年）一〇一～一〇四頁を参照。この点に関する有田自身の証言によれば、「外務省の次官とか局長とか――大臣もそうであったと思うが――は、これ〔日ソ不可侵条約〕はやった方がよいという考えのあることは勿論であったと思いますが、たゞその当時の空気は、満洲事変の直後で、軍の意見が非常に強かった当時であるから、相当な理屈をつけて一応消極的な返事をして置こう」ということになったという（服部龍二「日ソ不可侵条約問題――外務省座談会の記録から」佐藤元英・武山眞行・服部龍二編『日本外交のアーカイブズ学的研究』中央大学出版部、二〇一三年、一五三頁）。

（8）「我外交陣容ノ充実改善ニ就テ」一九三五年三月二二日於外交協会重光次官（「本邦対内啓発関係雑件　講演関係　本省員講演関係」外務省外交史料館所蔵、外務省記録 A.3.3.0.2-1-1）。

（9）前掲、服部龍二『広田弘毅』六八～七〇、八〇～八四頁を参照。

（10）芦田均「国際的信任の動揺」（『文藝春秋』第一一巻第一一号、一九三三年一一月一日）七四頁、同「北鉄交渉と日露関係の将来」（『現代』第一五巻第一〇号、一九三四年一〇月一日）一八〜一九頁を参照。

(11)『芦田均日記』第三巻、一九三四年八月一三日、九月五日、九月六日を参照。

(12)同前、一九三四年九月四日を参照。

(13)同前、一九三四年九月五日の条。

(14)同前、一九三四年一二月五日の条。

(15)前掲、井上寿一『危機のなかの協調外交』一八五〜一八九頁を参照。

(16)前掲、武田知己『重光葵と戦後政治』一一〇〜一一一頁を参照。

(17)「第六七回帝国議会衆議院議事速記録」第六号、一九三五年一月二五日。

(18)同前。

(19)原田熊雄述『西園寺公と政局』第四巻（岩波書店、一九五一年）一七六〜一七七頁。

(20)"Foreign Minister Hirota's Statement", *The Japan Times & Mail*, January 27, 1935.

(21)『芦田均日記』第三巻、一九三五年一月二九日の条。

(22)「第六七回帝国議会衆議院予算委員会議録」第六回（一九三五年一月三〇日）。

(23)『芦田均日記』第三巻、一九三五年一月二三日を参照。五・一五事件後の山本は、「軍部の勢力が依然として圧倒的」であるなかで、「虚心坦懐挙国一致の実を示すことが、最も賢明な策」であり、政民連携によって「非常時局を克服すること」を考えていたという（山本条太郎翁伝記編纂会編『山本条太郎伝記』復刻版、原書房、一九八二年、八八九頁）。なお、山本と政民連携運動の関係については、堀田慎一郎「岡田内閣期の元老・重臣勢力と政党」（『レヴァイアサン』第二四号、木鐸社、一九九九年）一四八〜一五四頁も参照。

(24)『東京朝日新聞』一九三四年一〇月二二日。なお、当該時期における政友会の派閥に関しては、奥健太郎『昭和戦前期立憲政友会の研究――党内派閥の分析を中心に』（慶應義塾大学出版会、二〇〇四年）を参照。

(25)芦田均「新内閣と明日の政界」（『経済往来』第九巻第八号、一九三四年八月一日）一一頁。

(26)『芦田均日記』第三巻、一九三四年一一月一日の条。

(27)芦田均「議会政治の将来」（『政友』第四一四号、一九三五年一月一日）七七〜七八頁。

(28) 伊藤隆「『自由主義者』鳩山一郎――その戦前・戦中・戦後」（同『昭和期の政治〈続〉』山川出版社、一九九三年）、小宮京「鳩山一郎と政党政治 1887-1943」（『本郷法政紀要』第一一号、二〇〇二年）を参照。

(29)『芦田均日記』第三巻、一九三二年三月九日を参照。なお、船田中によれば、「九日会」は鳩山邸で「毎月九日に集まり、政治談を抜きにして、たわいのない懇談会で、卓上ゲームをやったり紅茶をすすったり、楽しい懇親会」であったという（船田中『青山閑話』一新会、一九六〇年、一五六頁）。

(30)「臨時大会を開いて満場一致鈴木総裁を推戴」（『政友』第三八一号、一九三二年六月一日）一一頁を参照。

(31)『芦田均日記』第三巻、一九三三年三月二四日、五月二八日、八月二一日を参照。

(32) 前掲、小宮京「鳩山一郎と政党政治1887-1943」四四～四六頁を参照。

(33)『芦田均日記』第三巻、一九三三年一月二三日の条。

(34) 同前、一九三三年二月一六日の条。

(35) 同前、一九三四年一月一七日を参照。

(36)『読売新聞』（一九三四年一月一五日）。

(37) 伊藤隆「『挙国一致内閣』期の政党再編問題――昭和十三年近衛新党問題研究のために」（『社会科学研究』第二四巻第一号、一九七二年）七七～八八頁を参照。ほかに、南相虎「政友会中島知久平派の形成とその性格」（『日本史学集録』第一一・一二号、一九九〇年）、手島仁『中島知久平と国政研究会』下巻（みやま文庫、二〇〇七年）三二～五八頁、加藤陽子『模索する一九三〇年代――日米関係と陸軍中堅層』新装版（山川出版社、二〇一二年）第五章第七節も参照。

(38) 小笠原三九郎『人生は短い』上巻（小笠原秀郎、一九六七年）四二二頁を参照。

(39)『国政一新論叢』第三輯以降の巻末に掲載されている編集委員のなかには芦田の名前を見いだすことができる。

(40)『芦田均日記』三巻、一九三三年一一月九日の条。

(41) 坂野潤治「政党政治の崩壊」（坂野潤治・宮地正人編『日本近代史における転換期の研究』山川出版社、一九八五年）三七七～三七八頁を参照。ただし、「十六日会」の性格については不明な点が多い。資金の出所から推測すると、「十六日会」は当時朝鮮総督であった陸軍の宇垣一成を擁立しようとする動きとも関係していたように思われる。なぜなら、宇垣を担ぎ出すために政界の裏面工作に従事していた西原亀三が「十六日会」開催の直前に芦田から「政民連携懇談会を催すに至れる経緯を聴し、其の集會費の工面を引き受」けているからである（山本四郎編『西原亀三日記』京都女子大学、一九八三年、一九三三年一一月七日の条）。このとき西原から知らせを受けた宇垣は、「芦田支持之件承知候」としたうえで（一九三三年一一月一〇日付西原亀三宛宇垣一成書簡、宇垣一成文書研究会編『宇垣一成関係文書』芙蓉書房出版、一九九五年、五五一頁）、「芦氏の分御送り致し候」として送金しているように（一九三四年二月一九日付西原亀三宛宇垣一成書簡、同前、五五三頁）、芦田が西原から受け取った資金は宇垣が提供したものであった。もっとも、芦田と西原の関係は、同じ京都府天田郡出身という同郷の間柄を反映したものであり、西原による宇垣擁立運動について芦田がどこまで把握していたかは定かでない。なお、西原による宇垣擁立運動に関しては、山本四郎「〝政界の惑星〟宇垣と西原亀三」上・下（『ヒストリア』第九六・九八号、一九八二年九月・一九八三年三月）、中島康比古「『宇垣一成関係文書』に見る宇垣擁立運動」（前掲『宇垣一成関係文書』）を、また同運動に対する民政党側の動向に関しては、井上敬介『立憲民政党と政党改良――戦前二大政党制の崩壊』（北海道大学出版会、二〇一三年）第二章を、それぞれ参照。ほかに、升味準之輔『日本政党史論』新装版第六巻（東京大学出版会、二〇一一年）第一七章、井上寿一『政友会と民政党』（中央公論新社、二〇一二年）Ⅴ・Ⅵ、村井良太『政党内閣制の展開と崩壊一九二七～一九三六年』（有斐閣、二〇一四年）第五章も参照。

(42)『読売新聞』一九三三年一一月一七日、「立憲民政党々報」（『民政』第八巻第一号、一九三四年一月一日）一三七頁を参照。

(43)「政党連合をどう見る?」（『政界往来』四巻一二号、一九三三年一二月）一五〇頁。

(44)前掲、佐々木隆「挙国一致内閣期の政党」六七～七二頁、前掲、坂野潤治「政党政治の崩壊」三八八～三九二頁を参照。

(45)前掲、坂野潤治「政党政治の崩壊」三九〇～三九二頁を参照。

(46)同前、三九四～三九九頁を参照。ほかに、国体明徴運動における政友会内各派の動向に焦点を合わせた研究として、官田光史『戦時期日本の翼賛政治』（吉川弘文館、二〇一六年）第一章も参照。

(47)『芦田均日記』第三巻、一九三四年一二月一三日の条。

(48)『芦田均日記』第三巻、一九三五年三月一九日の条。

(49)同前、一九三五年二月二七日の条。

(50)「政界情報」一九三五年三月二日（「斎藤実関係文書」書類の部二、一四二―三一、リール一七七、国立国会図書館憲政資料室所蔵）。

(51)『芦田均日記』第三巻、一九三五年三月二二日を参照。

(52)『東京朝日新聞』一九三五年一二月二八日。
(53)『芦田均日記』第三巻、一九三五年五月一三日、一七日を参照。
(54)同前、一九三五年五月一三日の条。
(55)同前、一九三五年六月七日の条。この点に関して、当初は政民連携に積極な姿勢を見せていた鳩山がその態度急変させたのは、総裁排斥の悪評を受けることを恐れたためであるという(前掲、小宮京「鳩山一郎と政党政治 1887–1943」五〇頁を参照)。
(56)前掲『西園寺公と政局』第四巻、二六一頁。
(57)重光葵『昭和の動乱』上巻(中央公論新社、二〇〇一年)九一頁。
(58)酒井哲哉「防共概念の導入と日ソ関係の変容」(『北大論集』第四〇巻第五・六号・Ⅱ、一九九〇年四月)、前掲、同『大正デモクラシー体制の崩壊』第二部第三章を参照。
(59)華北分離工作については、さし当たり、島田俊彦「華北工作と国交調整」(『太平洋戦争への道』第三巻、朝日新聞社、一九六二年)を参照。
(60)『芦田均日記』第三巻、一九三五年一〇月七日の条。
(61)「エチオピア問題の重要性」(『報知新聞』一九三五年七月五日、「芦田均関係文書」書類の部一四〇)。
(62)芦田均「エチオピアを繞る国際情勢」(『実業之日本』第三八巻第一九号、一九三五年一〇月一日)三〇頁。
(63)芦田均「伊エ紛争の拡大性」(『外交時報』第七四二号、一九三五年一一月一日)六頁。
(64)『芦田均日記』第三巻、一九三五年一〇月一五日の条。
(65)芦田均「迷走低気圧の欧洲」(『日本評論』第一〇巻第一二号、一九三五年一二月一日)二三頁。
(66)芦田均「伊エ紛争と列強の態度」(『東方公論』第一〇巻第一一号、一九三五年一一月一日)一七頁。
(67)Hitoshi Ashida, "Japan-Soviet Relations In Far East", *The Japan Times & Mail*, October 8 and 9, 1935を参照。ただし、この記事において、日本が連盟による対伊制裁にくわわることまでは言及していない。
(68)『芦田均日記』第三巻、一九三五年一〇月八日の条。
(69)連盟脱退後の連盟派の活動については、樋口真魚「モントルー会議(一九三六年)と日本外務省——国際連盟脱退後における二つの連盟観」(『史学雑誌』第一二二編第一号、二〇一三年一月)、同「国際連盟外交の終焉と連盟派外交官——対連盟関係の模索

と挫折、1933～1937年」(『国際比較政治研究』第二六号、二〇一七年三月)も参照。
(70) 一九三五年七月二四日付在仏国佐藤大使発広田外務大臣宛電報(『日本外交文書』昭和期Ⅱ第二部第四巻一〇八文書)。
(71) 一九三五年一〇月一五日付在仏国佐藤大使発広田外務大臣宛電報(同前一一八文書)。
(72) 一九三五年一〇月一四日付在ジュネーブ横山国際会議事務局長代理兼総領事発広田外務大臣宛電報(『日本外交文書』昭和期Ⅱ第二部第四巻一二六文書)。
(73) 一九三五年一〇月一九日付広田外務大臣発在仏国佐藤大使宛電報(同前一二九文書)。
(74) 一九三五年一〇月二三日付在ジュネーブ横山国際会議事務局長代理兼総領事発広田外務大臣宛電報(同前一三〇文書)。
(75) 一九三五年一〇月二六日付広田外務大臣発在ジュネーブ横山国際会議事務局長代理兼総領事宛電報(同前一三九文書)。
(76) 広田三原則の策定過程については、前掲『昭和の動乱と守島伍郎の生涯』八〇～八五頁を参照。
(77) 前掲、酒井哲哉『大正デモクラシー体制の崩壊』第二部第三章第一節を参照。
(78) 前掲「我外交陣容ノ充実改善ニ就テ」一九三五年三月二二日於外交協会重光次官。濱口學「外務省陣容強化に関して重光次官が昭和十年三月二十二日に行った講演」(『外務省外交史料館報』第一七号、二〇〇三年九月)も参照。
(79) 同前。
(80) 前掲「国際関係ヨリ見タル日本ノ姿」一九三五年八月一日付重光外務次官。
(81) ただし、重光は、日独防共協定について「赤露に対する圧力であると共に又対英親善の裏門である」と述べているように、「防共」に重点を置くことで日独協定と英米との関係改善を両立させようと考えていたことには注意を払う必要がある(「欧洲の政局之に対する帝国の地位」昭和一二年三月一日記、武田知己監修・解説・重光葵記念館編『重光葵・外交意見書集』第一巻、現代史料出版、二〇一〇年、三二頁)。
(82) 吉田茂『回想十年』第一巻(新潮社、一九五八年)四〇～六〇頁を参照。
(83) 一九三六年一二月二五日付在英国吉田大使発有田外務大臣宛電報(『日本外交文書』昭和期Ⅱ第二部第五巻一七〇文書)。
(84) 前掲、ジョン・ダワー『吉田茂とその時代』上巻、一二八～一四七頁を参照。
(85) 芦田均「ドイツの連盟脱退」(『外交時報』第六九五号、一九三三年一一月一五日)七頁。
(86) 芦田均『東亜の現勢と外交国策』(国政一新会、一九三六年)五一頁。

(87) 芦田均「日英関係の考察」(『日本評論』第一一巻第八号、一九三六年八月一日)四五頁。
(88) 前掲、芦田均「迷走低気圧の欧洲」一二一〜一二三頁。
(89) 一九三六年八月一日付在英国大使吉田発有田外務大臣宛電報(『日本外交文書』昭和期Ⅱ第二部第五巻一五八文書)。
(90) 前掲、芦田均『東亜の現勢と外交国策』五一頁。
(91) 前掲、ジョン・ダワー『吉田茂とその時代』上巻、第五章を参照。
(92) 前掲、芦田均「独逸を睨む三人男」三五〇頁。
(93) 日独防共協定締結過程における有田の主導的役割を強調するものに、ゲイロード窪田(片桐庸夫訳)「有田八郎――日独防共協定における薄墨色外交の展開」(『国際政治』第五六号、一九七七年三月)がある。
(94) 『芦田均日記』第三巻、一九三六年一一月一三日の条。
(95) 芦田均「秘密外交の失敗」(『日本評論』第一二巻第一号、一九三七年一月一日)一九六頁。
(96) 芦田均「秘密外交を糺弾す」(『中央公論』第五二巻第二号、一九三七年二月一日)七一頁。
(97) 『西原亀三日記』一九三六年一二月五日、一二日の条。
(98) 「政民両党と外交国策」(『報知新聞』一九三六年八月七日、「芦田均関係文書」書類の部一四〇)。
(99) 『芦田均日記』第三巻、一九三六年一二月二九日の条。
(100) 「立憲民政党々報」(『民政』第一一巻第一号、一九三七年一月一日)一二四〜一二五頁。伊藤隆編『斎藤隆夫日記』下(中央公論新社、二〇〇九年)一九三七年一月一四日も参照。
(101) 『芦田均日記』第四巻、一九三七年一月八日の条。
(102) 『東京朝日新聞』一九三七年一月一〇日。『芦田均日記』第四巻、一九三七年一月九、一〇日、『斎藤隆夫日記』下、一九三七年一月九日も参照。
(103) 『読売新聞』一九三七年一月一八日、『東京朝日新聞』一九三七年一月二〇日。『芦田均日記』第四巻、一九三七年一月一九日も参照。
(104) 佐藤は外相就任に際して、「(1)戦争せず(2)ろしあ《(ママ)》を刺戟せず(3)対支問題等を話す」の三条件を挙げたという(『天羽英二日記・資料集』第三巻、一九三七年三月五日の条)。なお、佐藤外交の転換については、臼井勝美「佐藤外交と日中関係」(前

掲、同『日中外交史研究』所収）、藤枝賢治「『佐藤外交』の特質――華北政策を中心に」（『駒澤大学史学論集』第三四号、二〇〇四年四月）を参照。
(105) 前掲、酒井哲哉『大正デモクラシー体制の崩壊』一四二～一四四頁を参照。
(106) "No Easy Task", *Japan Times & Mail*, March 5, 1937. このほかに、"Sato Diplomacy", *Japan Times & Mail*, March 10, 1937、前掲、芦田均「佐藤外相論」二五四～二六〇頁も参照。なお、佐藤外交に対する一般的な新聞報道の状況については、前掲、臼井勝美「佐藤外交と日中関係」一八七頁を参照。
(107) 「第七〇回帝国議会衆議院議事速記録」第二〇号、一九三七年三月一一日。
(108) 『芦田均日記』第四巻、一九三七年三月一三日の条。
(109) 「第七〇回帝国議会衆議院予算委員会議録」第一七号、一九三七年三月二三日。
(110) 『芦田均日記』第四巻、一九三七年二月五日の条。
(111) 「支那の再認識を語る」座談会（『日本評論』第一二巻第四号、一九三七年四月一日）二〇六頁。
(112) 『芦田均日記』第四巻、一九三七年二月六日の条。
(113) 同前、一九三七年三月三一日の条。
(114) 同前、一九三七年五月一三日の条。
(115) 同前、一九三七年五月二八日、「林内閣倒壊から近衛内閣成立まで」（『政友』第四四二号、一九三七年七月一日）一三～一四頁、「立憲民政党々報」（『民政』第一一巻第六号、一九三七年六月一日）一〇一～一〇二頁を参照。
(116) 『芦田均日記』第四巻、一九三七年五月三一日の条。
(117) "Lungwangmiao Incident", *Japan Times & Mail*, July 10, 1937.
(118) 『芦田均日記』第四巻、一九三七年七月一四日の条。
(119) 増田弘「芦田均――インテリの文人政治家」（渡邉昭夫編『戦後日本の宰相たち』中央公論社、一九九五年）七四頁、五百旗頭真『占領期――首相たちの新日本』（読売新聞社、一九九七年）三三三頁を参照。
(120) 前掲、進藤榮一「解題」三五頁。

補論2　芦田均と『ジャパン・タイムズ』

本章では、芦田と外務省とのあいだの協働と対抗の関係ついて、彼の政治活動を中心に分析した。以下では、一九三三年（昭和八）一月から四〇年一月までのあいだ『ジャパン・タイムズ』の社長を務めた芦田の活動を外務省による対外宣伝との関係から検討することで、本章の内容を補うこととする。

1　芦田均の社長就任と『ジャパン・タイムズ』の経営

『ジャパン・タイムズ』については、一九六六年（昭和四一）に同社役員の長谷川進一氏が執筆した『The Japan Timesものがたり』が詳しい(1)。それによれば、『ジャパン・タイムズ』は一八九七年（明治三〇）に伊藤博文、渋沢栄一らの尽力で創刊された英字新聞で、二年後の九九年に実施される治外法権撤廃による外国人居留民の内地雑居に合わせて、日本人と外国人との意思疎通を円滑にし、相互の理解を深めることを目的として設立された。その後、第一次世界大戦をきっかけに事業を拡大していくなかで政府との関係が深まっていった。とりわけ外務省との関係は深く、財政的に苦しい経営がつづいた『ジャパン・タイムズ』は同省から多額の補助金を受けるようになり、一九二四年（大正一三）には田中都吉元外務次官を社長に迎えるなどした。その結果、同紙は日本の対外宣伝紙としての性格を強めていき、満洲事変勃発以後には欧米に対して日本の対中政策を宣伝する広報紙としての役割を担ったとされる(2)。

芦田が『ジャパン・タイムズ』の社長に就任する経緯について、『The Japan Timesものがたり』は詳細に述べていないが、『芦田均日記』を参照することである程度再現することができる。(3)そもそも芦田が『ジャパン・タイムズ』の経営に関心を示すようになったきっかけは、一九三二年九月七日にタイムス出版社社長の小野俊一(4)から相談を持ちかけられたことによる。小野から相談を受けた芦田は同紙の経営に乗り気であったが、自らが引き受けることには躊躇があった。財政状態の悪化している『ジャパン・タイムズ』を引き受けるためには相当の財力を必要としたためである。そこで同月二八日、芦田と小野は陸奥広吉を社長として擁立することに決めた。周知のように、広吉は陸奥宗光の長男で元外交官であり、実弟には古河市兵衛の養子として古河鉱業の経営者となった潤吉がおり、(5)教養の面からも資金力の面からも『ジャパン・タイムズ』の社長として申し分のない人物であった。

陸奥の擁立を決めたのち、小野が実際に陸奥引き出しの役割を担う一方で、芦田は『ジャパン・タイムズ』の企業会員への根回しをおこなった。一一月一日に志立鉄次郎（元日本興業銀行総裁・日本勧業銀行参与理事）、同月一〇日に米山梅吉（三井銀行取締役・三井信託社長）、一九日には松方幸次郎（元川崎造船社長）と樺山愛輔（元国際通信社長・元日本製綱所会長・元十五銀行理事）に相談している。彼らは企業会員のなかでも購読料のかたちで年間五〇〇〇円の補助金を支払う有力企業の関係者であり、同紙の再建には欠かせない財界人たちであった。(6)

またこの間の一一月二日には陸軍省と外務省を訪れている。陸軍省では新聞班長の本間雅晴大佐の立ち会いのもとで軍事調査委員長の谷寿夫少将と、外務省では内田康哉外相以下有田八郎外務次官、白鳥敏夫情報部長とそれぞれ「Times の話をした」。一九一六年以来外務省からは年額五〇〇〇円の補助金を受けており、(7)とくに同省の同意は重要であったと思われるが、日記には特段の記述はなく話は順調に進んだと推測される。

しかし、陸奥社長擁立による『ジャパン・タイムズ』の再建という芦田と小野の計画は失敗に終わった。肝心の陸奥に社長就任の意思がないことが明らかになったためである。一一月二三日、芦田は鎌倉の陸奥のところへ「Japan

Times の話に行つたが一向飛ついて来ない」ため、「Times の件頓挫」となったのである。

ところが、事態は思わぬかたちで好転する。一一月二五日、芦田が陸奥の社長就任拒否の顛末を報告するために外務省を訪問すると、情報部長の白鳥が芦田自身に『ジャパン・タイムズ』の社長を引き受けるよう「encourage して是非やれ」と勧めたのである。同日午後、芦田は内田外相と有田次官の意向を慎重に確かめたうえで、「大体 favorable であつたので大に勇気を出」し、「これで外の何人をも舁ぐ必要ハない。自分でやる積りだ」との決意を固めた。その後一二月一四日に自らを社長とする改革案を外務省に提出、一七日には同省とのあいだで合意に達した。そして三一日、新旧社長交代挨拶がおこなわれ、翌年一月一日をもって芦田は『ジャパン・タイムズ』社長に就任した。

ところで、以上のような社長交代の経緯について、駐日イギリス大使館は次のような報告を残している。すなわち、『ジャパン・タイムズ』はここ一年かそれより以前に外務省や陸軍省からの援助が打ち切られたために経営状態が悪化し、紙面の質も著しく低下していた。同紙は当局の論調を取り入れることで再び援助を得ようとしたが、叶わなかった。そこでこうした状況を打開するために今回の経営陣の交代がおこなわれたのであろう、というものである(8)。実際には、この補助金打ち切りと社長交代は、『ジャパン・タイムズ』の実質的な経営者で副社長主幹の芝染太郎の追い落としをねらった外務省の工作であったようである。外務省は、思い通りにならない芝に手を引かせ、同紙の実効支配を回復しようと目論んでいたという(9)。要するに、芦田の社長就任の背景には、『ジャパン・タイムズ』を完全に支配したい外務省と再び同省から補助金を引き出したい同紙の思惑がそれぞれ働いていたのである。

こうして芦田の社長就任とともに外務省からの補助金は復活し、年額にしておよそ三万円が支給されるようになった(10)。もっとも、それでもなお『ジャパン・タイムズ』の経営は苦しかった。芦田の社長就任時における同紙は毎夕八頁から一六頁の紙面を発行するとともに、月曜日には海外号として一週間内の重要記事を採録したものを海外在住の日本人や外国人に向けて発送していた。購読料は一ヶ月二円五〇銭で、一インチ当たり四円の広告料収入が得られるほか、中高等学校の英語教材の販売もおこなっていた[11]。だが、発行部数はおよそ四〇〇〇部に過ぎなかった[12]。そもそも読者層が英語を理解する日本人と在留外国人に限られるため、英字新聞は事業として成り立つものではなかったのである[13]。

それゆえ、芦田は、毎月のように同紙の資金繰りのために借金に奔走しなければならなかった。たとえば一九三四年の『芦田均日記』を見てみると、七月二八日に当月分の社員の給与を支払うために、波多野春房（大日本連合火災保険協会）から五〇〇〇円を借り受けている。波多野への返済については翌月二五日に第一銀行から、二九日に川崎第百銀行と日本興業銀行からそれぞれ借り受けた合計九〇〇〇円が充てられ、社員の給与はその残額から支払われた。九月二六日には再び波多野から三〇〇〇円を借り受けて川崎第百銀行の返済に充てるとともに、その場で改めて全額を借り直して社員の給与を支払った。八月末の第一銀行の借金は一〇月一八日に三井信託からの借金で返済できたものの、二日後には再び同行から三〇〇〇円を借り受けており、九月末に借り直した川崎第百銀行の借金については一〇月二六日に自身が論説委員を務める報知新聞から融通してもらうことで返済、この月の給与の支払いは藤田平太郎（藤田組）からの借金であった。一一月もほとんど同様であり、給与の支払いのため二七日に報知新聞と波多野からそれぞれ六五〇〇円を借り受け、一二月は月末の二九日に川崎第百銀行、第一銀行、波多野を訪れて、返済の猶予を懇請しなければならないといった有様であった。

このように『ジャパン・タイムズ』の経営はまさに自転車操業であり、しかもなお一九三四年の欠損は一万五〇〇〇円にのぼった[14]。こうした状況は一九三五年、三六年でもほとんど変わらず、政治家としても活動する芦田にとって同紙の経営は大きな負担であった。

しかし、それにもかかわらず、芦田は『ジャパン・タイムズ』を投げ出そうとはしなかった。芦田は、主筆の新渡戸孝夫とともに編集業務に携わり、社説も新渡戸に任せることなく自らが執筆することもあった。しかも、病気がちの新渡戸は次第に出社することが難しくなり、一九三四、三五年ごろには社説の執筆や編集業務を芦田が一手に引き受けるようになった。三五年一〇月に新渡戸が死去したのち、翌年一月に編集局長として新たに城谷黙を迎えて芦田の仕事も落ち着いたようであるが、それでも社長を退任する三九年末までのあいだほぼ毎日のように出社して業務をこなした。「外交を建直す」ために政党政治家となった芦田は、政治家としての活動と同じくらい熱心に『ジャパン・タイムズ』の事業に取り組んだのである。

2　満洲事変期の『ジャパン・タイムズ』

満洲事変勃発以後の新聞メディアが軍部に追随し、さらにはこれを積極的に支持するようになったことはよく知られている。新聞各社は戦争に便乗して国民のナショナリズムを煽り、部数の拡大を目指したのである。一方、軍部は新聞をはじめとするメディアを統制し、世論誘導のための宣伝工作に利用した(15)。

これに対して『ジャパン・タイムズ』は、どのような報道姿勢をとったのだろうか。本項では、芦田が社長となった一九三三年一月から日中戦争がはじまる三七年七月までの同紙の社説について、外交問題を中心に検討する。

一九三三年一月一日、『ジャパン・タイムズ』の社長に就任した芦田は、「ジャパン・タイムズは独立不羈、不偏不党の道を追求する」と題した記事を執筆し、次のような方針を掲げた。「独立不羈とは報道や意見表明のなかに潜む隠された動機に左右されないこと、不偏不党とは中道、すなわち妥協ではなく穏健中正、を目指すことである……

ジャパン・タイムズは立憲政治を支持し、また極端な急進主義や反動主義に対して漸進的な進歩主義を支持する……ジャパン・タイムズは先頭を切って国際理解を進めていかなければならないし、またさらに重要なこととして正義の主唱者でなければならない(16)」。

このように芦田は、「独立不羈」と「不偏不党」を掲げながらも、対内的には復古的な国粋主義や革新的な急進主義に反対する立場を明確にし、対外的にも単純に日本の正当性を主張するのではなく、国際協調の重要性を訴える立場をとった。だが、一九三三年時点における日本の国際的な立場は苦しくなっていた。満洲国の承認に踏み切った日本とこれを否定するリットン報告を支持する国際連盟との溝は埋まらず、日本と連盟の衝突は避け難い情勢になっていたためである。また、こうした情勢を受けて、同年一月下旬から国内新聞各社では連盟脱退のほかなしとの声が強まっていた。

これに対して『ジャパン・タイムズ』の論調は、事変によって生じた既成事実を擁護する一方で、排外主義へと傾く国内世論の鎮静化を図り、連盟脱退反対を貫くものであった。たとえば、連盟において「十九人委員会」がリットン報告を基礎とした勧告案の起草に着手したのちの一月二五日の社説では、欧米諸国が日本のファシズム化と大陸への膨張に懸念を抱いていることに理解を示しつつも、「海外からの圧力が、この国をリベラルな方向へと持っていく、あるいは民主主義によって軍部を牽制する力を台無しにしてしまう」として、連盟や欧米諸国が事変に介入することで国内世論の反発を生み出し事変の収拾が困難になると訴えた(17)。また二月九日の社説では、「海外の目から見れば、満洲事変以来の日本の態度は逸脱であるかもしれないが、それは連盟がほとんど何もなし得ない地域における現状がそのような態度をとらせたのである」と述べてリットン報告に対する日本政府の立場をくり返す一方で、「日本の政策は脱退ではなく、協力にある」として連盟脱退へと傾く国内世論を食い止めようとした(18)。さらに同月一四日に「十九人委員会」においてリットン報告を基礎とする勧告案が採択されたのちには、連盟脱退の可能性に触れながらも、「武士道における自制心こそ肝要である。それ以外の態度は大国らしくない」として過剰な反応を戒める社説を掲載した[19]。

しかし、二〇日、日本政府は勧告案が総会において採択された場合には連盟脱退に踏み切るとする閣議決定をおこない、二四日に開かれた総会において実際に勧告案が採択されると、日本代表団は議場から退場、翌月二七日に日本は正式に脱退を通告した。

こうしたなかで、『ジャパン・タイムズ』は、連盟脱退後も連盟の枠組みを完全に否定するわけではなく、東アジアにおける多国間協調の枠組みを維持するという立場へと移行した。連盟脱退に関する閣議決定後の二月二二日には、「根本的な問題や原則において連盟と日本とのあいだに相違はない。ジュネーブも東京も極東における平和の維持という共通の目的を持っている」と述べ、「内田伯がくり返し言及しているように、日本の基本的な政策は、中国・ソ連・アメリカといった隣国とともに平和政策を確立することにある」と論じた[20]。また、三月六日には芦田自らの署名記事を掲載し、「A．中国における中央政府の確立のための国際的援助の枠組み、B．ソ連・中国・満洲国・日本・アメリカを含む太平洋問題に利害関係を持つ国々の間で仲裁裁判条約を締結すること、C．最近ジュネーブ会議で日本によってなされた海軍軍縮の提案」を議題として東京において国際会議を開催すべきであると論じ、「そのためには外交的な準備が必要であるが、日本国民の目を覚ますための運動を展開することも重要である」として、連盟脱退を熱烈に支持する世論に冷静さを取り戻すよう求めた[21]。

このような主張は、東アジアにおける多国間協調の枠組みを重視し、その再構築を求める芦田の「極東ロカルノ」構想を反映したものであった。同時期の芦田は『外交時報』をはじめとする雑誌メディアにおいて「日・満・露・支の四箇国の間に相当長期に亙る不侵略条約を結び、これによって極東の平和と安定を期せんとする」という「極東ロカルノ」構想を提唱していたが、[22] 同構想は満洲事変によって動揺したワシントン体制を修復しようとする試みの一つとして位置づけられるものであった。実際、前述の三三年三月六日の署名記事のほかに四月一六日の「太平洋ロカルノ」と題する社説では九カ国条約の締約国にソ連をくわえた多国間の枠組みを提唱し、[23] 翌年一月一日の「一九三四年における日本の外交政策」と題する署名記事でも日・満・ソ・中の枠組みの必要性を説き、最終的には英米を含めて関係修復を目指す提案をおこなっている。[24]

また、こうした多国間協調の枠組みを重視する観点から同紙は、外務省の方針を婉曲的に批判することもあった。たとえば、一九三四年四月一七日に情報部長の天羽英二が非公式談話として東亜モンロー主義的な日中提携の方針を発表して問題化した際には、天羽自身の釈明を掲載する一方で、[25]「極東における法と秩序を支えるための原則が欠如していることを長々と説明する必要はない。むしろ日本のいわゆる『特殊の地位』は決して法的な意味における特殊の関係を示すものではないという方がよい。国際法や関係国との諸条約の観点から見ても、日本は中国に何らの特権を有するものではない」とする社説を掲載している。[26] このほかにも東亜モンロー主義に対して、「『日本のモンロー主義』という用語に関して、何よりも注意しなければならないのは、それが何らの歴史的慣習や法的正当性をともなうものではなく、不正確に使用されている」点であると論じて、同主義を東アジアにおける日本の覇権を正当化する論理として用いる風潮を批判した。[27]

もっとも、このような『ジャパン・タイムズ』の論調は、外務省の方針と真っ向から対立するものではなく、当該時期に進められていた対外関係の修復を目指す外務省の取り組みを後押しする側面もあった。たとえば、前述の三三年四月一六日の社説は日本政府が六月に開催予定のロンドン世界経済会議に向けたワシントン予備交渉の招請を受諾したことに合わせて掲載されたものであり、そのなかで同予備交渉が「太平洋の平和と世界経済の回復に必要不可欠な安心感を作り出す重要な一歩になる」と論じているのは、交渉に際して経済問題だけでなく、政治問題についても話し合う用意があることを伝えるものであった。[28] また同月二九日と五月四日の社説において、日満両軍は満洲国の安全を確保すれば長城線に沿って引き揚げるであろう、[29] 日満両国の基本政策は門戸開放と機会均等にあり、ほかの国々がこの点を心配する理由は見当たらない、[30] と論じているのも、予備交渉に向けて満洲問題に対するアメリカ世論の懸念を払拭しようとするものであった。

こうした外務省を援護する論調は、北満鉄道買収交渉の際にも見られる。一九三三年九月に外相に就任した広田弘毅は、対ソ関係改善の一環として同年六月からソ満間で開始されていた北満鉄道買収交渉に積極的に取り組む姿勢を見せた。交渉開始当初は五億七五〇〇万円もの開きがあった買収価格をめぐるソ満両国の隔たりは、広田の仲介もあって三四年七月には四〇〇〇万円にまで縮まった。そうしたなかで『ジャパン・タイムズ』は、「極東の平和を維持することは四〇〇〇万円よりもずっと価値がある。われわれは、両国に対して極東の平和を促進するという目的のために物質的あるいは利己的な目的は忘れて、この問題の解決に努力するように心から忠告したい」と述べて広田の仲介を支持する論陣を張り、[31] 買収価格を一億四〇〇〇万円として交渉妥結の見通しが明らかになった九月二六日の社説では、「今回の合意は交渉に参加した三カ国が極東の平和を心の底から考えていることを示すものであ」り、「極東における平和を願う勢力に力を与えた」と述べて広田の尽力を賞賛した。[32]

このように、満洲事変さなかの『ジャパン・タイムズ』は対内的には国民に冷静な対応を求め、対外的には満洲における日本の行動を連盟規約やワシントン体制の枠内にあるものとして説明し、欧米諸国の理解を求める弁明をおこなった。その後、塘沽停戦協定によって事変が一応の解決をみると、対外関係の修復を模索する外務省の取り組みを後押しする積極的な主張を展開した。東アジアにおける多国間協調の枠組みを重視する芦田と東亜モンロー主義的な日中提携を目指す外務省とのあいだには政策的なずれが存在していたが、欧米諸国との関係修復を目指す点で両者は一致していた。一九三五年一月二五日の第六七議会において質問演説に立った芦田に対して、広田が「私の在任中に戦争は断じてない」と応じたことはよく知られているが、これを受けて『ジャパン・タイムズ』は「広田氏の声明がこれまでのどの外相よりもありのままで率直なものであ」り、「日本全体の希望と確信を表現したものといってよい」と述べてこれを大々的に報じているのは、このことを象徴する出来事であった。(33)芦田は、外務省と協働しながら同省の取り組みを国内外に発信する役割を担ったのである。

ところが、同年五月を境にして出先陸軍が華北分離工作に着手すると、その圧力の前に外務省はこれを容認する態度を示し、『ジャパン・タイムズ』は再び苦しい弁明を強いられるようになった。梅津・何応欽協定締結後の六月一五日の社説では、「日本が『もう一つの傀儡国家』を建設しようとしているとか、華北を併合しようとしているといった懸念が表明されている。しかし、そのような懸念は事実ではなく空想にもとづくものである」と述べて日本の侵略を否定し、「日本の根本的な政策は中国と日本と満洲とのあいだに恒久的な平和を維持すること」にあるとして、華北における日本の行動に対して欧米諸国の理解を求めた。(34)

また同月一七日にアメリカのウィリアム・キング（William H. King）上院議員が中国における日本の行動を不戦条約に違反しているかどうか調査すべきであるとする決議案を提出すると、「華北の事態は一滴の血を流すことなく、日中双方に何のしこりも残さずに解決された」と述べて改めて日本の正当性を訴える一方で、「海外では誇張されて報道されるため他国において好ましからざる反応は少なからず生じるし、誤解を生むことがある」として国内に対しては過剰な反発を示さないよう自制を促した。(35)そして土肥原・秦徳純協定の締結によって危機が収束した二九日の社説は、華北やチャハルにおける日本軍の行動は日満議定書にもとづく自衛の措置であり、それ以上の行動に出ることはないとの見解を示すとともに、「日本の政策は広田弘毅外相によって表明された不脅威、不侵略の原則に従う」と述べて、今後はそうした土台に立って日本と中国さらに欧米諸国は互いに協力することができるだろうと論じた。[36]

しかし、九月に入ってイギリス政府財政顧問のフレデリック・リース＝ロス（Sir Frederick Leith-Ross）が中国の幣制改革に着手したことで、これに反発する出先陸軍が再び華北工作に乗り出したため、『ジャパン・タイムズ』の弁明はさらに苦しくなった。同月二四日の多田駿天津軍司令官の華北五省における自治推進の談話を受けて、二八日には、「華北において満洲国の安全を脅かす活動がおこなわれている現状は容易ならざる事態であ」り、「そのような非難すべき活動が継続していることに無関心ではいられない」として日本の行動を正当化する一方で、自治運動は「蔣介石将軍と彼の政府が直面している中国の完全な統一に対して、日本人が深い同情の念を持っていないということを意味するものではない」とする社説を掲載した。[37]また一〇月に入って香河県の農民暴動を鎮圧するために派遣された中国軍を天津軍が阻止する事件が発生すると、中国軍の派遣阻止は同県が塘沽停戦協定にもとづく軍隊の立ち入り禁止区域に当たるからであって、「河北省の問題には干渉しないというのが日本の政策である」として、出先陸軍が暴動に関与しているという噂を否定した。[38]

だが、一一月四日、イギリスの支援を受けて国民政府が幣制改革を断行すると、関東軍は自治工作を本格的に展開し、同月二五日に冀東防共自治委員会が、翌月一八日に冀察政務委員会がそれぞれ成立した。これに対して『ジャパン・タイムズ』は、「これまで日本は中国に対する領土的野心など持っておらず、中国政府との間に友好的な協力関係を求めていると何度も表明してきた」としながらも、[39]「中国の統一に関する国際的な約束に加わっていたかつての日本と華北五省の自治に同情のまなざしを向ける現在の日本とのあいだにはいかなる矛盾もない。どちらも本質的には中国の人々の幸福に対する深い関心を現したものであり、それなしには極東の恒久的な平和などあり得ない」と論じた[40]。ついに同紙は、中国の内政不干渉や政治的統一を守るというそれまでの説明を大きく踏み越える社説を掲載せざるを得なくなったのである。

とはいえ、『ジャパン・タイムズ』は華北工作を単純に追認したわけではない。同紙は「極東ロカルノ」構想を提唱するとともに、華北工作によって戦争の危険性まで指摘されるようになった対ソ関係の改善を求める社説をくり返し掲載した。たとえば、一九三五年一〇月八、九日に芦田の署名記事として日・満・ソの国境に沿って中立地帯を設置する案を公表し[41]、翌年四月四日には広田内閣の外相に就任した有田八郎に対して対ソ関係の改善と日ソ不可侵条約の締結に向けた努力を要望する社説を掲載しているほか[42]、同年九月一四日にも重光葵が駐ソ大使として赴任するのに合わせて日ソ不可侵条約の締結を促す社説を掲載した[43]。『ジャパン・タイムズ』は華北工作の弁明に努める一方で、これ以上の事態の悪化を何とか食い止めようとしていたのである。

ところで、以上のような『ジャパン・タイムズ』の論調は、欧米諸国のなかでどのように受けとめられたのだろうか。この点に関して、駐日イギリス大使館の一九三三年の年次報告は次のように記している。「日本の英字夕刊紙である『ジャパン・タイムズ』については、昨年の報告において経営者の交代と、非常にナショナリスティックな見方をとることに言及したが、言葉のうえでも編集のうえでも紙面に大きな変化はな」く、「イギリスの地方紙の水準にすら満たない」[44]。

しかし、こうした低い評価にもかかわらず、イギリス外務省は決して『ジャパン・タイムズ』を軽視していたわけでなかった。なかでも同紙の対ソ協調論は、イギリス外務省の関心を集めた。日ソ均衡によって日本の膨張を抑制しようとしていた同省にとって[45]、日ソ接近による日本の南進は最も懸念される事態であったためである。実際、駐日イギリス大使館は同紙の社説を根拠として日ソの政治的接近があり得ると報告し、報告を受けた本省極東部のサイモン・ハーコート＝スミス（Simon Harcourt-Smith）は、「ソ日関係の真の改善は、われわれを心地よくしてくれるものではないかもしれない。もし、日本が現在のロシアは攻撃するには強すぎると考えているならば、拡大の矛先はおそらく南方へと向うだろう。その場合、この地域における、とりわけ中国におけるわれわれの利益は縮小過程に陥り、中東鉄道と同様の結果になるだろう」との見解をまとめている。(46) また、これにチャールズ・オード（Charles Orde）部長やアレクサンダー・カドガン（Sir Alexander Cadogan）外務次官補も目をとおし、最終的にはロバート・ヴァンシタート（Sir Robert Vansittart）外務次官が「とても興味深い、と同時に―ハーコート＝スミスが述べるように―〔ソ日の関係改善は〕不安を掻き立て得る」と記して同意している。(47)

もっとも、イギリス外務省の懸念は杞憂に過ぎなかった。華北工作後の外務省は、排日運動の停止と満洲国の承認、共同防共の三つの要求を対中交渉の前提とする広田三原則を策定し、欧米諸国に対してもソ連共産主義の脅威に共同で対処することを掲げて関係修復を図る防共外交を基本方針としていたからである。これに対して芦田は、防共外交に懐疑的であり、『ジャパン・タイムズ』は、外務省の方針とは異なる独自の主張を展開していたのである。

ただ、ここで注目しておきたいことは、一つには『ジャパン・タイムズ』が現実の外交に影響を与えていたという点である。本省への報告に際して駐日イギリス大使館が「『ジャパン・タイムズ』は外務省と密接な関係にあり、その思考を『かわいらしいはかない希望』とか、現実政治の埒外にあるものとして片付けることはできない」と強調しているように、(48) その影響力は外務省との関係によるところが大きかった。

また注目すべきいま一つは、外務省が『ジャパン・タイムズ』に対してある程度自由な論調を許容していたという点である。多国間協調の枠組みを重視する芦田と東亜モンロー主義的な日中提携路線を追求する外務省とのあいだにはずれが存在しており、『ジャパン・タイムズ』がしばしば独自の主張を展開したことは、すでに指摘したとおりである。しかし、外務省は同紙の社説を差し止めようとはしなかった。このことは、外務省が欧米諸国との関係修復に役立つ限りにおいて、満洲事変以後の日本の対外行動をワシントン体制と整合的に説明したり、さらには事変によって動揺した同体制を修復すべきであると説く『ジャパン・タイムズ』の外交論を有用なものと認め、そうした論調を主導する芦田もまた有用な存在と認めていたことを示している。一方、芦田も外務省との関係を利用しながら『ジャパン・タイムズ』で自説を展開し、これを現実の外交に反映させようとねらっていた。芦田と外務省は政策志向のずれを抱えながらも、欧米諸国との関係修復に向けて協働関係にあったのである。

だが、防共外交の進展とともに両者の協働関係には綻びが生じはじめる。防共外交が現状打破を掲げるドイツとの接近を促し、欧米諸国との関係修復とは相反する結果を招くことになったためである。日独防共協定締結後の『ジャパン・タイムズ』は、共産主義の撲滅が日本にとってどれほどの利益になるのか理解しにくい[49]、あるいは同協定の国際的な影響は政府の予想とは異なり、英米やそのほかの国々との関係を傷つける恐れがあると指摘し[50]、ついには広田内閣は「現在の日本を覆っている深刻な状況に何一つ対処できていないように思われる」として直接的に政府を批判する社説を掲載するまでに至る[51]。

そして日中戦争が勃発すると、芦田と外務省の協働関係は完全に破綻する。戦争勃発を受けて、外務省はワシントン体制の否定とこれにかわる東亜新秩序の建設を唱えて、東アジアからの欧米諸国の退場を求める外交方針へと転換していくことになるからである。次項では、日中戦争勃発以後の外務省の政策転換に留意しながら、当該時期の『ジャパン・タイムズ』について検討する。

3　日中戦争下の『ジャパン・タイムズ』

一九三七年七月七日、北京郊外の盧溝橋で日中両軍による武力衝突事件が発生した。事件直後の『ジャパン・タイムズ』は、「極東における恒久的な平和のためにも、日中両国政府には事件拡大を抑制するための献身的な努力を熱望する」との社説を掲載した。(52)しかし、そうした期待は裏切られ、盧溝橋事件は日本と中国の全面戦争へと発展した。

日中戦争の勃発は、『ジャパン・タイムズ』の経営にとって一つの転機となった。同紙は一九三五年に資本金一八万円の株式会社に改組されたが、日中戦争勃発後の三八年には二二万円、翌年には三五万円に増資された。(53)また三八年九月から雑誌型の週刊誌『ジャパン・タイムズ・ウィークリー』が新たに発行され、三九年度における外務省からの補助金は一二万円にまで引き上げられた。(54)外務省は、「『ジャパン、タイムス』の指導に関しては特に対外宣傳上之か積極的利用の緊要なる事態に鑑みて日刊紙の改善」が必要と判断し、(55)同紙の経営に本格的に介入するようになったのである。

一方、日中戦争の勃発によって芦田自身も日本の対外宣伝に深く組み込まれていった。芦田は戦争勃発を受けて発足した内閣情報部の参与に選任され、(56)さらに日中戦争における日本の立場を諸外国に説明するための国民使節の一人に選ばれた。芦田は、外務省の宣伝工作の一環として一九三七年一〇月から翌年二月までの約四ヶ月にわたって欧米一六カ国を訪問し、日本の正当性を訴えた。(57)

しかし、この国民使節の旅をきっかけとして、芦田と外務省の政策志向のずれは大きく広がっていった。使節の旅で直接欧米の空気に触れた芦田は、連盟に対する信頼が失われていないことを認識し、欧米諸国とりわけ英米との関係修復のためには日本が連盟規約や九カ国条約といった多国間協調の枠組みに復帰することが必要であるとの考えを再確認するようになったからである（第四章第一節）。

これに対して、日中戦争勃発後の外務省では九カ国条約のような多国間の枠組みを打破しようとする空気が強まっていた。一九三八年一一月三日に第二次近衛声明として「日満支」による東亜新秩序の建設が宣言されると、同月一八日に外務省は、「事変前の事態に適用ありたる観念乃至原則を以て其の儘現在及今後の事態を律せんとすることは何等当面の問題の解決を齎す所以に非さるのみならす又東亜恒久平和の確立に資するものに非さること」をアメリカに告げ、新秩序がワシントン体制への復帰を拒否するものであることを明らかにした[58]。

しかも、外務省のなかでは新秩序の建設のために現状打破を唱える独伊との提携を求める革新派の存在感が増していた[59]。日中戦争が長期化の様相を呈するなかで、陸軍では中国を支援するソ連や英米を牽制するために防共協定を軍事同盟に強化しようとする主張が強まり、革新派はこれに同調するようになっていたのである。

こうしたなかで外務省が『ジャパン・タイムズ』への介入を強めると、芦田と同省とのあいだには軋轢が生じるようになった。たとえば、「Times の Leader を作るのに大苦心を要する。殊に外務省から来る日本文と来てはかなり下らぬ代物ばかり[60]」といった日記の記述は、両者のあいだのずれをよく表している。また、「小僧のような属僚が、其時々の思付きで Times を御用商人の如く扱ハんとする。それを Fight して行くんだ[61]」、あるいは「此頃の記者達の迎合的な意気地のなさを思ふと、本当の記者気質を忍バざるを得なくなる[62]」と記しているように、芦田は外務省の介入に強く反発した。

こうして外務省からの介入とこれに反発する芦田の主張とがぶつかるようになり、『ジャパン・タイムズ』の論調は統一性を欠くようになった。たとえば、一九三八年五月以来ヨーロッパの危機を醸成してきたズデーテン問題について、同紙の立場は定まらなかった。九月一二日のニュルンベルクにおけるアドルフ・ヒトラー（Adolf Hitler）の演説を受けて掲載された社説は、「日本は危機に直面するドイツに対して事実上の支援を与えるだろう」と述べて[63]、ドイツへの支持をはっきりと打ち出したものであった。また二〇日の社説も、ズデーテン問題はコミンテルンの策動であると非難し、独伊との提携の必要性を訴えるものであった[64]。

ところが、二七日には一転してドイツへの支持に消極的な社説が掲載された。ドイツの要求は容れられるかもしれないが、「この危機によって生じた苦い感情を消し去るには時間がかかるだろう」と論じたのである[65]。これは、ズデーテン問題をコミンテルンの陰謀と捉えて、ドイツを支持するとした一四日の河相達夫情報部長の談話について、「誰が本氣にきくものか。狂でなけれバ信用しやしない。Sudeten 問題を全く知らない者の云ふ事だ」として[66]、芦田がまったく受けつけなかったためであった。芦田は、陸軍に同調して独伊との提携を説く革新派に対して、「徒らに眼前の問題に支配されて熟慮を欠き、力の強い者に引きづられてゐる。それが軽率とも、不注意とも、職務怠慢とも云ハれるのである。氣分が悪い事此上ない」というように[67]、強い不満を持っていたのである。

さらに、こうした芦田と外務省とのずれから生じる社説の混乱は、中国問題についても見られる。一九三八年五月二日の日英海関協定の成立を踏まえた同月四日の社説は、「イギリスが日支事変の初期に見せた態度を変更し、現実主義の外交に向けた言動を示したことをわれわれは歓迎している」と論じ[68]、六月二日には、「イギリスはいつまで蔣介石を支援するのだろうか」、「それは中国におけるイギリスの利益を守ることはもちろん促進するためのよい方法とは思われない」として、イギリスに対して援蔣政策の放棄を求める社説を掲載した[69]。その後七月から開始された宇垣・クレーギー会談が行きづまりを見せていた九月一〇日には、「イギリスにとっての中国問題は投資と貿易の問題かもしれないが、日本にとってのそれは国家的存亡のかかった死活的な問題である。それゆえ、すべての国民は東アジアの平和と自らの生存のためにいかなる犠牲と損害を払ってでも最後まで戦い抜くことを決意している」といった強硬論を主張し(70)、交渉の決裂後の一〇月一六日の社説ではズデーテン問題における対独宥和を持ち出して、「西洋諸国には中国問題に対してチェコスロヴァキアの問題と同様に実際的で現実的な方法を適用させよう、そうすれば問題が複雑化することもなく、むしろより速やかに解決する」と論じた(71)。

だがその一方で、八月一六日の社説は、「日中経済提携という古い考えを再検討すると、そうした主張が中国の市場的価値を正しく見積もっているかどうか疑わしい」、中国市場の独占は「日本の実業界の重荷となるだろう」と論じ(72)、暗に門戸開放や機会均等原則を維持することに肯定的な見解を示した。また東亜新秩序声明を受けた一一月一二日の社説も、門戸開放や機会均等原則に言及したうえで、それらが前提とする「中国の情勢が変化したことをアメリカや諸外国は認めなければならない」としつつも、「しかしそれは一時的なものであり、その苦痛も過渡的なものに過ぎない」と論じた(73)。その趣旨の一つが、英米は現在の戦闘行為による門戸開放や機会均等原則の侵害を容認せよという点にあったことは間違いないが、他方でその力点が新秩序それ自体は九カ国条約の諸原則に反するものではないという点に置かれていたことは明らかであった。芦田は、新秩序とワシントン体制を両立可能なものとして説明しようとしたのである。

こうした論調は、一九三九年三月二四日の芦田の署名記事においてより鮮明に打ち出されている。すなわち、「たとえ日本がイギリスやアメリカあるいはその他の第三国に貿易と通商の自由を認めたとしても多くを失うことはない」、したがって中国における「第三国の商人の利益をできる限り尊重すべきである」。「満洲国の独立を承認すること、華北における資源開発と原料獲得に関する日本の計画に同情を持つこと」という二つの条件と引き換えに、「日本はアジアにおける第三国の領土の現状維持を再確認すべきある。中国に対しても同様に領土的統一を保障すべきである」。「これは経済的協力の基礎であるだけでなく、現在熱狂的に進行しているイギリスやアメリカの海軍拡張を抑制する基本的条件であ」り、「海軍軍縮は重要な問題である」[74]。この記事のなかで、「昨年一二月二二日の近衛声明を見ればこれらのことは明白である」と述べているように、芦田の主張は、第三次近衛声明[75]のなかの「日本は何等支那に於て経済的独占を行はんとするものに非ず」、「第三国の利益を制限するが如きことを求むるものに非ず」、また「日本は支那の主権を尊重する」といった文言から、中国における領土保全や門戸開放、機会均等といった九カ国条約の諸原則との一致を見いだし、東亜新秩序をワシントン体制の枠内で読み替えようとするものであった。

しかし、そのような芦田の解釈は、ほとんど曲解ともいえる強引なものであった。なぜなら、同声明のなかの「抗日国民政府の徹底的武力掃蕩」や「日本軍の防共駐屯」、「内蒙地方を特殊防共地域とすること」といった条件をまったく無視していたからである。芦田がこれらの条件を知らないはずはなく、それは意図的におこなわれたものであったと推測される。芦田は、外務省からの介入を回避しつつ自説を展開するために、このような強引な立論をおこなったのである。

一方、こうした日中戦争勃発後の『ジャパン・タイムズ』の内情とその論調について、駐日イギリス大使館は正確に捉えていたように思われる。たしかに、一九三八年九月に作成された日本国内における英字新聞に関する報告書は、「『ジャパン・タイムズ』は日本政府によって支配されており、おそらく援助も受けている」、同紙は「完全に宣伝の目的で発行されているまずい新聞である」と指摘している[76]。しかし他方で、かねてより芦田の記事に注目していたジェイムズ・ヘンダーソン（James Henderson）一等書記官は[77]、三九年二月に芦田と会見した模様を次のように報告している。「芦田氏は『穏健派』の一人で、もちろん彼の見解の多くは現在の軍部によく思われていない。彼は会話において穏健だが、新聞においては極端な記事を書くことがある。それは現状において新聞記者は最も不愉快な職であるといわしめたことからわかる。問題を両面から捉えたとしても、片方の面しか発表することを許されないのである」[78]。さらに、『ジャパン・タイムズ』に前述の三月二四日の署名記事が掲載されると、「それは不合理な論調のものではなく、また単に外向けでなく、国内の読者に向けて書かれたものとして幾分興味深いものである」として[79]、大使館側は本省に同記事の検討を促すこともあった。

だが、芦田を「穏健派」として持ち上げる大使館の報告に対して、本省は冷ややかであった。大使館が検討すべきとして送付した署名記事に対する本省極東部の反応は、「部分的には上出来の試みであり、偏ったものではない」というたった一行のメモ書きだけであった[80]。芦田の立場に理解を示すヘンダーソンの報告に対して、極東部のエスラー・デニング（Esler Dening）が「芦田氏の見解は多くの国民に共有されていないのではないか、今日の日本の運命を握っているように見える人々にはとくにそうであるように思われる」と記しているように[81]、芦田の主張は外務省の方針はおろか世論からも遊離していることは明らかだったためである。日本の世論の大勢は日中戦争の長期化とともに対中援助をおこなうイギリスを敵視し、反英感情を強めていたのであり、政府内では日中戦争の結果生じた既成事実をいかにしてイギリスに承認させるかが問題となっていることを極東部は十分に理解していた[82]。それゆえ、芦田の外交論は、もはや考慮に値するものではなかったのである。

実際、芦田の立場に関する極東部の見方は的確であった。一九三八年一〇月ごろには取締役の郷敏や穂積重威に対して「僕ハ Times をいつ止めても差支ない、然し主義ハ枉げ度くない」[83]といった弱音を漏らしているように、芦田の立場は苦しくなっていた。外務省からの介入だけでなく、社内にも鹿島守之助のような汎アジア主義的な主張をおこなう勢力がいたためである。郷や穂積とともに取締役を務めていた鹿島は、芦田が国民使節で不在のあいだに連盟規約や九カ国条約が日中戦争を拡大させている原因であると非難し[84]、さらに連盟や九カ国条約こそがアジアの解放と独立を脅かしているとして、欧米諸国はアジアから手を引くべきであるとする論説を掲載するなど[85]、『ジャパン・

タイムズ』の論調を汎アジア主義の方向に振り向けようとしていた。こうした社内の動向もあって、翌年二月に入ると芦田は再び辞意を漏らすようになった[86]。このときは郷の説得によって思いとどまったが、外務省との軋轢と社内からの突き上げによって芦田は明らかに追いつめられていたのである。

それでも同年夏の独ソ不可侵条約の締結や第二次世界大戦の勃発に際して、芦田は自ら筆をとった。独ソ協定締結直後の八月二四日には、「ナチスの報道官が日ソ不可侵条約の調整の可能性について示唆しているが、そのような考え方は道理に合わない」と論じて、防共協定の強化を主張してきた勢力を批判した[87]。また第二次大戦勃発後に政府が日中戦争の自力解決を目指して汪兆銘工作に乗り出すと、「日本はこれまで戦争終結のための何らの手段も講じてこなかった」、「政府は単に新秩序という言葉を語るのではなく、具体的な何かを提示すべきである」として、汪工作への期待を示す一方で、これまでの外交方針の再考を迫った[88]。

しかし、これらの記事は新しい国際状況に直面して従来の外交方針が混乱する隙を突いた時事的な批判でしかなかった。それは外務省の方針に対置し得る構想を積極的に提唱し、「外交を建直す」という当初の思いとはかけ離れたものであった。そのことは、芦田の『ジャパン・タイムズ』の経営に対する熱意を失わせていった。この間の四月に「これほど『ジャパン・タイムズ』の仕事に悲哀を感じたことはない」と記しているのは[89]、この点を端的に物語っている。

そうしたなかで、ついに芦田は『ジャパン・タイムズ』の社長を退くことを決めた。一二月六日、芦田は野村吉三郎外相のもとを訪れ、「『ジャパン・タイムズ』社長の職を退きたいという希望を伝えた[90]」。その後一八日、二三日の重役会において鹿島の批判を抑えて後任社長を郷に決めた[91]。そして翌年一月一〇日、芦田は『ジャパン・タイムズ』の社長を正式に退任した。政治的多忙がその表向きの理由であった[92]。

こうして七年にわたる『ジャパン・タイムズ』の経営から芦田は手を引くことになった。それは外務省による事実上の解任といえるものであった。日中戦争勃発後の芦田と外務省とのあいだの亀裂は、もはや埋めがたいほどにまで広がっていたのである。

註

（1）長谷川進一『The Japan Timesものがたり――文久元年（1861）から現代まで』（ジャパン・タイムズ、一九六六年）。なお、本書で扱う一九三三年から三九年の時期の『ジャパン・タイムズ』の正式名称は *The Japan Times & Mail* であるが、煩雑さを避けるため『ジャパン・タイムズ』と表記する。

（2）外務省との関係とその報道姿勢からジャーナリズムとしての『ジャパン・タイムズ』にはこれまで厳しい評価がなされてきた。とくに満洲事変勃発以後の同紙について、「その言論内容は公式発表の反復で、見るべきものはない」とまで断じられている（掛川トミ子「マス・メディアの統制と対米世論」細谷千博・斎藤真・今井清一・蠟山道雄編『日米関係史――開戦に至る十年』第四巻、東京大学出版会、一九七二年、七八頁）。これに対して、事変勃発以後の『ジャパン・タイムズ』が全面的に時局に追随したわけではないとする研究もある。それによれば、同紙は事変後も西欧型の議会主義を擁護し、政府の対満政策や対中政策を批判することもあった。そしてその背景には当時社長であった芦田が自由主義や国際協調外交を支持していたことがあったという（Olavi K. Fält. translated by Malcolm Hicks, *Fascism, Militarism or Japanism?, The interpretation of the crisis years of 1930–1941 in the Japanese English-language press*, Rovaniemi: Societas Historica Finlandiae Septentrionalis, 1985, p. 15, 142; Peter O'Connor, *The English-language Press Networks of East Asia, 1918–1948*, Kent: Global Oriental, 2010, pp. 244–246を参照）。ただし、オコナー氏は、戦前の『ジャパン・タイムズ』を全体として見れば、*Seoul Press* や *The Far Eastern Review* などとともに外務省ネットワークの一角を形成していたことも指摘している（O'Connor, *op. cit*, pp. 75–77）。

（3）以下、本項ではとくに断りがない限り、当日記を引用、参照している。ただし、本文から年月日が判明しないものについては注を付した。

（4）戦後の小野はロシア文学の翻訳家としてよく知られているが、彼の父は一九二四年から二七年まで日本興行銀行総裁を務めた小野英二郎で、その長男である俊一も戦前は財界人としての顔を持っていた（『日本産業人名資料事典2』第一巻、日本図書センター、二〇〇二年、オの部二〇頁を参照）。芦田との関係は一九一四年にまで遡り、小野のペテルブルク大学留学時代に芦田が外交官として同地に在勤していたことによる。

（5）潤吉は一九〇六年に死去しているが、その死後も広吉と古河鉱業との関係はつづいたようである（『古河虎之助君傳』古河虎之助君傳記編纂会、一九五三年、一一〇頁を参照）。また、一九一六年には古河家から広吉に対して五〇万円が贈与されている（原奎一郎編『原敬日記』第四巻、福村出版、一九六五年、一九一六年七月二四日を参照）。

（6）通信社史刊行会編『通信社史』（通信社史刊行会、一九五八年）一〇八～一〇九頁を参照。

（7）外務省と企業会員からの補助金の支給は『ジャパン・タイムズ』と国際通信社の経営がジョン・ラッセル・ケネディ（John Russell Kennedy）のもとで統合されていた一九一五年からはじまり、当初は両社にそれぞれ一万円ずつ計二万円が支給されていた。しかし、翌年に新聞社と通信社の経営を分離することになり、外務省と企業会員からの補助金は『ジャパン・タイムズ』と国際通信社で折半することになったという（同前）。

（8）Sir Lindley to Sir John Simon, January 1, 1933, F 694/694/23, FO 371/17158, The National Archives of the UK（TNA）. 以下のFOは、とくに断りがない限り、すべてTNA所蔵。

（9）O' Connor, *op. cit.*, p. 244.

（10）『芦田均日記』一九三四年一二月二六日の記事のなかに「外務省へ行つて来月分の補助金の支給を依頼した」との記述があり、外務省は毎月補助金を支給していたことがわかる。金額については、一九三三年八月二六日の記事のなかに「外務省に行つて2000円受取る」とあるほか、一九三五年二月八日の記事のなかに「三千円前借」、あるいは同年八月二七日の記事のなかに「外務省にて3,000受取り」という記述が見受けられることから、月額二〇〇〇から三〇〇〇円と推定した。また、戦後の公職追放に関連して芦田と『ジャパン・タイムズ』の関係を調査したＧＨＱの資料も補助金の額を毎月二五〇〇円であったと推定している（"Hitoshi Ashida's Position in the Japan Times", no date, GHQ/SCAP Records, Record Group 331, Box no. 2275A, National Archives II, College Park, Maryland）。なお当該史料については、国立国会図書館憲政資料室所蔵のものを参照した。

（11）『新聞総覧　昭和八年版』復刻版（大空社、一九九五年）五四頁を参照。

（12）イギリス文化振興会の求めに応じて駐日イギリス大使館が一九三八年九月に作成した日本国内の英字新聞の資料による（Tokyo Chancery to News Department, September 29, 1938, P 3059/39/150, FO 395/573）。

(13) 小野秀雄「書評『ジャパンタイムズものがたり』（ジャパン・タイムズ社）」（『新聞学評論』第一六号、一九六七年三月）一二五頁を参照。
(14)『芦田均日記』第三巻、一九三五年二月八日を参照。
(15) 前掲、掛川トミ子「マス・メディアの統制と対米世論」のほかに、荒瀬豊「日本軍国主義とマス・メディア」（『思想』第三九九号、一九五七年九月）、江口圭一「満州事変と大手新聞」（『思想』第五八三号、一九七三年一月）がある。
(16) Hitoshi Ashida, "The Japan Times Will Follow Independence and Liberal Path", *The Japan Times & Mail*, January 1, 1933.
(17) "The Liberal Basis of Japan's Foreign Policy", *ibid.*, January 25, 1933.
(18) "Cooperation, Not Withdrawal, Is Japan's Policy", *ibid.*, February 9, 1933.
(19) " IN CASE OF JAPAN'S WITHDRAWL", *ibid.*, February 15, 1933.
(20) "JAPAN'S WITHDRAWAL FROM THE LEAGUE", *ibid.*, February 22, 1933.
(21) Hitoshi Ashida, "THE TURNIG POINT IN JAPANESE FOREGIN POLICY", *ibid.*, March 6, 1933.
(22) 前掲、芦田均「極東ロカルノの提唱」三〇頁。
(23) "A PACIFIC LOCARNO", *The Japan Times & Mail*, April 16, 1933.
(24) Hitoshi Ashida, "JAPAN'S FOREIGN POLICY IN 1934", *ibid.*, January 1, 1934.
(25) "Japan's China Policy", *ibid.*, April 28, 1934.
(26) "Japan's 'Special Position'," *ibid.*, May 3, 1934.
(27) "The Monroe Doctrine", *ibid.*, August 30, 1934.
(28) "A PACIFIC LOCARNO", *ibid.*, April 16, 1933.
(29) "THE GROWTH OF MANCHOUKUO", *ibid.*, April 29, 1933.
(30) "THE OPEN DOOR IN MANCHOUKUO", *ibid.*, May 4, 1933.
(31) "The N. M. R. Negotiation Delayed", *ibid.*, August 14, 1934.
(32) "A Victory For Diplomacy", *ibid.*, September 26, 1934.
(33) "Foreign Minister Hirota's Statement", *ibid.*, January 27, 1935.

（34）" Situation In N. China", *ibid.*, June 15, 1935.
（35）" North China Situation Stabilized", *ibid.*, June 20, 1935.
（36）"Chahar Settlement", *ibid.*, June 29, 1935.
（37）"The North China Situation", *ibid.*, September 28, 1935.
（38）"Trouble In Hopei Province", *ibid.*, October 26, 1935.
（39）"1935 In Retrospect", *ibid.*, December 31, 1935.
（40）"Japan's Attitude Towards North China", *ibid.*, November 22, 1935.
（41）Hitoshi Ashida, "Japan–Soviet Relation In Far East", *ibid.*, October 8 and 9, 1935.
（42）"Mr. Arita's Task", *ibid.*, April 4, 1936.
（43）"Moving Toward Peace", *ibid.*, September 14, 1936.
（44）Sir Lindley to Sir John Simon, January 1, 1934, F 675/675/23, FO 371/18186.
（45）前掲、ジョン・ダワー『吉田茂とその時代』上、第四章および第五章を参照。
（46）Minute by S. Harcourt–Smith, November 2, 1936, F 6478/539/23, FO 371/20286.
（47）Minute by R. Vansittart, November 5, ibid.
（48）Sir. Clive to Mr. Eden, September 22, 1936, ibid. Sir. Clive to Foreign Office, April 8, 1936, F 2493/89/23, *Documents on British Foreign Policy 1919–1939, Second Series, vol. 20*, No. 483も参照。
（49）"The Anti–Communist Drive", *The Japan Times & Mail*, December 1, 1936.
（50）"Fascism Unwanted", *ibid.*, December 6, 1936.
（51）"Government And Diet", *ibid.*, January 23, 1937. See also, "Ugaki a Moves?", *ibid.*, January 26, 1937.
（52）"Lungwangmiao Incident", *ibid.*, July 10, 1937.
（53）『新聞総覧　昭和一〇年版』復刻版（大空社、一九九五年）五一頁、同昭和一三年版、五七頁、同昭和一四年版、五八頁を参照。
なお、その株の大半は外務省が握っていたという（山本武利『占領期メディア分析』法政大学出版局、一九九六年、九七頁を参照）。
（54）『芦田均日記』第四巻、一九三九年二月二七日を参照。

(55) 外務省情報部「昭和十三年度執務報告」（外務省外交史料館所蔵、外務省調書・情一七五）四八頁。

(56) 内閣情報部「内閣情報部要覧」（「帝国官制関係雑件」第三巻、外務省外交史料館所蔵、外務省記録M.1.1.0.1）。

(57) 外務省情報部「昭和十二年度執務報告」（外務省外交史料館所蔵、外務省調書・情一七四）九六、一〇五頁を参照。

(58) 「米国政府の十月六日付対日通牒に対するわが方回答」（『日本外交文書』日中戦争第三冊一三三九文書）。

(59) 当該時期の革新派の動向については、前掲、戸部良一『外務省革新派』第四章を参照。

(60) 『芦田均日記』第四巻、一九三八年九月七日の条。

(61) 同前、一九三八年九月一三日の条。

(62) 同前、一九三八年九月二六日の条。

(63) “Hitler's Address”, *The Japan Times & Mail*, September 15, 1938.

(64) “Comintern And World Peace”, *ibid.*, September 20, 1938.

(65) “Nazi Victory”, *ibid.*, September 27, 1939.

(66) 『芦田均日記』第四巻、一九三八年九月一四日の条。

(67) 同前、一九三八年九月一五日の条。

(68) “Diplomacy Of Realism”, *The Japan Times & Mail*, May 4, 1938.

(69) “Facing Realities”, *ibid.*, June 2, 1938.

(70) “Britain and Japan”, *ibid.*, September 10, 1938.

(71) “Realism For The Far East”, *ibid.*, October 16, 1938.

(72) “China's Place In The Asiatic Bloc”, *ibid.*, August 16, 1938.

(73) “Re-Examination Of Open Door Policy”, *ibid.*, November 12, 1938.

(74) Hitoshi Ashida, “REMOVING MISUNDERSTADING BETWEEN BRITAIN AND JAPAN”, *ibid.*, March 24, 1939.

(75) 第三次近衛声明の全文については、「日中国交調整の根本方針に関する近衛総理声明」一九三八年一二月二二日（『日本外交文書』日中戦争第一冊二七一文書）を参照。

(76) Tokyo Chancery to News Department, September 29, 1938, P 3059/39/150, FO 395/573.

(77) Minute by J. Henderson, July 7, 1938, F 7078/318/61, FO 371/22168.
(78) Sir R. Craigie to the Viscount Halifax, February 24, 1939, F 3115/456/23, FO 371/23560.
(79) Tokyo Chancery to Far Eastern Department, March 31, 1939, F 4602/176/23, FO 371/23556.
(80) Minute by E. Dening, May 19, 1939, ibid.
(81) Minute by E. Dening, March 31, 1939, F 3115/456/23, FO 371/23560.
(82) Antony Best, *Britan, Japan and Pearl Harbor: Avoiding war in East Asia, 1936-41* (London and New York: Routledge, paperback, 2014), pp. 83-84.
(83) 『芦田均日記』第四巻、一九三八年一〇月四日の条。
(84) Morinosuke Kajima, "World Affairs And Japan's Stand", *The Japan Times & Mail*, December 15, 1937.
(85) Morinosuke Kajima, "9-Power Treaty Held Underhand Design", *ibid.*, December 26, 1937; id., "Problems Of Far East: 1938", *ibid.*, February 11, 1938.
(86) 『芦田均日記』第四巻、一九三九年二月一七日を参照。
(87) "Berlin, Moscow, Tokyo", *The Japan Times & Mail*, August 24, 1939.
(88) "Peace Movement in China", *ibid.*, September 14, 1939.
(89) 『芦田均日記』第四巻、一九三九年四月一七日の条。
(90) 同前、一九三九年一二月六日の条。
(91) 同前、一九三九年一二月一八、二三日を参照。
(92) "ASHIDA RESIGNS AS PRESIDENT, EDITOR OF TIMES", *The Japan Times & Mail*, January 11, 1940.

第四章　崩壊する秩序のなかで

日中戦争勃発直後の芦田は、「雑誌の原稿ハ断つてゐる」とその日記に記しているように、(1)これまでの活発な執筆活動を一時的に休止するようになった。その理由の一つには、「新聞記者として思ふ事か書けず議員として思ふことが云へない」(2)という戦時体制への移行にともなう言論活動の制約があった。しかし、より深刻だったのは、「悲観して居た処で之を顚へす実行が無ければ、仕舞じやないか」という悲痛な叫びに対して、「実際其通だ」としか答えられなかったように、(3)芦田が日中戦争という現実に対して「極東ロカルノ」構想にかわる新しい外交構想を打ち出すことができずにいたことにあった。

しかも、一九三五年（昭和一〇）にはイタリアによるエチオピア侵攻、翌年にはドイツによるロカルノ条約廃棄といった事態が次々と発生し、国際連盟はこれらに有効な対処をなし得ずにいた。そして一九三九年九月のドイツによるポーランド侵攻に端を発する第二次世界大戦の勃発によって、連盟は完全に崩壊することになる。芦田が期待を寄せた普遍的な国際機構を基軸とした集団安全保障体制は、軍事力を背景とする国際政治の現実を前にその無力さを露呈することになるのである。

本章は、こうした一九三〇年代後半の国際政治の現実を芦田がどのように分析したのかを検討することによって、連盟を基軸とする集団安全保障体制やこれを補完するものとしての多国間協調を重視してきた彼の国際政治観に変化があったのか、なかったのか、あったすればそれはどのようなものか、を考察する。

一　日中戦争の勃発と国際政治観の変容

1　国民使節としての欧米訪問

日中戦争勃発後、言論活動の制約と外交構想の行きづまりから沈黙していた芦田は、同戦争に対する日本の立場を諸外国に説明するための国民使節の一員に推薦され、欧米を訪問することになった。(4) 本項では、次項で扱う欧米訪問後における芦田の国際政治観を念頭に置きながら、国民使節としての活動を概観する。

そもそも国民使節派遣のきっかけの一つは、九月六日の衆議院予算委員会において政友会代議士の岡田忠彦が米国産業別労働組合会議傘下の船荷積込従業員組合による対日ボイコットへの懸念を表明し、日中戦争における日本の立場を進んで説明する遣外使節の派遣を求めたのに対して、広田弘毅外相がこれに積極的に応じたことであった。この国民使節に芦田が選ばれた経緯は、同月二九日に政友会の松野鶴平幹事長による推薦を受けたことによる。(5) このとき芦田は、「日支事変に対する我国の立場を諸外国に説明するために、社会各層より国民使節 People's Envoy を派遣する議起り」、「其一人として専ら欧洲大陸へ行けとの」話が持ち上がると、「直ぐに承諾の気分とな」ったというように、(6) 翌月四日には承諾している。その後、一一日に外務省との打ち合せをおこない、翌日、翌々日には陸海軍務局長とそれぞれ面談し、一四日に龍田丸で横浜港を出発した。

国民使節による宣伝工作の方針については、戦争の勃発とその拡大の責任が中国にあること、中国の共産化を防止するという観点から日本の立場を支持すべきこと、といった防共外交の論理を継承するものであったことが知られている。(7) 一方、前章で論じたように、芦田は、中国における日本の軍事行動に批判的であり、これを容認するかのような防共外交はとうてい受け入れられないとして、その転換を要求していた。

だが、国民使節としての芦田は、こうした自らの見解を封印し、日本の立場を弁明することに終始した。たとえば、アメリカやベルギーにおいてラジオ放送を通じて日本の立場に対する理解を呼びかける際に、(8)外務省とのあいだで放送原稿の打ち合わせをおこなっていることは、(9)同省の宣伝工作に忠実な芦田の姿をよく表している。また、ルーマニア国王カロル二世（Carol II of Romania）との会見のなかでは、「日本の領土的野心なきこと、排日運動や共産運動の放棄さるべきこと」といった発言をおこなうなど、(10)自ら積極的に防共外交の論理を用いることすらあった。

こうした芦田の姿は、日中戦争勃発以後のいっそう悪化した日本の国際的な立場を何とか好転させたいという思いの表れであり、芦田のナショナリスティックな一面を象徴するものといえる。

もっとも、芦田は、決して防共外交の論理を本心から説いたわけではなかったし、これによって対外関係が劇的に改善されるというような楽観的な見とおしを持っていたわけでもなかった。むしろ、国民使節の旅を通じて日本の対外政策に対する芦田の危機感はより強まった。なかでもイギリスにおけるアレクサンダー・カドガン外務次官補との会談は、芦田に強い印象を残した。

一一月一七日、芦田はアメリカから二番目の訪問国であるイギリスに到着した。このとき芦田は「英国の空気ハ相当悪いこと想像に余りある。ロンドンに着いても、手の出しようはあるまい」と記し、(11)イギリス側の厳しい態度をある程度覚悟していた。また、駐英大使の吉田茂とのあいだで「〝日本は決定的に Facist international に加盟した。これを常道に引戻すにハ十年かゝる〟。〝日本はどうなる〟〝行く処迄行くのだ〟」といった言葉を交わして防共外交への懸念を共有し、(12)今後の成り行きに対する不安を吐露してもいた。

同月二三日、まず芦田が訪問したのは、イギリス大蔵省のフレデリック・リース＝ロスであった。リース＝ロスとの会談は、芦田の予想に反して和やかなものであった。「日本は早期の平和を望んでいる」といった宣伝工作にもとづく定型的な言葉を述べる芦田に対して、リース＝ロスも「速く平和が取り戻されることを望む」と応じ(13)、さらに「〝君の如き人が日本の政界に在ることは仕合せだ〟」といったお世辞まで述べて(14)、芦田を喜ばせた。

その三日後の二六日午後、芦田はイギリス外務省を訪問してカドガン外務次官補との会談に臨んだ。リース＝ロスとの会談と同様に、日本は早期和平を望んでいるとする定型的な言葉を述べた芦田に対して、カドガンの反応は、あくまでも九カ国条約を順守するよう強く求めるものであった。リース＝ロスの宥和的な態度とは対照的に、カドガンは、中国の、とりわけ「上海におけるわれわれの利益と責任はきわめて大きなものであり、現在のレジームに対するいかなる変更についてもわれわれと相談しなければならない」ことを率直に告げたのである(15)。会談後のカドガンは、ロバート・クレーギー（Sir Robert Craigie）駐日大使に宛てて、イギリスの原則的な立場について「彼はよく理解したはずである」と満足をもって記した(16)。

一方の芦田は、ガドガンについて「彼の頭は全く Stimson である」と記し(17)、その頑なな態度に辟易した様子を綴っている。会談のあいだ、連盟の提案にもとづく九カ国条約会議に日本も出席するようくり返し何度も求めるカドガンの姿勢は(18)、イギリス側の厳しい態度を覚悟していた芦田の予想を遥かに上まわるものであった。芦田はそのことに強い印象を抱いたのである。イギリスを後にした芦田は、「支那に対する日本の根本方針を説明したが中々納得させるのは難しい」と述べるほかなった(19)。

国民使節の多くは、日中戦争勃発後の深刻な国際環境の現実に対して楽観的な見とおしを示す傾向が強かったと指摘される(20)。駐米大使館参事官や在ニューヨーク総領事として宣伝工作に携わった森島守人も、そうした国民使節の活動について、「帰国後自分の活動を大袈裟に吹聴し、彼らの遊説などの結果対外関係が急転直下改善されたような印象を国民に与えることに努めていたが、実際のところ日米関係は、彼らのゆえに改善されたところは、少しもなかった」と冷ややかに振り返っている。[21]

だがその一方で、芦田の帰朝報告を聞いた東亜局長の石射猪太郎が「外務省への忠言ヒシ〳〵とこたへる」とその日記に記しているように、[22]芦田の態度はほかの使節とは明らかに異なるものであった。国民使節の旅を終えて帰国した芦田は、日本が厳しい国際環境に置かれていること改めて理解し、そのことに強い危機感を抱くようになったのである。

2　欧米訪問後の国際政治観

日中戦争勃発直後、執筆活動を休止していた芦田は、国民使節の旅から帰国するとその活動を再開した。本項では、欧米訪問後に刊行された著書『欧米見たまゝ』[23]のなかで示された国際情勢分析を検討することを通じて、日中戦争前後における芦田の国際政治観のどこが変化し、どこが変化しなかったのかを考察する。

同書においてまず芦田は、「今度私が外国に行つて一番感じたことは、欧羅巴各国の内政の一番困難な問題は思想的対立の先鋭化と云ふことにある」と述べて、ヨーロッパにおけるイデオロギー対立に注目する。芦田によれば、「此の現象は五六年以前には余りハッキリ見えなかつた現象」であり、「国内に於ける思想的対立が外国に対する態度を決定する。詰り国内の思想的傾向が外交問題の中枢とな」っているという。さらに、「屢々耳にする所謂『持つ国』と『持たざる国』との争ひといふ事も、いづれは程度の問題」に過ぎず、根本的には「人生哲学乃至政治哲学の相違から生ずるものに外ならない」とまでいい切る。

そのうえで、こうした国際関係におけるイデオロギー対立という現象のなかで「第一に問題となるのはアメリカの情勢」である、と芦田は述べる。なぜなら、「民主主義や自由主義を攻撃する声の聞へる場合、アメリカ人に取っては、単なるイデオロギーの問題を離れて、アメリカの本質的な存在を攻撃されたものと受取る」からである。(24) そして、ベルリン・ローマ枢軸に対して、「アメリカ人は漸次に戦争の覚悟を定めつゝある」との判断を下すことも決して誤りではないとして、世界戦争勃発の可能性に言及するのである。

また、同書において芦田は、「現在の世界は軍備強行の時代」であるともいう。なかでも注目すべきは、イギリスの軍備拡張であった。芦田によれば、これまでイギリスは「戦争に這入れば、広大な植民地と通商貿易を喪ふ危険に曝される」ため、「出来得る限り先へ戦争を延ばさうと力め」てきたという。一九三六年五月の対伊制裁の停止や同年三月のドイツによるロカルノ条約廃棄、翌年三月の独墺合邦に対する傍観的態度のいずれも、こうした戦争回避の心理が働いた結果であったと説明する。

しかし、その後イギリスの空気は変わりつつあるとして、芦田は注意を促す。すなわち、一九三七〜三八年度予算以後の向こう五ヶ年にわたって総計一五億ポンドあるいはそれ以上を国防費に当てるという「歴史に見ない大規模の軍拡に着手した」ことをあげて、「止むなくんば戦う決心だけは着いた」ことを指摘するのである。しかも、こうしたイギリスの軍拡は、単に自衛というだけでなく、依然としてイギリスが「連盟精神とか、或は集団安全保障政策に対する執着を捨て得ない」こと、「従つて英吉利が平和を求めるからと言つて、平和に害あるものを除く為には、つまり平和の為に武力に愬へることは止むを得ないといふ考へ方」も影響しているという。それゆえ、「世界の平和と秩序とを維持する責任」からイギリスが戦争に踏み切る可能性があるとして、ここでも世界戦争の危険性を論じるのである。

以上のような欧米訪問後の芦田の国際情勢分析については、次の二点が注目される。第一に、国際関係におけるイデオロギー対立の重視である。一九三〇年代のヨーロッパが共産主義とファシズムの台頭によって激しいイデオロギー対立の渦中にあったことはよく知られているが、これまでの芦田は、「イデオロギーに依る国際的対立捲き込まれる危険」を指摘し、反共イデオロギーに拘泥することなく対ソ協調論を説いてきた。したがって、芦田が国際関係におけるイデオロギー対立を重視するようになったことは、大きな変化のようにも見える。

だが、ここで注意すべきなのは、芦田のイデオロギー対立についての理解の仕方である。芦田は、共産主義対資本主義といった構図ではなく、「防共団（独、伊を中心とする）と所謂自由主義国（英、仏、米を中心とする）との対立」として理解し、「来るべき世界大戦はファシズム対デモクラシーの闘である」との見方を示している。このことから、欧米訪問中の芦田が本心から防共外交の論理を説いていたわけではないことがわかる。

くわえて、それ以上に重要なのは、理念としての国際連盟がこの時点でもその権威を失っていないと理解している点である。そもそも芦田は、「持てる国」と「持たざる国」という問題設定によって戦争を正当化する議論を拒絶する。なぜなら、「現状打破といふ主義といふことで、周囲近所を、どこでも彼所も打破するといふことは、国際上認められない」からである。[25]そうして芦田は、「デモクラシーを基調とする国際協調論＝之を具体化した国際連盟」を改めて評価したうえで、「全体主義に反抗するデモクラシー」にもとづいて「英、米、仏は同一の陣列を布き」、「全体主義の暴力を排撃」しようとしていることを論じるのである。[26]

しかし他方で、このような芦田の国際情勢分析は、普遍的な国際機構としての連盟は崩壊し、世界が二つのブロックに分裂しているという理解のうえに立っていることを意味している。しかも、その結果として、普遍的であるべき連盟は、事実上ファシズム陣営、あるいは全体主義陣営に対抗するデモクラシー陣営の同盟として機能していることを認めている。このことは、一方で芦田が連盟を中心とする普遍主義的国際秩序の理想に期待しつづけていたことを表すものであるが、他方で暴力によってこれを破壊しようとする勢力が現れたとき、連盟は敵対勢力に対抗する同盟と同じ役割を果たす、と理解するようになったことを示している。

この点に関連して、注目すべき第二の点は、集団安全保障と軍事力の関係に対する理解である。そもそも集団安全保障の規定は、戦争違法化を原則として戦争の手段である軍備の縮小を推進するためのものであり、芦田もこうした規範的な理解に立って対ソ協調の可能性に言及していたことは、先に指摘したとおりである。また、三〇年代における世界的な軍拡競争に対して、「相手に負けぬ軍備を考へるにしても、こちらの量を増すことを考へないで何故量を減らすことを考へないのであらうか。又百尺竿頭更に一歩進めて何故軍備競争を促す様な事情を取除くことを考へないのであらうか」という問いかけも[27]、同じく芦田が規範的な側面から集団安全保障を理解していたことを示している。

もっとも、芦田は、イタリアのエチオピア併合やドイツによるラインラント進駐を前にして、連盟が何ら効果的な手段をとることができなかったことで集団安全保障体制に失望することになった。実際、欧米訪問以前の芦田は、独伊の行動を「国際連盟規約と不戦条約に対する挑戦」として非難する一方で、イギリスの宥和政策を「魂を売つても残骸を保持しようとの朝三暮四の政策に外ならない」としてより厳しい批判をくわえるとともに、結局のところ連盟は「欧洲の実情を無視して黒豹に羊の皮を着せたもの」に過ぎなかったと酷評していた[28]。

だが、欧米訪問後の芦田は、集団安全保障の失敗に関して、「一八経済不況、二八軍備不充分」[29]にあったと分析するようになり、したがってイギリスの宥和政策も、独伊の攻勢に対抗するだけの軍事力がない以上は合理的なものであったとの見方をとるようになった。そのうえで、芦田は、イギリスの急速な軍拡を集団安全保障の理念と結びつけて理解するようになった。たしかに、本来的な集団安全保障の理念から見れば、「集団保障と再軍備の矛盾」[30]は明らかであった。しかし、「平和の為に武力に愬へることは止むを得ない」という言葉が示すように、芦田は、集団安全保障が現実に適用されるためには十分な軍事力を必要とする、と理解するようになったのである。

以上、欧米訪問後の国際情勢分析の特徴を探ることによって、日中戦争前後における芦田の国際政治観の連続と変容について検討した。その結果、理念としての連盟の重視という点で連続性が指摘できる一方で、暴力によって国際秩序を破壊しようとする国家に対して連盟は実質的に同盟として機能すること、またそうした秩序の破壊者に対抗するためには十分な軍事力を必要とすることを認識するようになった点で変容が明らかになった。要するに、集団安全保障の理念が持つ規範的な力によって秩序が維持されるとしてきた従来の芦田の国際政治観は、力によって現状打破を目指す独伊の台頭を受けて、これを抑制するためには実際的な力の裏づけが必要であるとの認識へと変化したのである。

このことは、芦田が『欧米見たまゝ』において何度も世界戦争勃発の危険性に言及していることと決して無関係ではない。このような国際政治観にもとづけば、中国への武力進出にほかならない日中戦争という事態を前にして、連盟を維持しようとする英米と日本との衝突は避けられないからである。次節では、以上のような国際政治観を踏まえて、具体的に日中戦争勃発以後における芦田の外交論を検討する。

二　日中戦争外交論

盧溝橋事件に端を発する日中戦争について、当初三ヶ月で解決できるとした日本軍部内の楽観論は、中国側の徹底抗戦によって覆された。しかも、一九三八年（昭和一三）一月一六日の「国民政府を対手とせず」という第一次近衛声明は、中国国民政府との和平の道を閉ざすものであり、日中戦争は、その収拾の見とおしがつかないまま長期化することになった。こうしたなかで、近衛文麿首相は、戦争目的を再定義するため、同年一一月三日に第二次近衛声明として東亜新秩序声明を発表した。同声明は、「日満支」からなる新地域秩序を東アジアにおいて建設することを宣言するとともに、抗日政策の放棄を条件として国民政府が東亜新秩序建設に参加することを容認するものであった。しかし、それは同時に、英米勢力の極東からの退場を要求するものであり、中国における門戸開放や機会均等を保障してきたワシントン体制の解体を宣告するものでもあった。

このような東亜新秩序論が持つ反英米的性格は、一九三九年八月の独ソ提携といったヨーロッパ情勢と連動しつつ、防共イデオロギーによる反ソ政策から権力政治的観点にもとづく対ソ国交調整という政策転換を促す契機となった。すなわち、ソ連を親「現状打破勢力」として日独伊三国の側に惹きつけることによって東亜新秩序建設を阻む「現状維持勢力」である英米を牽制する、あるいは英米との開戦も辞さないとする外交論が台頭することになるのである。(31)

本節では、こうした独ソ提携以後における日本外交の対ソ認識の変化を念頭に置いたうえで、まず東亜新秩序論に対する芦田の評価を分析し、つづいて独ソ提携以後の彼の外交論について対ソ外交論を中心に検討する。

1　東亜新秩序批判とワシントン体制回帰論

欧米訪問から帰国した芦田がまず憂慮したのは、国内において「ドイツに向つて軍事同盟を提議する意見ハ相当強い」ことであった。(32)防共協定強化問題として知られているこの問題は、一九三八年七月にドイツから日独伊三国の軍事同盟化について打診を受けて以後、その対象としてソ連にくわえて英仏にまで拡大するか否かをめぐって外陸海三相のあいだで対立が生じていた。陸軍が独伊との提携によってソ連を牽制するとともに、中国を支援する英米への圧力を強めることで妥協を引き出し、日中戦争を有利に解決できるとして、独伊との軍事同盟に賛成であったのに対して、外務省や海軍は欧州の戦乱に巻き込まれて英米から経済制裁を受けることを恐れて、防共協定強化には消極的であった(33)。ただし、外務省のなかにも陸軍の主張に同調する革新派の存在があり、芦田は、「外務省の属僚等ハ徒に眼前の問題に支配されて熟慮を欠き、それが軽卒〔率〕とも、不注意とも、職務怠慢とも云ハれるのである。気分が暗い事此上ない」として(34)、その動向に苛立ちを募らせていた。

このように独伊との接近を警戒する芦田は、八月三〇日に近衛首相のもとを訪れて、「日独協定を軍事協定にでも進めるといふ申込でも来たらそれハ戦争の決心と見てよい。日本にも軍事協定論者ハあると思ふが、此問題は充分慎重に考へて貰いたい。次の世界戦争にアメリカは英仏に加担するから、戦争ハ長くなる、日本ハ慎重に考へねバならぬと思ふ」と述べて(35)、防共協定強化への反対を訴えた。芦田の進言は、ファシズム陣営とデモクラシー陣営の対立が不可避であるとの観点から、独伊との提携が米国をも巻き込んだ世界戦争へと踏み出すものであることを警告するものであった。

また翌年三月三一日には、二度目の外相として第一次近衛内閣から引きつづき平沼騏一郎内閣に留任した有田八郎と接触し、防共協定強化に突出する革新派の白鳥敏夫駐伊大使を抑制することを確認した(36)。わずか二年前に日独防共協定締結をめぐって論争を交わした芦田とアジア派の有田は、対米関係への配慮から防共協定強化反対で一致するようになったのである。平沼内閣の退陣に際して、芦田が有田に「その仕事ぶりに感謝」の意を表しているのは(37)、こうした両者の接近をよく表している。

しかし、ここで注意すべきなのは、防共協定強化問題におけるアジア派と革新派の対立は、東亜新秩序の建設それ自体ではなく、そのための方策をめぐる点にあったことである。実際、日中戦争勃発後に駐ソ大使に転じていたアジア派の重光葵は、「九国条約は既に死滅せるものなること」、日本は「同条約関係より離脱すること」を関係各国に通告するよう求める意見具申をおこなっているが[38]、それは、革新派の白鳥がクレーギー駐日イギリス大使に披瀝した「日支解決を如何に内輪に見ても九国条約の埒内では到底不可能にして自然日本はこの条約を廃棄することとなるべし」[39]とする見解とほとんど変わらないものであった。

これを要するに、アジア派と革新派は東亜新秩序の建設では一致していたのであり、両者の対立は、その建設を英米に承認させるための圧力として日独伊三国同盟にまで踏み込むべきか否かという点にあった。すなわち、三国同盟を主張する革新派に対して、重光や有田らアジア派は、一方で日中戦争による既成事実と独伊との提携をちらつかせることによってイギリスに対する圧力を強めてその妥協を引き出し、他方で防共協定強化による独伊との決定的な提携を回避することで対米関係の悪化を防ぎつつ、イギリスをしてアメリカの抱き込みを図ることができると考えていたのである[40]。

これに対して芦田は、東亜新秩序の建設それ自体に否定的であった。その理由として第一に、英米不可分の見方があげられる。芦田は、「英吉利と亜米利加とを引離し、別々のものとして扱つて行くといふやり方は、実際問題として適切でない。寧ろ将来は、英米を一つの対象として、話合を附けるといふことでなければ解決は難しくなるのではないか」[41]というように、イギリスをしてアメリカの抱き込みを図るとするアジア派の方針には懐疑的であった。

第二に、連盟を補完するものとしての多国間協調の重視である。一九三八年一一月一八日の有田による対米回答[42]について、芦田が「素よりアメリカ政府が伝統的に門戸開放主義に固執する限りこの回答に満足するものとは思へない」[43]と述べているのは、アメリカがアウタルキーとしての地域秩序を承認することはないという見とおしを示すことで、東亜新秩序論の閉鎖性を婉曲的に批判したものであった。

実際、この時期の芦田の外交論は、東アジアにおいて日英米三国による多国間協調の枠組みを再構築するというものであり、ワシントン体制回帰論とでもいうべきものであった。一九三八年一二月二二日に第三次近衛声明が発表されると、芦田はこれを中国の領土保全と中国における門戸開放と機会均等を保障したものであると解釈したうえで、次のような提案をおこなった。すなわち、「満洲の独立を承認」すること、「北支の資源開発、原料の獲得について日本の計画に同情を持つこと」、という二つの条件と引き換えに、「第三国商人の権益は出来る限り尊重する寛大な態度を示すこと」、「英米其他の第三国人に対し、其通商上の自由を承認」すること、「亜細亜に於ける第三国領土の現状維持を再確認すべき」ことといった代償を日本は承認すべきである。[44] 以上の了解案は、「単に経済的協力の基礎である許りでなく、現下熱狂的に進行しつゝある英米の海軍拡張にブレーキを掛ける基本的条件である」。[45]

このような芦田の提案は、第三次近衛声明を明らかに曲解したものであり、強引な立論であった。なぜなら、同声明のなかには「抗日国民政府の徹底的武力掃蕩」や「日本軍の防共駐屯」、「内蒙地方を特殊防共地域とすること」などの条件が含まれていたのであり、芦田の提案はそれらを意図的に無視しているからである。芦田は、こうした覇権的な条項を無視する一方で、同声明中の「日本は何等支那に於て経済的独占を行はんとするものに非ず」、「第三国の利益を制限するが如きことを求むるものに非ず」、「日本は支那の主権を尊重する」といった文言をつなぎ合わせて、中国の領土保全、中国における門戸開放や機会均等を導き出し、これに日英米三国による海軍軍縮の提案をくわえることで、同声明をワシントン体制回帰論として無理やり解釈したのである。[46]

もっとも、こうした苦心にもかかわらず、芦田の外交論が顧みられることはなかった。連盟はもちろん、九カ国条約といった多国間協調への復帰は、これまでの日中戦争の戦果を否定するものにほかならなかったからである。[47] 東亜新秩序声明以後の論壇を席巻したのは、日中戦争の現実を理論的に基礎づけようとする東亜協同体論であった。

しかし、芦田が東亜協同体論に同調することは決してなかった。このことは、一面において、重光らアジア派や蠟山政道、尾崎秀実といった東亜協同体論者と比べて、中国ナショナリズムや脱植民地化要求に対する芦田の関心がそれ程高くなかったことを示している。東亜協同体論による日中戦争肯定の論理の一つは、中国を従属的地位に置いてきた帝国主義秩序としてのワシントン体制の解体という点にあったが、芦田は、天津租界封鎖事件に際して、「租界の回収は、支那側より提示すべき条件であつて、我国が之を要求することは理論上可なり困難な問題」[48]であると述べるなど、中国の脱植民地化という問題には冷淡であった。中国は「世界列強の利害が錯綜してゐる場所」[49]であり、結局のところ「欧米列強との関係を念頭に措いて、これに善処することを必要とする」場所である、というのが芦田の中国認識であった。[50]

ただその一方で、日中戦争を積極的に肯定しなかったという事実は、芦田が戦争違法化という国際法状況に照らして同戦争の違法性を認識していたことを示唆している。たとえば、東亜新秩序をめぐる座談会の席で、芦田が蠟山と尾崎に向かって、「東亜の秩序といふものは、日本の兵力で押へて行かなければ保てない」のが実態であって、東亜協同体論は「現実を見ない理想論」であり、「東亜に於ける新秩序とは、どういふことかと言へば、極東に於ける日本の覇権」ではないかと断じているのは、[51]この点を明らかにしている。芦田は、昭和研究会の外交委員会に名を連ねながらも、[52]東亜協同体論や国内新体制を説く中心メンバーとは一線を画す存在であった。日中戦争勃発以後の芦田は、「革新政策とは共産主義と侵畧主義の合体したもの」[53]、あるいは「全体主義トハ戦時体制也」[54]との見方を強めていくが、日中戦争を正当化し、戦時体制の名のもとに自由主義的秩序の変革を肯定する東亜協同体論は、芦田にとって「共産主義と侵畧主義の合体」であり「全体主義」以外の何ものでもなかったのである。

このように、芦田は決して時局に追随しなかった。だが、そうした態度は少なからぬ摩擦を生み、次第にその活動範囲は限られていった。一九三九年末をもって芦田が『ジャパン・タイムズ』紙の社長を退いているのは、この点を物語るものである。日中戦争勃発以後の『ジャパン・タイムズ』紙は、芦田の意向に反して、外務省情報部が主導するかたちで社説が掲載されるようになっていく。そうして同紙は、イギリスによるイタリアのエチオピア併合承認やミュンヘン会談といった一連の宥和政策を「現実主義」外交として評価したうえで、イギリスはこうした「現実主義」によって日中戦争以後の東アジアの現実についてもこれを承認すべきである、といった時局にかなう見方を盛んに掲載した(55)(補論2)。

しかし、芦田から見れば、イギリスの対日宥和に期待する外務省の「現実主義」は希望的観測に過ぎないものであった。イギリスが「慎重な外交工作」を必要とするのは「英国空軍と海軍の充実は一九四一年にならなければその形態を備へない」からであり、宥和政策は軍拡のための時間稼ぎとして見るべきものであったからである(56)。芦田にとって「『現実主義』とは、手遅れになる前に日本が賢明になり、躍起になっている執拗な抵抗の本質を理解し、文明世界からの憎悪以外何も得られなかった企てから、またそれに固執するならば破滅以外何ももたらさないであろう企てから手を引くこと」にほかならず(57)、外務省の楽観的な見方にはとうてい同調できなかったのである。

2　反ソ論への転換

一九三九年四月の天津租界封鎖事件に端を発する日英東京会談において、有田八郎外相は中国問題の包括的調整を持ち出して東亜新秩序に対するイギリスの承認を取りつけることを試みた。しかし、一般協定が成立した矢先の七月二六日、アメリカ政府は日米通商航海条約の廃棄を通告、日英交渉も治安問題と経済問題をめぐる具体的な協議で行きづまり、八月二〇日に決裂した。芦田の予測したとおり、イギリスをしてアメリカの抱き込みを図るというアジア派の戦略は完全な失敗に終わったのである。しかも、このわずか三日後に独ソ不可侵条約が成立、防共協定強化による東亜新秩序の建設という革新派の方策もまた破綻することになった。

こうして東亜新秩序をめぐる政策の再検討が迫られるなかで、革新派を中心に防共外交から一転して対ソ緊張緩和路線が模索されるようになっていく。とりわけ一九四〇年四月以降のヨーロッパにおけるドイツの快進撃という国際情勢の変化によって、仏印や蘭印といった東南アジアへの進出の好機がもたらされると、南進のための「北方静謐」という権力政治的観点から、政府中枢でも対ソ国交調整の必要性が強く意識されるようになっていった。[58]

これに対して、日中戦争勃発以後の芦田は対ソ協調論から距離を置くようになっていた。『欧米見たまゝ』において、「防共団（独、伊を中心とする）と所謂自由主義国（英、仏、米を中心とする）との対立」と記したように、芦田はソ連をファシズム陣営にもデモクラシー陣営にも位置づけていない。また、前項で論じたワシントン体制回帰論のなかでもソ連との関係について言及することはなかった。従来の芦田は、「ソ連は現状維持派の一角を守って将来防御的態勢を執るものと一応の推断を下さゞるを得ない」としていたが、[59]その見方は一九三七年以降に本格化しはじめた「大テロル」を契機として修正されつつあった。[60]ただその一方で、三九年五月のリトヴィノフの外務人民委員解任といった出来事に対して、「今更覆水が盆に帰るとは考へられない」と述べているように、[61]ソ連がファシズム陣営にくわわるというところまで見とおしていたわけではなく、芦田はソ連の位置づけに迷っていた。

こうしたなかで、芦田の対ソ認識を転換させる決定的な出来事がおきた。一九三九年八月の独ソ不可侵条約の締結がそれである。独ソ提携は、「まるで頭のうえに雷が落ちたよう」な衝撃であり、[62]それまでの対ソ協調論を一変させた。すなわち、芦田は、満洲事変以来の持論であった日ソ不可侵条約について、「私は出来ないだらうと思ふ」と述べ、たとえ「出来たから、本当に不侵略だからといつて、安心する事態が出て来るかといふと、中々出て来ない」というように、懐疑的な見方を示すようになり、この直後に欧州戦争が勃発すると、「対ソ軍備は一日も之れを忽せにすることは許されない」として、対ソ協調論から反ソ論へとその立場を一八〇度転換させたのである。[63][64]

独ソ提携を契機として芦田が反ソ的態度をとるようになった理由の一つには、対ソ協調論の戦略的価値が減少、あるいは変質したことがあげられる。そもそも芦田の対ソ協調論は、対米協調の足がかりとして唱えられたものであった。これに対して、日中戦争以後に台頭してきた対ソ協調論は、米ソ分断や対米牽制を意図するものであった。しかも、一九四〇年四月以降のドイツの快進撃にともなう南進論と、そのための「北方静謐」という観点から対ソ国交調整の必要性が主張されるようになったことは、対米牽制を超えて対米対抗を目的とするものであり、これまで芦田が唱えてきた対ソ協調論とはまったく性格を異にするものであった。このとき芦田が「実力南進論はそれが必然的に日米関係を極度に悪化させる」ものであり、「此際慎重に考へなければならぬ」と述べて注意を促すとともに、南進論によって敵対が予想される「米国に対抗する為めにソ連と提携する可能性があるか」と問いかけ、「之に対する答案は深く議論する迄もな」いとして対ソ提携論を一蹴しているのは、反ソ論へと転換した動機のあり様を端的に示している。[65]

そのうえで芦田にとってより決定的だったのは、ソ連に対する不信感であった。この点に関して、欧米派の外交官で当時駐ソ大使であった東郷茂徳の対ソ認識と比較すれば、それは明らかである。満洲事変以後一貫して対ソ協調論を唱えてきた東郷は、独伊との提携や南進論と結びつくことに警戒感を抱きつつも、重慶の中国国民政府に対する打撃や対米関係における外交的立場の強化といった理由からこの時点でもソ連との協調を実現すべきであると説いていた。要するに、南進論への警戒という点を差し引いてもなお、勢力均衡原理を引照基準とする権力政治的観点からすれば日ソの政治的接近にはいまだ十分な価値がある、というのが東郷の判断であった。[66]

これに対して芦田は、日ソ間に「不可侵条約を結んだとしても、事の実際に於て益するところは何物もない」として、東郷のような見方をはっきりと拒絶している。[67] 芦田は、欧州戦争勃発後のソ連が不可侵条約を一方的に破棄してフィンランドに侵攻すると、「ソ連は帝政ロシア時代の帝国主義あるいは拡張政策に回帰したのだろうか」と述べて、ソ連外交に対する猜疑心をいっそう強めるようになった。[68] そうしたなかで、「ソ連と接近し握手するには相手方の誠意と信頼とが先づ第一に検討せられねばならない」と指摘しているのは、膨張主義へと傾斜していくソ連外交に対する不信感を露わにしたものであった。[69] もはや芦田は、「日ソ間に相互信頼の念を抱かせようとしても、事実上不可能」になったと見なすようになっていたのである。[70]

このような対ソ不信感にもとづく反ソ論への転換は、根本的には芦田の普遍主義的国際政治観と関連しているように思われる。欧州戦争勃発後の日本国内では、世界を東亜・ソ連・欧州・米州の四つのブロックに分割し、それぞれ日本・ソ連・独伊・米国を指導的立場とする新秩序構想が語られるようになる。そして日中戦争と欧州戦争はこうした世界新秩序の建設を目指す日独伊とそれを阻むイギリスとの戦いとして位置づけられ、その論理的帰結としての日独伊提携とこれにソ連をくわえることでアメリカの参戦を牽制するという四国協商論が台頭するようになっていく。[71]

しかし、芦田は、「支那に於ける新秩序といふものが、ドイツがチェッコを併合したり、ポーランドを取つたりすることゝ同じ」ことを意味するのであれば、それは「新秩序でない」と述べて、[72] 四国協商論にもとづく世界分割構想には同調しなかった。欧州戦争に対する芦田の見方は、ドイツとソ連という「全体主義の二大強国」が「武力で四隣の国を押しつぶす」ものであり、それは「国際的無秩序」とでもいうべきものであった。[73] また、欧州戦争に対する見とおしは、「ドイツは結局敗ける」というものであり、[74] フランスが敗北したのちも「戦争は当分継続する」と見ていた。[75]

そうして芦田は、「東亜協同体の実現には疑念を挿む者である」という自らの立場を改めて明らかにしたうえで、戦後国際秩序への展望として「国際連盟の規約と組織とに改訂を加へ、これを改善することに依つて、兎にも角にも世界の新しき秩序を建設する」ことになるだろうと語り、「次善の対策として之に協力するの用意だけは持合すべきものと思ふ」と提言した[76]。芦田は、「パリ平和会議に於て国際連盟の思想が一世を風靡し、この集団組織に依つて人類の新しき方向を発見せんとして、実際政策に於ても、この線に沿うて、幾多の努力が繰り返されて来た」ことを想起するよう促し、欧州が再び戦禍に苛まれたことによって、「今度こそ国際生活の新たなる形態を創造せんとする焦慮の念は、之を了解する」であろうと説いたのである[77]。

このように、芦田は、日中戦争や欧州戦争に対して世界新秩序建設のための戦いといった意義を与えることはなく、欧州戦争の勃発によって連盟が完全に崩壊したのちも、その存在意義を認める立場を崩さなかった。それゆえ、欧州戦争勃発以後の芦田は、ソ連を暴力によって国際秩序を破壊する全体主義国家の一つとして位置づけ、ソ連外交に対して批判的になっていった。そのうえで、「旧来の如き甘い夢を抱いてワシントンの好意を繋ぐことの不可能」を理解し、「全面的にアメリカに妥協する」以外に対米関係改善の道はないことを知りつつ[78]、「日米、日蘇の関係を調整することを希望するに違いないが、我国策の遂行上、其孰れが調整に容易であるかを明確に判断して、止むを得なければ一方を捨てゝ、一方を選ぶことが安全である」として[79]、対ソ協調を捨てて対米協調を選ぶことを主張したのである。

したがって、芦田が一九四〇年九月の日独伊三国同盟や翌年四月に成立した日ソ中立条約をまったく評価しなかったことはいうまでもない。芦田は、三国同盟によって、日米関係が「枢軸国対民主国の戦略を目標とする最後の階梯に到達した」として[80]、対米開戦がすぐそこまで迫っているとの危機感を持つようになった。同時に、「日蘇条約の成立を理由として、米国の実力に亀裂が入つた如く計算し、日米戦争の暁にソ連からの好意的支持を期待する如き結論を引出すならば、それは将来に向つて大なる禍根を残すものである」[81]、あるいは「中立条約が出来たからそれでロシヤ問題は総て安心だと考へると、そこに危険なことは起こりやしないか。といふのは過去二三年来のソヴィエトの行状を調査して見れば分る」[82]と指摘するなど、中立条約の成立後も対ソ不信感を隠そうとはしなかった。このとき、本心では「三国同盟の効用については疑わしい」と思いながらも[83]、「日独伊同盟はアメリカの参戦を引留めることを目的とすると政府から発表されたのであるから」、「欧洲への参戦を思止まらしめ、太平洋をして名の如く安泰ならしめる為めに最後の力を致すことは其論理的の帰結である」と主張したのは[84]、皮肉の裏に込めた最大限の政府批判であった。

しかしながら、芦田の外交論が日本外交の現実を変えることはなかった。一九四一年六月の独ソ戦開始によって四国協商論が破綻するなかで、日本は七月に南部仏印への進駐を実施、これに対してアメリカは対日石油輸出の全面禁止で応じ、日米関係は極度に悪化した。この間、四月から開始されていた日米交渉も事態を打開するには至らず、一二月八日、ついに日本は対米開戦に踏み切った。同年末の日記に芦田は、「議会に出てからの念願ハ‥《ママ》（１）外交を軌道に乗せること。（２）行過ぎの外交を制調《ママ》すること。（３）民権を擁護すること《ママ》。であった。昭和十六年十二月に入って、上の（１）、（２）は完全に潰滅した」と記した。満洲事変以来「十数年の苦心ハ凡て水泡に帰した」のである[85]。

三　日米開戦以後

日米開戦以後、政府の外交政策に批判をくわえることはきわめて困難になった。当該時期の芦田が外交評論をほとんど発表できなくなっている事実は、間接的にこのことを物語っている。同時期の芦田は、実業家の小林一三が主宰する「二六会」の常連として、馬場恒吾や嶋中雄作、清沢洌といった自由主義的なジャーナリスト・評論家を中心とした気の置けない仲間たちとの会話を楽しむことで気を晴らすことが多くなった(86)。

だが、芦田は現実から目をそらし、困難な状況からまったく逃避したわけではなかった。同じ「二六会」のメンバーであった馬場や清沢が評論活動から歴史研究へと分野を移しながら、なおも現実政治や外交への批判を試みたように(87)、芦田もまた外交史研究を本格化させて、国際政治の現実を歴史的な視点から捉えようとした。たとえば、当時の芦田は、清沢に宛てて、「歴史を読む方が新聞雑誌よりも時代を知るに有益と痛感致し、歴史に対する感興一層横溢致すように候」と認めたり(88)、清沢の立ち上げた外交史研究会に参加しているのは(89)、そのことを示している。そして日米開戦後の一九四二年（昭和一七）四月一〇日に刊行した『第二次世界大戦前史』もまた、そのような試みの一環として位置づけられるものであった。

同書の冒頭において芦田は、「二十年の昔、ヴェルサイユの鏡の間に和平条約が結ばれた時、是より新しき世界の秩序が始まるかの如く狂喜した群衆の夢と」、「眼前に展開されつゝある欧州大戦乱の光景を想望して、誠に感慨の抑へ難きものがある」と述べているが(90)、それは一方で連盟を基軸とした普遍主義的国際秩序の崩壊を認めながら、他方でなおもその理想が完全に失われたわけではないとする自らの立場を示そうとしたものであった。このことは、同書が第二次大戦へと至るヨーロッパ国際政治を描きながら、最終章を「アメリカと欧洲危局」として、孤立主義と集団安全保障主義とのあいだで揺れ動きながらも参戦へと向かうアメリカ外交分析で締めくくっていることからもわかる。この当時書評を書いた清沢に対して、「親英（ママ）的でないといふ事を思ハせるに苦心したと拝察して心使ひ細かい事に感心した。君も尠くも最後の章丈けハ読まれたと推断すべき書きぶりであった」と述べているように[91]、同書の意図はこの最終章に込められていた。

　芦田は、アメリカの参戦の動機について、帝国主義的拡張や軍拡による国内景気の回復といった側面からも論じているが、その根底には「民主主義の原則と国際法規の確認とを要求して、これに依つて『秩序ある国際生活』を編成する」という世界観が存在していることを指摘している[92]。たしかに、伊エ戦争からミュンヘン会談、そして第二次大戦へと至る国際政治の現実は集団安全保障の失敗であった。しかし同時に、それは英仏の「宥和政策の崩壊を物語」るものでもあった[93]、というのが芦田の見方であった。そうした国際政治の現実を踏まえたうえで、芦田は、参戦へと向かうアメリカの動向を集団安全保障の観点から捉え、これを「僅かに生き残つた十字軍精神の闘」として表現したのである[94]。

　もっとも、このような外交論は日本外交の現実に対して鋭い矛盾と緊張を孕むものであった。それゆえ芦田は、乖離していく理想と現実のあいだで激しい葛藤に苛まれることになった。当時の芦田が「戦争には勝ちたい」と率直な気持ちを吐露する一方で、「大東亜戦に勝つた際、その勝利に一分と雖寄与した等と自負する気持ハない」と記しているのは[95]、そのことを物語るものである。

　だが、それでも芦田は自らの信念を貫いた。戦後に『第二次世界大戦前史』が復刊された際に書評を執筆した鹿島守之助が「改訂された部分の少ないのに驚く」、「著者の意図は、戦前、戦中、戦後を通じて変わらず時勢によって筆を曲げることはされなかった」と記しているように、[96]芦田は、言論人としての矜持を最後まで失わず、決して時局に追随するような真似はしなかったのである。

敗戦直後の一九四五年九月四日、芦田は第八八議会に「大東亜戦争ヲ不利ナル終結ニ導キタル原因並ニ其責任ノ所在ヲ明カニスルタメ政府ノ執ルベキ措置ニ関スル質問」[97]を提出した。そのなかで芦田は次のように述べている。「英仏其他の連盟参加国は満洲及び北支に直接重大の利害を有せざるも国際連盟の集団安全保障主義は直接自己の保存に緊密の関係を及ぼすを以て満洲事変の解決は直ちに連盟存亡の岐るる重要案件として思料したり。従って帝国が此等諸国と外交的に何等かの調整を行はざる限り早晩世界多数の国々と武力衝突を惹起すべき危険を包蔵したるは予想し得たる所にして之が調整を見ざるに先立ち支那事変の勃発したるは益々此危険を増大したるものなり」。

芦田は、第一次大戦後に連盟を基軸とした普遍主義にもとづく新しい国際秩序が成立したこと、連盟は暴力によって国際秩序の破壊を企てる国家に対しては敵対勢力に対抗する同盟としての機能を果たすことを指摘し、当時の政府がその認識をまったく欠いていたことを「大東亜戦争」の原因として批判したのである。このことは、戦間期「新外交」の影響を受けて形成された芦田の国際政治観が一九三〇年代の国際政治の現実を前にして変容を遂げながらも、戦後にまで継承されたことを示している。

次章以降では、このような戦中期における国際政治観の連続と変容を踏まえたうえで、戦後の芦田について論じる。

註

（1）『芦田均日記』第四巻、一九三七年七月二二日の条。
（2）同前、一九三七年九月二二日の条。
（3）同前、一九三七年七月一四日の条。
（4）国民使節の全容については、高橋勝浩「日中開戦後の日本の対米宣伝政策――『正義日本』の宣明から文化事業へ」（前掲『戦間期の東アジア国際政治』所収）を参照。
(5)『芦田均日記』第四巻、一九三七年九月二九日を参照。
(6)「世界周遊日記一九三七～一九三八年（昭和一二～一三年）①」（『芦田均日記』第四巻）一一九頁。以下、「世界周遊日記①」と略記し、年月日のみ表記する。
(7) 前掲、高橋勝浩「日中開戦後の日本の対米宣伝政策」四〇〇～四〇三頁、「国民使節ヨリ各国関係方面ニ対シ説明スヘキ一般事項」（久保田貫一郎編「石井子爵日記　昭和十三年二月二十五日―三月十八日」『国際問題』第七七号、一九六六年八月）六六～六七頁を参照。
(8)『東京朝日新聞』一九三七年一一月一〇日、一二月八日。
(9)「世界周遊日記①」一九三七年一一月四日を参照。
(10) 同前、一九三七年一二月一四日の条。
(11) 同前、一九三七年一一月一七日の条。
(12) 同前、一九三七年一一月一八日の条。
(13) Sir F. Leith Ross (Treasury) to Sir A. Cadogan, November 23, 1937, F 10141/9/10, FO 371/20959.
(14)「世界周遊日記①」一九三七年一一月二三日の条。
(15) Foreign Office Minute, Sir A. Cadogan, November 26, 1937, F 10140/9/10, FO 371/20959.
(16) Sir A. Cadogan to Sir R. Craigie, December 3, 1937, ibid.
(17)「世界周遊日記①」一九三七年一一月二六日の条。
(18) 同前。
(19)『東京朝日新聞』一九三七年一二月四日。
(20) 前掲、高橋勝浩「日中開戦後の日本の対米宣伝政策」四一三頁を参照。
(21) 森島守人『真珠湾・リスボン・東京――続一外交官の回想』（岩波書店、一九五〇年）四七頁。
(22) 伊藤隆・劉傑編『石射猪太郎日記』（中央公論社、一九九三年）一九三八年二月二四日の条。
(23) 芦田均『欧米見たまゝ』（明治図書、一九三八年）。同書は、欧米訪問後の芦田が新聞、雑誌に投稿した論考および座談会での発言を集成したものである。発刊順に、「世界政治の新しき動向——国民使節の旅を了へて」(『ダイヤモンド』第二六巻第九号、一九三八年三月二一日)一二～二六頁、「長期戦下の我国際情勢——国民使節報告中心の座談会」(『東洋経済新報』第一八〇五号、一九三八年三月二六日)七三～九一頁、「聖林の昨日けふ」(『文藝春秋』第一六巻第六号、一九三八年四月一日)三四～三五頁、「独墺合併と世界情勢」(『報知新聞』一九三八年四月七日)、『早巡り世界一周』(明治図書、一九三八年四月三〇日)、「英外交の再検討」(『文藝春秋』第一六巻第七号、一九三八年五月一日)一四〇～一五三頁、「列強軍拡の背後に潜む思想戦」(『財政』第三巻第五号、一九三八年五月一日)一五六～一六二頁、「印度よ何処へ」(『報知新聞』一九三八年五月三、四、五日)、「列強の動向と極東への重圧」(『日本評論』第一三巻第七号、一九三八年六月一日)三二六～三三三頁が収録されている。本項では以下、とくに断りのない限り、本書から引用、参照している。

(24)　芦田均「米国輿論の方向」(『財政』第三巻第一二号、一九三八年一二月一日)一三二頁。

(25)　「日本の現在及将来」座談会(『日本評論』第一一巻第一号、一九三六年一月一日)一一九頁。

(26)　芦田均「全体主義の進出—民族と思想の角逐」(『読売新聞』一九三九年四月一八日)。

(27)　芦田均「国際時事」(『新女苑』第一巻第五号、一九三七年五月一日)三四八頁。

(28)　芦田均「ヴェルサイユの弔鐘」(『外交時報』第七六四号、一九三六年一〇月一日)七二～七九頁。

(29)　Collin Brooks, *Can Chamberlain Save Britain? The Lesson of Munich* (London: Eyre & Spottiswoode, 1938), p. 57の芦田による欄外書込。

(30)　Kodne Zilliacus, *Why We Are Losing the Peace; the National Government's Foreign Policy: Its Causes, Consequences and Cure* (London: V. Gollancz, 1939), p. 76の芦田による欄外書込。

(31)　三谷太一郎「独ソ不可侵条約下の日中戦争外交」(入江昭・有賀貞編『戦間期の日本外交』東京大学出版会、一九八四年)、前掲、酒井哲哉「防共概念の導入と日ソ関係の変容」を参照。

(32)　『芦田均日記』第四巻、一九三八年九月一五日の条。

(33)　防共協定強化問題については、さし当たり、大幡篤四郎「日独防共協定・同強化問題」(『太平洋戦争への道』第五巻、朝日新聞社、一九六三年)を参照。

(34)　『芦田均日記』第四巻、一九三八年九月一五日の条。

(35) 同前、一九三八年八月三〇日の条。
(36) 同前、一九三九年三月三一日を参照。
(37) 同前、一九三九年八月二八日の条。
(38) 一九三七年一〇月三一日付在独国武者小路大使発広田外務大臣宛電報（『日本外交文書』日中戦争第三冊九三三文書）。重光は、以後も一貫して「九国条約の排撃」と「集団機構設定の打破」を意見具申している（一九三八年五月一八日付在ソ連邦重光大使発広田外務大臣宛電報、同前九六六文書、一九三八年一一月一一日付在英国重光大使発有田外務大臣宛電報、同前一一二六文書を参照）。
(39) 「昭和十二年十二月　白鳥大使提出　英国との大使会談録」（「帝国ノ対外政策関係一件（対支、対満政策ヲ除ク）」第二巻、外務省外交史料館所蔵、外務省記録 A.1.0.0.6）。
(40) 井上勇一「有田の『広域経済圏』構想と対英交渉」（『国際政治』第五六号、一九八七年三月）、服部聡「有田八郎と『東亜新秩序』」（前掲『戦間期の東アジア国際政治』所収）を参照。ほかに、とくに有田の対米アプローチに着目した研究として、湯川勇人「日中戦争初期における日米関係──有田八郎外相の対米方針と九カ国条約」（『国際政治』第一九〇号、二〇一八年一月）を参照。
(41) 芦田均「新スペインと慌しき欧米政局」（『ダイヤモンド』第二七巻第五号、一九三九年二月一一日）二七頁。
(42) 有田は、日中戦争に際して中国における門戸開放と機会均等の維持を求めるアメリカに対して、「事変前の事態に適用ありたる観念乃至原則を以て其の儘現在及今後の事態を律せんとすることは何等当面の問題の解決を齎す所以に非さるのみならす又東亜恒久平和の確立に資するものに非さること」を回答し、東亜新秩序が暗にワシントン体制への回帰を拒否するものであることを告げた（「米国政府の十月六日付対日通牒に対するわが方回答」『日本外交文書』日中戦争第三冊一三三九文書）。
(43) 芦田均「門戸開放と米国政府」（『報知新聞』一九三八年一一月二〇日）。
(44) 芦田均「日英関係の現段階」（『商工経済』第七巻第三号、一九三九年三月一日）四〜五頁。
(45) 同前、五頁。
(46) 第三次近衛声明の全文については、「日中国交調整の根本方針に関する近衛総理声明」一九三八年一二月二二日（『日本外交文書』日中戦争第一冊二七一文書）を参照。
(47) 第七五議会における「事変根本処理方針」に対する斎藤隆夫の追及が示すように、これまでの戦費負担と人的犠牲を考えれば第三次近衛声明による日中戦争の解決でさえ寛大すぎると見なされていた（永井和『日中戦争から世界戦争へ』思文閣出版、二〇〇七年、第四章第六節を参照）。

(48) 東亜協同体論は、その論者によって論旨は多岐にわたるが、共通の性格として、「（一）いわゆる『日本主義』、『皇道主義』によるアジア統一の観念性と偏局性を批判し、アジア連帯の原理としてアジア諸国家に共通する普遍的政治理念を追求したこと、（二）いわゆる『経済ブロック』的な考え方を否定し、その根底にある資本主義理念の克服を国内政治・大陸政策の両面にわたって追求したこと、（三）アジアにおける連帯理念の形成は、単にアジアの新しい国家連合を可能とするばかりでなく、『世界史の新しき段階における世界的原理』の創造につらなるであろうとするヴィジョンがいだかれていたこと、そして、（四）そうした理念の形成を必然たらしめた現実の契機として、中国ナショナリズムへの共感ないし肯定の姿勢が共通していること」があげられる（橋川文三「東亜新秩序の神話」橋川文三・松本三之介編『近代日本政治思想史』Ⅱ、有斐閣、一九七〇年、三六一～三六二頁を参照）。

(49) 芦田均「ダンチッヒより天津租界へ」（『婦人之友』第三三巻第八号、一九三九年八月一日）六六頁。

(50) 同前。

(51) 「東亜の新秩序と第三国」座談会（『ダイヤモンド』第二六巻第三六号、一九三八年一二月一日）二七～二八頁。

(52) 昭和研究会の各種委員の名簿については、昭和同人会編『昭和研究会』（経済往来社、一九六八年）第二部を参照。

(53) 『芦田均日記』第四巻、一九三八年一一月二二日の条。

(54) Wickham Steed, *Our War Aims* (London: Secker and Warburg, 1940), p. 173の芦田による欄外書込。

(55) *Japan Times & Mail*, May 4, 15, June 2, October 16, 1938を参照。

(56) 芦田均「四国協調の効果」（『エコノミスト』第一六巻第三五号、一九三八年一二月一一日）二二頁。

(57) 「芦田均日記」原本、一九三八年八月六日の添付英字新聞記事。

(58) 細谷千博「三国同盟と日ソ中立条約」（前掲『太平洋戦争への道』第五巻）二五四～二五六頁を参照。

(59) 芦田均「ロシア外交論」（『文藝春秋』第一五巻第二号、一九三七年二月一日）七七頁。

(60) 「世界周遊日記①」一九三七年一二月三〇日を参照。

(61) 芦田均「リトヴィーノフの失脚とソ連の外交」（『財政』第四巻第七号、一九三九年七月一日）一一三頁。

(62) 『芦田均日記』第四巻、一九三九年八月二三日の条。
(63) 「独ソ提携の波紋と我が対外方針」座談会(『東洋経済新報』第一八八四号、一九三九年九月二日)三六頁。
(64) 芦田均「不介入政策の根拠」(『外交時報』第八五四号、一九四〇年七月一日)一三一頁。
(65) 同前、一三〇〜一三一頁。
(66) 前掲、東郷茂徳『東郷茂徳外交手記』一四三頁を参照。
(67) 芦田均「外交戦と日本の立場(2) 日ソ関係の前途」(『北海タイムス』一九四〇年一月三日)。
(68) "Another War Starts", *Japan Times & Mail*, December 1, 1939.
(69) 前掲、芦田均「外交戦と日本の立場(2) 日ソ関係の前途」。
(70) 芦田均「欧洲戦争と極東」(『財政』第五巻第一〇号、一九四〇年九月一日)一〇二頁。
(71) 前掲、細谷千尋「三国同盟と日ソ中立条約」二三六〜二四〇、二六一〜二六三頁を参照。もっとも、とくに松岡洋右による外交指導との関係において、四国協商論が現実の外交政策として追求されたわけではないとする研究もある(服部聡『松岡外交——日米開戦をめぐる国内要因と国際関係』千倉書房、二〇一二年を参照)。
(72) 「世界の破局と日本の進路を語る」座談会(『経済マガジン』第四巻第一号、一九四〇年一月一日)一二三頁。
(73) 芦田均「蘇連の動向を占ふ」(『改造』第二一巻第一一号、一九三九年九月二八日)三六頁。
(74) 「日本戦時外交談義」対談(『実業之日本』第四三巻第四号、一九四〇年二月一五日)三四頁。
(75) 前掲、芦田均「不介入政策の根拠」一二九頁。
(76) 芦田均「東亜連盟と欧洲連邦」(『国際知識及評論』第二〇巻第五号、一九四〇年五月一日)三七、四〇頁。
(77) 芦田均「欧洲の争覇と戦争目的」(『財政』第五巻第一号、一九四〇年一月一日)一四五頁。
(78) 芦田均「対ソ、対米方針が新外交の命題」(『福岡日日新聞』一九四〇年一月二一日)。
(79) 芦田均「世界の変革と日・米・蘇の関係」(『商工経済』第一〇巻第三号、一九四〇年九月一日)二〇頁。
(80) 芦田均「米国は何を惧れる」(『改造』第二三巻第二三号、一九四一年一二月一日)六四頁。
(81) 芦田均「日米国交の整調」(『ダイヤモンド』第二九巻第一三号、一九四一年五月一日)二〇頁。
(82) 芦田均「欧洲の戦火と太平洋」(『旬刊 講演集』第六〇七号、一九四一年六月二〇日)二九頁。

(83)『芦田均日記』第四巻、一九四〇年一〇月一六日の条。
(84)前掲、芦田均「日米国交の整調」二二頁。
(85)『芦田均日記』第四巻、一九四一年一二月三一日の条。
(86)室伏高信『戦争私書――彼らはなにをしていたか』(全貌社、一九六六年)九五～九六頁を参照。
(87)馬場に関しては、御厨貴『馬場恒吾の面目――危機の時代のリベラリスト』(中央公論社、一九九七年)第六章を、清沢に関しては、北岡伸一『清沢洌――外交評論の運命』増補版(中央公論新社、二〇〇四年)第四章をそれぞれ参照。
(88)一九四三年四月七日付清沢洌宛芦田均書簡(北岡伸一「外交官出身総理大臣の歴史意識――清沢洌宛幣原喜重郎・吉田茂・芦田均書簡にみる」『中央公論』第一〇一巻第一一号、一九八六年八月一日)。
(89)橋川文三編『暗黒日記――戦争日記一九四二年一二月～一九四五年五月』(評論社、一九七九年)一九四四年一二月五日の条。『芦田均日記』第四巻、一九四四年一二月五日も参照。
(90)芦田均『第二次世界大戦前史』(中央公論社、一九四二年)の「著者のことば」。
(91)一九四二年六月二〇日付清沢洌宛芦田均書簡(前掲、北岡伸一「外交官出身総理大臣の歴史意識」所収)。
(92)前掲、芦田均『第二次世界大戦前史』三八五頁。
(93)同前、三九九頁。
(94)同前、四三〇頁。
(95)『芦田均日記』第四巻、一九四二年一二月三一日の条。
(96)「芦田均著『第二次世界大戦前史』書評」(「鹿島守之助文書」三五四―二、国立国会図書館憲政資料室所蔵)。
(97)「大東亜戦争ヲ不利ナル終結ニ導キタル原因並ニ其責任ノ所在ヲ明カニスルタメ政府ノ執ルベキ措置ニ関スル質問」一九四五年九月四日(「芦田均関係文書」書類の部一六〇)。当該史料は、「芦田均日記関連文書」として『芦田均日記』第七巻にも所収されている。

補論3　日中戦争勃発以後の政治活動とその人脈

ここでは、日中戦争勃発以後の政治活動を分析し、芦田の人脈と政治家としての特徴を明らかにすることで本章の内容を補うとともに、戦後における政治活動の予備的考察をおこなう。

1　新体制運動への抵抗

日中戦争の勃発を契機として、国内では国民動員のための一国一党体制を目指す近衛新党運動が本格化した。[1] これを受けて政友会では、新党運動に積極的な中島知久平派が優勢を占めるようになり、これに消極的であった鳩山一郎派は次第に劣勢に立たされるようになった。一九三九年（昭和一四）四月三〇日、中島派が党大会の開催を強行して中島を総裁に選出すると、鳩山派は久原房之助派と提携してこれに対抗し、五月二〇日に鈴木喜三郎前総裁による指名という形式によって久原を総裁に推戴した。こうして政友会は中島派（革新派：九八名）と久原派・鳩山派（正統派：七〇名）に分裂することになった。

芦田は、政党政治の擁護を掲げる鳩山と行動をともにして正統派に所属した。[2] このとき外務省一期後輩の天羽英二から「定めし御苦境に立たれたる事と拝察す」としてその境遇を慮る手紙を受け取っているように、[3] 正統派は革新派に対して劣勢であった。しかも、翌年二月になって政府の日中戦争処理方針を批判した民政党代議士斎藤隆夫の議員除名問題が生じると、除名賛成の久原派とこれに反対する鳩山派が激しく対立した。従来から久原は一国一党体制を持論としており、政党政治の擁護を掲げる鳩山とは政策的に相容れなかったからである。政友会の分裂に際して、久原派と鳩山派が提携したのは、中島派への対抗という点で一致していたに過ぎなかった。

こうしたなかで、芦田は斎藤の議員除名反対の立場を貫いた。二月九日の時点では「〔久原〕総裁と数名の支持者が斎藤の除名を求めているが、多くはそうした発言については議員の免責特権であると主張し」ており、除名反対派が優勢であった。さらに、「Saito 問題で民政党ハ割れそう。正統派も30名位ハ脱党といふ形成。社民でハアベ〔安部磯雄〕さん以下十名の士が除名反対の故に党から除名されるとの噂」があり、芦田は、「これで政界の色彩が明白になると期待していた」。むしろ、「Saito 君が自発的にやめたら、凡てハ又もとの混沌状態に帰る」、「ソレを残念に考へ」てすらいた。三月六日に開かれた正統派の総務会でも一八名中一五名が除名反対、賛成はわずか三名であり、「実質上の自由行動を認めて　主義上の除名といふヌエ的決定」に落ちついた。

ところが、翌日の本会議では「党の勇士はベタベタ欠席して、総裁派のみが白票を投ずべく集つてゐる」状況となり、その他各党の除名反対派もほとんどが欠席、あるいは棄権する結果となった。結局、青票を投じたのは、芦田を含めて鳩山派の宮脇長吉、名川侃市、牧野良三、丸山弁三郎に民政党の岡崎久次郎と第一議員倶楽部の北浦圭太郎をくわえたわずか七名であった。芦田は、除名反対派を結集することで近衛新党運動に対抗することを構想していたが、その目論見は完全に外れた。

本会議後、久原総裁は青票投票者五名に対して離党を迫り、芦田らは窮地に立たされた。芦田らは、「『最近我党に動揺を惹起したる事情に顧み』此際離党致度此如及届候也」とする離党届を準備して、一旦は離党を覚悟した。このとき鳩山が「久原、岡田〔忠彦〕両氏が突如離党を勧告したる（青票を投じたる五氏に）態度を狂気の沙汰と言はぬものなし。次に来るものは何なりや？」と悲痛な叫びを日記に残していることはよく知られている。鳩山は、芦田らを引き留め、青票投票者五名による陳謝と引き換えに離党勧告を撤回させた。しかし、この結末に対して芦田は、

「ここ数ヶ月の内に彼〔久原〕の政党を出ていく決意を固めた[10]」。

一方、離党勧告を貫徹できずに党内における求心力を低下させた久原は、四月三〇日の党大会において正統派の解党と新党樹立の決意を表明した。久原は、政党再編運動に打って出ることでその政治的影響力を確保しようとしたのである。この久原発言がきっかけとなって政界は流動化し、新体制運動へと発展した。

これに対して芦田を含む鳩山派の名川、宮脇、安藤正純、星島二郎は鳩山邸に集まり、「久原氏によって後援されている運動については無視することで全員が一致」し、「政友会の伝統に留まることを決めた[11]」。六月二四日に近衛文麿が枢密院議長を辞任して新体制運動への乗り出しを表明すると、芦田と安藤、若宮貞夫、原口初太郎、名川、宮脇が交詢社に集まって、「『新党運動』への態度について意見交換」をおこない、「新体制運動には参加しないこと、独立した小政党をつくること」を申し合わせた[12]。「新態勢（ママ）とは、結局のところ政府多数党の結成である[13]」、というのが芦田の見方であった。

七月一六日、近衛の新体制運動乗り出しを確認した陸軍は米内光政内閣の倒閣に踏み切り、近衛に大命が降下した。これと前後して各政党は一斉に解党、正統派も米内内閣倒閣の同じ日に解党することになった。一〇月一二日、新体制運動の帰結として大政翼賛会が発足した。

翼賛会発足後の芦田は、これにくわわることなく、独立した小会派の結成に向けて活動を開始した。一〇月二六日には「正体が判明する迄静観[14]」する態度をとってきた鳩山も「初めて自らの所信を明らかにし[15]」、翼賛会との対決姿勢を鮮明にした。鳩山の信念を確認した芦田は、「吾等起つて頽勢を既倒に回さゞる可らず、闘ハ困難なれど、闘ハざるを得ず。成否は眼中に無し。奉公の時期来る[16]」と記し、鳩山と行動をともにする決意を固めた。その後一二月一八日に芦田、安藤、名川、宮脇のあいだで「議会内において独立した小会派を結成すること」を申し合わせ[17]、翌年一月一九日に鳩山派を中心とした有志会合、山王会を結成した。

一方、翼賛会に合流した旧政友会中島派と旧民政党を中心とする議会主流派も、全面的に新体制運動に賛同したわけではなかった。第七六議会において、彼らは、予算審議権を盾にとって翼賛会の改組を実現させることでこれを骨抜きにし、議会や政党の影響力を一定程度維持することに成功したのである(18)。

そのきっかけとなったのが、一九四一年一月二五日の予算委員会における川崎克による翼賛会違憲論であった。川崎は、「凡て法律は帝国議会の協賛を経ること要す」と定める明治憲法を持ち出して、翼賛会が憲法違反であるとしてこれを攻撃した(19)。

これを受けて、二月三日の山王会では、「翼賛会の予算を削減することを決めた(20)」。翌日、芦田も翼賛会予算の削減運動を「本気で支持する」こととして、川崎と会談するとともに、「この運動に多くの友人を誘っ」た(21)。二月五日、鳩山派と川崎ら旧民政党系の一部を中心に八四名が集まり、翼賛会に政治性を持たせることを否定し、その予算を減額することを申し合わせた。このときの会合が中央亭で開かれたため、このグループは「中央亭派」と呼ばれるようになった(22)。その後、二月一〇、一四、一九、二〇日と会合がつづけられ、採決を翌日に控えた二一日の会合では、「40名が参加し」、「修正案の提出と本会議での戦略を決定した(23)」。

もっとも、「中央亭派」による予算修正決議案は、議会主流派の反対によって否決された。だがその一方で、議会主流派は、予算通過と引き換えに翼賛会の改組を政府に認めさせた。このとき芦田が「我々は敗れた、だが、事実上勝利したのだ」と記しているのは(24)、このことを指している。三月二七日に翼賛会事務局の局長、部長、副部長の全員が辞職することが発表されると、「昨秋以来の我々の行動の結果である」と記し(25)、月末欄には「大政翼賛会の予算修正決議では敗北したが、そのかわりに政府は翼賛会改組を強いられたのだ。このことは、疑いなく我々の完全な勝

利である」と改めて記した。(26)

二月二六日、「中央亭派」は今後も「定期的に会合をつづけていくことを決め(27)」、第七六議会終了後も鳩山派と川崎ら旧民政党系の一部は提携関係を維持した。九月二日に議会主流派が衆議院のなかに新しい交渉団体として翼賛議員同盟を結成すると、鳩山派と川崎らはこれにくわわらず、別の交渉団体を結成することを目指してその活動を活発化させた。このときすでに鳩山派は、「政党結成を視野に入れて調査会を立ち上げる」ことを決定しており、(28)八月二日に国政調査会を結成していた。そうしたなかで、一〇月末に川崎から交渉団体の設立について共同歩調をとる旨の申し出があり、安藤がこれに対応した。(29)その後、安藤と川崎の会談によって新たな交渉団体を結成することが決められ、一一月一〇日に鳩山派と旧民政党系の一部が合同して同交会を結成した。(30)

この同交会には、斎藤事件で社会大衆党を除名になった片山哲や鈴木文治らもくわわった。戦後の芦田は、社会党との提携という中道路線を推進していくことになるが、その起源は戦中期の同交会人脈に求めることができる。(31)

一方、同時期の芦田は、復古的な観念右翼とのあいだにも提携関係を築いている。観念右翼もまた翼賛会が天皇主権を規定する明治憲法に違反するとしてこれを攻撃しており、両者は新体制運動に与する革新派への対抗から互いに接近するようになったのである。(32)芦田も新体制運動が本格化する一九四〇年ごろから右翼活動家の赤尾敏と接触するようになり、(33)一九四二年四月の第二一回総選挙のときには皇道派の将軍である真崎甚三郎から推薦を取りつけている。(34)戦後の芦田は、再軍備運動を展開していくなかで一部の右翼活動家と連携していくことになるが、そうした協力関係の端緒もまたこの戦中期にまで遡ることができる。

2　翼賛選挙と苦境のなかでの政治活動

このように日中戦争勃発以後の芦田は、新体制運動に抵抗するために左右の勢力とも連携して活発な政治活動を展開した。しかし、日米開戦以後になると、その活動は次第に低調になっていった。その転換点となったのが第二一回総選挙、いわゆる翼賛選挙であった。翼賛選挙は、緒戦の戦果と民心の昂揚に乗じて衆議院の一新と翼賛体制の確立を企図した東条英機内閣が実施したもので、候補者推薦制を採用し、非推薦候補者に対する激しい選挙干渉がおこなわれたことで知られる。なかでも芦田の選挙区がある京都府では、「知事が推薦候補の当選を自分の責任として力瘤を入れて」いたという(35)。

芦田は、定員三名の京都府第三区から立候補した。第三区は、福知山、舞鶴、東舞鶴の三市と天田、何鹿、加佐、與謝、中、竹野、熊野の七郡を選挙区とし、推薦候補の村上国吉、水島彦一郎、岡田啓治郎の三名に非推薦の芦田がくわわるかたちで選挙戦が展開された。選挙戦当初は、「警察は我々をかなり公平に取り扱つている」と記しているように(36)、これといった干渉を受けることはなかった。選挙公報が警視庁によって差し押さえられたこともあったが(37)、「推薦制度に対する批評を除けばよしとの事」で(38)、運動それ自体は概ね順調に進んだ。実際、演説会場の借り受けについて見ても、「許可せず」の回答があったのは、丹波国民学校の一件のみでそのほかはすべて借り受けることができている(39)。

ところが、選挙戦終盤になると、情勢は一変した。四月一七日、翼賛会京都支部および府下の翼賛壮年団が「総進軍を開始」し、府内各地で棄権防止活動を展開した(40)。また、同月二八日付『京都新聞』両丹版には「福知山翼賛壮団もハリキル」とあるように、芦田の選挙区である福知山市でも大規模な棄権防止のビラ撒きがおこなわれた(41)。この棄権防止のビラには、「個人主義や自由主義のカスを身に付けてゐる人が議員に一人でもゐては戦争に勝つ事は出来ぬ」とか、「政府の施政に対し熱意と誠実しかして実践力を有し全国的に支持協力をして施政を過らしめざる人」への投票を呼びかける内容が書かれていた。[42] これらの活動は、福知山市に限らず宮津町でも同様であり、投票日の三〇日には「政府は翼賛政治体制協議会を認め、翼賛議会議員候補者を推薦して呉れてゐるではないか。全ての行きがゝりをすてゝ、我々は政府を信じよう」と書かれた折込が各家に投函された。[43] 翼賛壮年団による棄権防止活動の実態は、非推薦候補者を攻撃し、推薦候補者への投票を呼びかけるものであった。

選挙戦が終わった五月一日、芦田は、「今回の選挙に当たつて福知山壮年団のとつた行動は目に余るものがあつた」として選挙干渉への怒りを記す一方で、「落選の時の態度をぢつと考へ」、「陰鬱」な気持ちで開票を見守った。[44] その後、午後三時に芦田の当選が明らかになった。福知山警察の予測によれば、「村上氏についで二位ならむ」というものであったが、[45] 実際には岡田（一万八八一一票）、村上（一万五九七八票）に次いで第三位（一万五〇一六票）であり、次点の水島（一万三四五七票）とは一五〇〇票余りの差での当選であった。[46] このとき芦田は、「〝ケンセイノホマレギイマダチニオチズ〟」という半沢玉城（『外交時報』社社長）から寄せられた電報をその日記に記した。[47]

こうして芦田は、激しい選挙干渉にもかかわらず、その議席を守ることができた。芦田は、地盤である天田郡と福知山市で他候補を圧倒する強さを見せただけでなく、すべての市郡で三位以内を確保した。[48] その背景には、「芦田会」と呼ばれる後援会組織の存在があった。一九四〇年一二月時点での「芦田会」は、天田郡と福知山市を中心に九〇〇名の会員を擁し、これと合わせて選挙区内に少なくとも六つの組織を持ち、会員の総数は一〇八〇名を数えた。[49] 一九三二年の初当選以来、自らの地盤以外に小規模ながらも後援会を組織し、地道に支持者を開拓してきた結果であった。

もっとも、同交会議員のなかでこの翼賛選挙を勝ち抜いたのは、芦田を含めて鳩山や安藤らわずか九名であった。芦田は、「逢ふ人毎におめでとうと云ハれるが、同僚枕を並べての討死に何のお芽出度い事があるか。悲惨な気持がする」と率直な気持を綴っている。(50) 翼賛選挙は、同交会を潰滅させたのである。

こうしたなかで、芦田は弱気になり、その政治活動は動揺するようになった。五月七日、東条首相が戦争の完遂と翼賛政治の確立を目指す挙国的政治力の結集の必要を述べ、これを受けて同月二〇日に翼賛政治会が発足すると、「同交会の7名は、翼賛政治会に参加することを決めた」。(51) 鳩山が「どうしても入会の理由なきを苦しむ」として抵抗したのに対して、芦田や星島らが「涙を流して全会一致して入会を勧」めた結果であった。(52) こののち、芦田を含む旧同交会の再選者九名は、斎藤隆夫をくわえて思斉会と呼ばれる会合を結成した。思斉会は、「所謂鳩山派の結集にして極度に官僚支配の打破を主張し翼賛会の不必要を説き議会至上主義を内部に包蔵しつゝも会員中議席を有するもの僅か七名に過ぎず、大勢に抗する能はずとして表面協力的態度を持し」たものであった。(53)

一九四三年二月から三月にかけて思斉会は、推薦制度反対有志代議士会や戦時刑事特別法有志代議士会にくわわり、翼賛選挙や戦時刑事特別法改正への反対を掲げて政府や翼賛政治会幹部を批判する活動を展開した。このうち翼賛選挙批判では、芦田が「推薦反対制選挙廃止に関する決議文」《（マ　マ）》を起草した。(54) また、これらの運動を通じて観念右翼との関係をいっそう深めていった。(55)

だがその一方で、一九四三年夏ごろには友人の清沢洌に向かって「どう我等が努力しても仕方がないから安心境に入った」と述べるなど、(56) 芦田は時局の転換に対して悲観的になっていった。また同年末にも「邦家の運命ハ累卵の危きにある。命ハ惜まないが、捨てるべき意義ある方法ハ目前には無い」と記し、(57) 諦観の念を強めていた。翌年五月から国民総決起運動がはじまると、中央政界を離れて郷里に戻り、運動の旗振り役を演じることもあった。同運動を自らの選挙運動に利用しつつ、「ウルサイ監察官の目を睡らせる」ためであった。[58]

一九四四年に入って米軍による反攻が日本軍を圧倒するようになると、国内では反東条運動や早期和平を模索する動きが活発化した。[59] 北岡寿逸の回想によれば、鶴見祐輔が「昭和十九年になって芦田さんや渡辺〔銕蔵〕さんの驥尾に附して戦争の早期終結運動として十人の総理級の人々の署名を得て陛下に奏上すと云う運動をしていた」という。[60]

しかし、芦田がそうした早期和平の運動にどこまで関与していたのかは判然としない。たしかに、当該時期の日記には芦田が安藤とともに木戸幸一内大臣に何度も面会を求めていた形跡が残っているものの、一九四五年六月二五日の記事において、「先方が昏惑したらしい口吻であるから、安藤君と相談して中止」したとあるように、結局のところ木戸との面会は実現しなかった。このとき芦田が「情勢は結局壇ノ浦迄行くことになるらしい」と記していることから、その目的が戦争の早期終結と関係することは間違いないように思われるが、同日の安藤の日記には「一時交詢社に芦田均君と会し、国難の前途に関し御互に心配の方法意見を交換す」としか記されておらず、[61] 木戸の日記には何も記されていないため、[62] この活動の具体的な内容を知ることはできない。

また、同時期の芦田が海軍を中心とする終戦工作と連携していた可能性もある。工作に従事していた高木惣吉海軍少将の日記のなかに、近衛文麿が米内光政と会談した際に、海軍の動向を「芦田均といふ代議士に伝へた」と述べたことが記されているからである。[63] 近衛はこのことを打ち消しているが、[64] 一九四四年ごろから近衛は芦田と接触を図るようになり、木戸に面会を求めていたのと同じころにも両者が会談していることが芦田の日記から判明する。[65] ただやはり、ここでも具体的な内容についての記述がないため、芦田が海軍の動向をどこまで把握し、そしてその活動にどの程度関わっていたのかはわからない。

むしろ、芦田は、終戦工作に積極的に関わることができなかったのではないかと思われる。敗戦を目前に控えた時期に、「それにしてもよくも今日迄活き永らへてゐることだと思はぬでもないが、命を失ふ迄に今一息といふところで手を引いたせいであらう。従つて又、勇気に欠ける処ありと評せられても致方は無い。全く勇気が足りなかつた」と記しているからである。(66)日米開戦以後の芦田は、表立った政治活動において必ずしも十分に自らの信念を貫くことができなかった。この記述は、そのことに対する悔恨を自らの心の奥深くに刻み込むためのものであったように思われる。

しかし同時に、「過去を悔いても及ばない。将来をどうするかゞ問題になる」と記しているように、(67)芦田は戦後を見据えた政治活動を活発化させていった。

3　戦後政治の舞台へ

一九四五年一月に翼賛政治会の改組問題が生じると、思斉会では「安藤、川崎の両氏が成り行きを見守る態度をとること主張した」のに対して、芦田は新党には「加入しないで中立で残る覚悟」を述べた。(68)二月に入って、安藤も「そんな官臭新政党を造つたところで国民の期待に副はざるは必定、此の国家興亡の関頭に立て、猶ほ自己保全、時局便乗に専念する御茶坊主的幹部の醜態唾棄すべし」として新党不参加を決めた。(69)三月三〇日に翼賛政治会を改組した大日本政治会が発足すると、不参加を決めた芦田や安藤らと参加を決めた川崎や星島らとのあいだで思斉会は分裂した。

不参加組の芦田と安藤は、独立した交渉団体の結成に向けて動き出した。五月三日、芦田と安藤は「中立クラブ組織の下相談」をおこなった。(70)この会合には旧社会大衆党の西尾末広や農民運動出身の平野力三らも参加した。(71)同月九日にはさらに旧社会大衆党の水谷長三郎と右翼活動家の赤尾敏がくわわった(72)。これら会合を踏まえて、一二日に芦田は軽井沢の鳩山を訪問し、「新交渉団体〔大日本政治会〕には参加しないこと、新政党結成に向けた準備を進めることで一致した」(73)。

これに対して安藤は、五月九日の会合を欠席した。安藤は、「同交会同人は、交渉団体に入らず、我等は我等にて少数を維持するの可なるを説」(74)き、旧社会大衆党や右翼活動家の赤尾などが参加することには消極的であった。このため、一七日の会合では「交渉団体の結成については機会を窺うこと」が決定された(75)。こうして交渉団体結成に向けた動きは一時中断した。

八月一五日を迎えると、交渉団体結成に向けた動きは、政党復活の動きとして再開された。同月一七日、芦田は、旧社会大衆党の片山哲と原彪の二人と会談し、翌日は安藤と植原悦二郎に平野をくわえて会合を開いた(76)。二三日には鳩山と安藤が平野、水谷、西尾らとのあいだで「統帥権と国務の関係、自由経済か統制経済か、社会政策か社会主義か、教育の根本基調等の大問題につき意見を交換し、次回は三十日と定めて別」れた(77)。二五日、芦田も鳩山と会ったうえで、平野、水谷とのあいだで「新政党の問題について議論した」(78)。その後、二七日に再び平野、水谷と会談した際、「此一派ハ社大党再建の計画中にて吾々と友党関係に立つも合同はなし難しとの意見」であることが判明した(79)。

このこともあって、三〇日に予定されていた会談は開かれなかった。これ以後、旧社会大衆党系は無産政党の結集を目指し、鳩山派は日本自由党の結成へと向かうことになった。芦田は、自由党の綱領や結党宣言書の策定に当たって中心的な役割を担う一方で、片山や原らが発起人となって立ち上げた「自由懇話会」にも名を連ねるなど(80)、日本社会党の結成を目指すグループとも引きつづき関係を保った。

自由党結成を間近に控えた一〇月八日、芦田は、東久邇宮稔彦内閣の後を受けて組閣の大命を拝した幣原喜重郎から入閣の要請を受けて、厚生大臣に就任した。このとき外務省同期で東久邇宮内閣では二度目の外相を務めた重光葵が「芦田氏の入閣ハ真ニ喜びにて不堪仝氏多年［苦］節の結実は愉快に候」と認めているように[81]、戦中期の苦難を乗り越えての入閣は周囲から歓迎をもって迎えられた。

また、大臣就任後には労働組合法の制定に精力的に取り組み、その清新なイメージとも相まって、周囲からの評価も高まった。たとえば、知日派の外交官として知られるイギリスのジョージ・サンソム（Sir George Sansom）は、当時の芦田の印象を次のように記している[82]。「芦田は最も溌剌として能力があるという印象を持った。彼は……首相になるかもしれない」。それは、「幣原首相はくたびれた老人である……彼は、哀愁が漂う外見で、絶望的な危機のなかで国家を指導するには不適当であると感じた。それ程ではないにしても、このことは吉田外相にも当てはまる」といった評価とは対照的なものであった。

しかし他方で、この入閣は自由党結成を中途で放り出したと見られ、鳩山らとのあいだに確執を生じさせた。しかも、芦田が党を離れている隙に旧態依然とした松野鶴平や河野一郎らが総務や幹事長に登用されたこともあって、芦田と鳩山のあいだの溝は深まった。芦田は、苦難の戦中期をともに過ごした鳩山との友情を回顧しながらも、同じく戦中期の苦難をともにしたもう一つの勢力である「社会党の一部と握手する」ことを考えはじめるようになった[83]。

一九四六年五月に鳩山が公職追放になると、芦田と鳩山らとのあいだの確執は後継総裁をめぐる対立として表面化した。このとき鳩山は、「そりゃわが党を去って幣原内閣に入閣した人間を総裁にする訳にはいかんじゃないか」と述べて[84]、芦田の総裁就任を頑として認めなかったという。結局、鳩山は養子総裁として吉田茂を迎える決断を下した。

これに対して芦田は、松野や河野といった幹部派に対して党内民主化を主張する少壮派の運動と歩調を合わせつつ、進歩党少壮派の新党運動とも連携して、「自、進両党の新進分子」の結集を図ることを構想するようになった[85]。この間、協同民主党を率いる三木武夫からの働きかけもあって、芦田はますますその思いを強くした[86]。芦田は、戦後保守の新しいかたちとして保革両陣営の中間に中央政党の存在を求め、その実現に活路を見いだすようになったのである。一九四七年三月二三日、芦田はたった一人で自由党を脱党、三一日に進歩党少壮派の新党運動に合流して民主党の結成に参加した[87]。

もっとも、民主党の結成は、「新進分子」による新党を目指した芦田の思惑とはかけ離れたものとなった。自由党との保保連立を主張してきた幣原ら旧進歩党幹部派も新党に合流したためである。それゆえ、芦田を総裁に推す少壮派と幣原を総裁に推す幹部派が対立し、同年四月の総選挙までに総裁を決めることができなかった。さらに総選挙の結果、社会党が一四四議席を獲得して第一党となると、少壮派と幹部派との対立は、総裁問題と政権構想とが絡み合うかたちで再燃した。自由党を除く、社会党・民主党・国民協同党による三党連立を主張する芦田ら少壮派と、自由党を含めた四党連立を主張する幣原ら幹部派とが激しく対立したのである。

このとき芦田は、党内の多数を確保することで、幣原を名誉総裁に棚上げして自らが総裁に就任することに成功した。また、政権構想についても多数決による決着を図り、幣原ら幹部派の主張を抑え込むかたちで片山哲を首班とする社会党内閣に参加することを決めた。芦田は、この片山内閣で外相に就任、一九四八年二月に党内対立によって片山内閣が総辞職すると、その後を受けて首班を担った。「思いも設けなかつたすえ膳を向けられ」た幣原や吉田とは異なり、芦田は「膳を闘いとつた」のである[88]。

だがその一方で、民主党総裁に就任する過程での芦田のやり方は、外交界の大先輩である幣原の自尊心を傷つけるものであり、両者の関係は一気に冷え込んだ。以後の幣原は、芦田のことを「芦田菌（均）」と呼んで毛嫌いし、顔を合わせることも避けるようになったという[89]。一九四七年の炭鉱国家管理問題において幣原らは民主党を離党し、ついで吉田率いる自由党に合流することになるが、そこには芦田と幣原の感情的な確執があった。

この点に関して、のちに芦田は当時を振り返って、幣原の棚上げには社会党内閣の成立に期待するＧＨＱの意向が働いていたと弁明している。ＧＨＱ側は、「名簿を前にして、数まで調べ」て、「お前が中心になつて、民主党をその方向へ引づれ」と芦田に迫ったという。[90] さらに、こうしたＧＨＱ、とくに民政局上層部の思惑は、芦田の公職追放問題とも絡んで同時に進行していた。[91] 占領下という特殊な状況のもとで、芦田は難しい決断を迫られていたのである。

とはいえ、自由党脱党以来の一連の行動が、周囲から見て芦田の強引さを印象づけるものであったことは否定できない。さらに、片山内閣から芦田への政権移譲は、いまだ憲政常道論が根強く残る時代にあって「政権のたらい回し」との批判を受けることになった。[92] その結果、芦田は「強引首相」や「野心首相」と呼ばれるようになり、[93] 敗戦直後の清新なイメージは大きく傷ついた。

また、その強引さのために、鳩山や吉田、そして幣原といったそれまで必ずしも関係が悪くはなかった政治家とのあいだに深い溝をつくることになった。そのことは、芦田が義理人情を重んじたり、腹芸を得意とするような政治家ではなく、多くを語らず、自らの理想に忠実であろうとする政治家であったことの証左であるが、[94] しかしそれは裏を返せば、「人情味に乏し」く、「妥協性に乏しい」政治家であったということでもある。「芦田さんのために命がけで働こうとする人が少なかった」といわれる所以である。[95]

芦田は、政党政治における多数派形成の重要性を熟知しながらも、自ら積極的に派閥を形成しようとはしなかった。もちろん芦田派がないわけではなかったが、それは「他の派閥と違つて彼の孤高を徳とし、彼の信念にたよつて集つている一グループに過ぎ」ず、「強引で脂つこくて、金と権力のみを欲したがる政党派閥の列外に立つて、白雪を頂いて孤高を守り抜かんとする派閥」であった。「そういうことは芦田は嫌いでもあるし、その性格上出来もしない」

といわれたように、(96)それが理念や政策に重きを置く芦田のやり方であった。

こうした政治姿勢は、芦田の弱点でもあり、強みでもあった。政権陥落後、再軍備論を打ち出して果敢に吉田に挑戦し、保守系野党の政策的な立ち位置を明確にしたのは、理念や政策を重んじる芦田の強みが発揮された場面であった。一方、五五年体制成立前後の時期に吉田派と反吉田派の派閥抗争が激化するようになると、少数派の弱点が露呈し、芦田は両者の争いのなかに埋没していくことになるのである。

註

(1) 粟屋憲太郎『昭和の歴史6 昭和の政党』(小学館、一九八三年)二八二～三四三頁、伊藤隆『近衛新体制――大政翼賛会への道』(中央公論社、一九八三年)、升味準之輔『日本政党史論』新装版第七巻(東京大学出版会、二〇一一年)を参照。ほかに、赤木須留喜『近衛新体制と大政翼賛会』(岩波書店、一九八四年)、同『翼賛・翼壮・翼政』(岩波書店、一九九〇年)も参照。
(2) 『芦田均日記』第四巻、一九三九年四月三〇日、五月二〇日を参照。
(3) 一九三九年八月付芦田均宛天羽英二書簡(「天羽英二文書」八八〇、国立国会図書館憲政資料室所蔵)。
(4) 『芦田均日記』第四巻、一九四〇年二月九日の条。
(5) 同前、一九四〇年二月二九日の条。
(6) 同前、一九四〇年三月六日の条。
(7) 同前、一九四〇年三月七日の条。
(8) 「離党届」一九四〇年三月一二日(「芦田均関係文書」書類の部一〇三)。
(9) 伊藤隆・季武嘉也編『鳩山一郎・薫日記』上巻(中央公論社、一九九九年)一九四〇年三月七日の条。
(10) 『芦田均日記』第四巻、一九四〇年三月三一日の条。
(11) 同前、一九四〇年五月三一日の条。
(12) 同前、一九四〇年六月三〇日の条。
(13) 同前、一九四〇年七月二七日の条。

(14)『鳩山一郎・薫日記』上巻、一九四〇年八月二七日の条。
(15)『芦田均日記』第四巻、一九四〇年一〇月二六日の条。
(16)同前、一九四〇年一〇月三一日の条。
(17)同前、一九四〇年一二月一八日の条。
(18)ゴードン・M・バーガー（坂野潤治訳）『大政翼賛会――国民動員をめぐる相剋』（山川出版社、二〇〇〇年）第七章、古川隆久『戦時議会』（吉川弘文館、二〇〇一年）一二一～一四三頁を参照。このほかに、翼賛体制下における政党人の役割やしたたかさを強調する研究として、矢野信幸「戦時議会と事前審査制の形成」（奥健太郎・河野康子編『自民党政治の源流――事前審査制の史的検証』吉田書店、二〇一五年）、前掲、官田光史『戦時期日本の翼賛政治』第二部、手塚雄太『近現代日本における政党支持基盤の形成と変容――「憲政常道」から「五十五年体制へ」』（ミネルヴァ書房、二〇一七年）第Ⅱ部第五章などがある。また、ここからさらに一歩進めて、翼賛体制への移行を議会政治の再建として捉える研究として、米山忠寛『昭和立憲制の再建1932～1945』（千倉書房、二〇一五年）がある。
(19)下中彌三郎編『翼賛国民運動史』（翼賛運動史刊行会、一九五四年）一六四～一六九頁を参照。
(20)『芦田均日記』第四巻、一九四一年二月三日の条。
(21)同前、一九四一年二月四日の条。
(22)横越英一「無党時代の政治力学（一）――大政翼賛会の成立から大日本政治会の解散まで―」（『名古屋大学法政論集』第三二号、一九六五年九月）二八頁。
(23)『芦田均日記』第四巻、一九四一年二月二一日の条。
(24)同前、一九四一年二月二二日の条。
(25)同前、一九四一年三月二七日の条。
(26)同前、一九四一年三月三一日の条。
(27)同前、一九四一年二月二六日の条。
(28)同前、一九四一年五月一五日の条。
(29)『朝日新聞』一九四一年一〇月三一日。

(30)『朝日新聞』一九四一年一一月一一日。同交会の結成過程については、「同交会之記（昭和二一年五月十五日日記）」（回想世耕弘一編纂委員会編『回想世耕弘一』回想世耕弘一刊行会、一九七一年）二五三〜二五五頁を参照。ほかに、楠精一郎『大政翼賛会に抗した40人――自民党源流の代議士たち』（朝日新聞社、二〇〇六年）も参照。

(31) 前掲、五百旗頭真『占領期』三四六〜三四七頁を参照。

(32) 伊藤隆『昭和期の政治』（山川出版社、一九八三年）第三章および第四章を参照。なお、伊藤氏による革新派の概念を精緻化したうえで、戦中期における政治過程を「社会国民主義派」「国防国家派」「自由主義派」「反動派」の四つの政治潮流の攻防として描く、雨宮昭一『戦時戦後体制論』（岩波書店、一九九七年）第一章、同『近代日本の戦争指導』（吉川弘文館、一九九七年）第三章も参照。

(33)『芦田均日記』のなかに赤尾敏の名前がはじめて登場するのは、一九四〇年二月一一日のことである。

(34) 一九四二年三月二五日付真崎甚三郎宛芦田均書簡（「真崎甚三郎文書」六八、国立国会図書館憲政資料室所蔵）。

(35)「翼賛政治体制協議会支部と推薦の経緯」（G:46:1〈000-006900〉『美濃部洋次文書』、雄松堂書店、一九九一年、リール八九）。なお、当該資料には、芦田が「非推薦には用紙の配給が少いことを憤慨」していたことも記されている。

(36)『芦田均日記』第四巻、一九四二年四月六日の条。

(37) 同前、一九四二年四月七日の条。

(38)『鳩山一郎・薫日記』上巻、一九四二年四月八日の条。「選挙公報発行一件　第三区」一九四二年四月（「京都府庁文書」昭一七―四七―三、京都府立京都学・歴彩館所蔵）も参照。

(39)「演説会場許可書綴（昭和一七年四月）」（福知山市郷土資料館所蔵）。なお、以下の引用も含めて、福知山市郷土資料館所蔵の芦田関係の史料については、前掲「芦田均文書の保存・整理・公開および研究基盤創出のための総合研究」が収集し、デジタル化したものを参照した。

(40)『京都新聞』一九四二年四月一七日。

(41)『京都新聞』両丹版、一九四二年四月二八日夕刊。

(42)「衆院選挙公報（昭和一七年四月）」（福知山市郷土資料館所蔵）。

(43)「発翰綴（昭和一七年四月）」（福知山市郷土資料館所蔵）。

(44)『芦田均日記』第四巻、一九四二年五月一日の条。
(45)同前、一九四二年四月二九日の条。なお、警視庁調べによる当落予想でも芦田の当選が予測されていた（「衆議院議員調査票」一九四二年二月、吉見義明・横関至編『資料 日本現代史4　翼賛選挙①』大月書店、一九八一年、一二九頁を参照）。
(46)総務部庶務課「衆議院議員選挙一件　諸報告」一九四二年四月（「京都府庁文書」昭一七―四九―九）。
(47)『芦田均日記』第四巻、一九四二年五月一日の条。
(48)前掲、総務部庶務課「衆議院議員選挙一件　諸報告」一九四二年四月。
(49)情報課「旧政党員其ノ他有志後援団体調」（「川西前知事・安藤知事事務引継演説書」一九四一年、「京都府庁文書」昭一六―一一―一一）。
(50)『芦田均日記』第四巻、一九四二年五月二日の条。
(51)同前、一九四二年五月二〇日の条。
(52)『鳩山一郎・薫日記』上巻、一九四二年五月一九日の条。
(53)「第八一回帝国議会諸問題／衆議院各派所属議員名簿」一九四二年一二月二一日（吉見義明・横関至編『資料 日本現代史5　翼賛選挙②』大月書店、一九八一年、三三四頁）。
(54)『芦田均日記』第四巻、一九四三年二月一八日の条。
(55)中谷武世『戦時議会史』（民族と政治社、一九七五年）一二九～一五四頁を参照。
(56)『暗黒日記』一九四三年七月九日の条。
(57)『芦田均日記』第四巻、一九四三年一二月三一日の条。
(58)同前、一九四四年六月二日の条。
(59)終戦に向けての各政治勢力の動向と政治過程については、さし当たり、鈴木多聞『「終戦」の政治史1943-1945』（東京大学出版会、二〇一一年）を参照。とくに外務省による終戦に向けての戦時外交については、外務省編『終戦史録』（新聞月鑑社、一九五二年）、松本俊一・安東義良監修『大東亜戦争・終戦外交』（鹿島研究所出版会、一九七二年）のほか、波多野澄雄『太平洋戦争とアジア外交』（東京大学出版会、一九九六年）も参照。
(60)前掲、北岡寿逸「鶴見祐輔さんの思い出」六八頁。

(61)「安藤正純日記」一九四五年六月二五日の条（「安藤正純関係文書」一〇―七、国立国会図書館憲政資料室所蔵）。
(62) 木戸日記研究会校訂『木戸幸一日記』下（東京大学出版会、一九六六年）一九四五年六月二五日を参照。
(63) 伊藤隆編『高木惣吉――日記と情報』下（みすず書房、二〇〇〇年）一九四五年五月二二日の条。
(64) 同前、一九四五年六月二五日の条。
(65)『芦田均日記』第四巻、一九四五年六月二七日を参照。
(66)『芦田均日記』第一巻、一九四五年四月二五日の条。
(67) 同前。
(68)『芦田均日記』第四巻、一九四五年一月一九日の条。
(69)「安藤正純日記」一九四五年二月二日の条（「安藤正純関係文書」一〇―七）。
(70)『芦田均日記』第四巻、一九四五年五月三日の条。
(71)「安藤正純日記」一九四五年五月三日を参照（「安藤正純関係文書」一〇―八）。
(72)『芦田均日記』第四巻、一九四五年五月九日を参照。
(73) 同前、一九四五年五月一二日の条。
(74)「安藤正純日記」一九四五年五月九日の条（「安藤正純関係文書」一〇―八）。
(75)『芦田均日記』第四巻、一九四五年五月一七日の条。
(76) 同前、一九四五年八月一七日、一八日を参照。
(77)「安藤正純日記」一九四五年八月二三日の条（「安藤正純関係文書」一〇―九）。
(78)『芦田均日記』第四巻、一九四五年八月二五日の条。
(79) 同前、一九四五年八月二七日の条。
(80) 片山哲『回顧と展望』（福村出版、一九六九年）二二一〜二二三頁を参照。
(81) 一九四五年一〇月九日付澤田廉三宛重光葵書簡（鳥取県公文書館編『澤田廉三と美喜の時代』鳥取県、二〇一〇年）二六〇頁。
(82) "Sir. George Sansom's Diary of his Visit to Japan in January 1946", January 22, 1946, F 3595/2/23, FO 371/54086.
(83)『芦田均日記』第一巻、一九四五年一二月三一日の条。

(84) 鳩山一郎『鳩山一郎回顧録』(文藝春秋新社、一九五七年)五二頁。ただし、鳩山との決定的な決裂は、一九四七年三月の芦田の自由党脱党にあったと思われる。脱党直前の二月時点でも「新聞は斯く伝ふるも信じ難し」と記しているように、鳩山は芦田の脱党を最後まで信じようとはしなかったからである(『鳩山一郎・薫日記』上巻、一九四七年二月一三日の条)。
(85)『芦田均日記』第一巻、一九四七年二月九日の条。
(86) 同前。竹内桂「国民協同党結成期の三木武夫」(『政治学研究論集』第四〇号、二〇一四年九月)八三～八四頁も参照。
(87) 民主党の結党過程については、三川譲二「民主党の序幕――進歩党少壮派の党内『革新』運動」(『史林』第七一巻第三号、一九八八年五月)、同「民主党の成立――ゼネスト後のマッカーサーの政治志向と『革新』的保守新党樹立運動」(同第八二巻第五号、一九九九年九月)を参照。
(88) 鈴木文史朗「芦田外相論」(『時事新報』一九四七年六月四日、「芦田均関係文書」書類の部七七九)。
(89) 根本竜太郎「思い出の政治家――幣原喜重郎」(『月刊 自由民主』第二三八号、一九七五年一一月)六三頁。
(90)「『民主党総裁を続る幣原男と私』芦田均氏談話速記」(「幣原平和文庫」リール四、国立国会図書館憲政資料室所蔵)。
(91) 竹中佳彦「中道政権指導者の追放問題――芦田均・西尾末広の不追放決定の過程」(『北九州大学法政論集』第二五巻第二・三号、一九九七年一一月)を参照。
(92) たとえば、「社説――速かに指名投票を」(『朝日新聞』一九四八年二月一九日)を参照。
(93) 前掲、石山賢吉『芦田首相を描く』四頁。
(94) 同前、八二頁を参照。
(95) 小島徹三「思い出の政治家――芦田均」(『月刊 自由民主』第二三八号、一九七五年一一月)六八頁。大野伴睦の番記者であった渡辺恒雄も、「大野伴睦がもつ熱い人情味も漂っていなければ、三木武吉のもつ闘志のこもった策略もなく、鳩山や石橋のような、どこか底の抜けたような人の好さもない」と指摘し、芦田には派閥の領袖となる資質が欠けていたと述べる(渡辺恒雄『派閥――保守党の解剖』弘文堂、二〇一四年、二一三頁)。
(96) 細川隆元『昭和人物史――政治と人脈』(文藝春秋新社、一九五六年)一四二～一四三頁。

第五章　日本外交の再生を目指して

前章では、第一次大戦後に成立した国際連盟を基軸とする集団安全保障体制が崩壊していく一九三〇年代後半の国際政治の現実を受けて、戦間期に形成された芦田の国際政治観のどこが変化し、どこが変化しなかったのかを論じた。その結果明らかになったのは、芦田が連盟の存在を重視しつづける一方で、国際政治における軍事力の重要性を再認識するようになったことであった。すなわち、本来、集団安全保障は戦争違法化を原則として軍縮を推進するためのものであるにもかかわらず、それが現実に適用されるためにはむしろ十分な軍事力の裏づけを必要とすること、これを受けて、連盟は理念的には普遍的な国際機構であるにもかかわらず、秩序の破壊者を前にしては敵対勢力に対抗する同盟と同じ機能を果たすようになること、といった認識を持つようになったのである。

本章では、こうした芦田の国際政治観の連続と変容を踏まえたうえで、占領下における外交構想とその実現に向けた活動について、とくに「芦田修正」と「芦田覚書」を中心に検討する(1)。

一　「芦田修正」とその意図

一九四五年（昭和二〇）一〇月八日、芦田は幣原喜重郎内閣の厚生大臣に就任した。芦田は、当初はこの幣原内閣の閣僚として、のちには帝国憲法改正案委員会の委員長として、憲法改正に重要な役割を果たした。

このうち、後者のなかに設置された小委員会において第九条に施された修正が「芦田修正」と呼ばれるものである。すなわち、第九条二項冒頭に「前項の目的を達するため」という文言が挿入され、これによって第九条一項が規定する戦争放棄を「国際紛争を解決する手段として」の戦争の放棄、つまり侵略戦争の放棄を規定したものと解し、そのうえで二項が規定する戦力不保持は侵略戦争の放棄という目的を達するために戦力を保持しないと限定的に解することで、自衛のための戦力保持は認められるとする解釈が可能になったとされる。朝鮮戦争さなかの一九五一年に芦田が以上のような見解を明らかにして自衛軍の創設に言及したことから(2)、「芦田修正」は当時から議論の的となった。

もっとも現在では、修正を芦田が主導した点に関して、事実とは異なることが明らかにされている。また、修正の意図が自衛権と自衛のための戦力保持を可能にする余地を残すことにあったとする見解にも疑問が呈されている。帝国憲法改正案委員小委員会委員長当時の芦田は、一項に戦力不保持を、二項に戦争放棄を規定することを主張しており、たとえ二項冒頭に「前項の目的を達するため」との文言を挿入したとしても前述のような解釈が成立することはなかったからである(3)。

それでは芦田は第九条をどのように修正しようとし、その目的は一体どこにあったのであろうか。以下では、小委員会のなかでの議論とそれ以前と以後の三つの時期に分けたうえで、芦田の議論を中心に第九条の修正過程を再検討する。

1　小委員会以前における議論

そもそも芦田は、憲法改正それ自体に積極的であった。幣原内閣の組閣から二日後の一〇月一〇日の閣議において憲法改正問題が議論されると、芦田は、「現行憲法がポツダム宣言の第十条と相容れない」こと、「欽定憲法といふ思想そのものがアメリカ人の言ふデモクラシーと相容れない」こと、さらに「今日の事態に於てはインテリ層は明かに憲法改正を必至と考えている」ことをあげて、(4)根本的な憲法改正の必要性を説いた。一方、首相の幣原や憲法改正問題を担当した松本烝治国務大臣などそのほかの閣僚は改憲に対して消極的であり、芦田はその姿勢に苛立ちを募らせていた。

また、芦田はGHQ草案にも賛成であった。一九四六年二月一三日、ダグラス・マッカーサー（Douglas MacArthur）連合国最高司令官の指示のもと極秘に作業を進めていたGHQから憲法草案が手交され、これを受けて一九日から閣議で憲法論議がおこなわれた。この席で幣原や三土忠造蔵相、岩田宙造司法相らがGHQ草案の受け入れを拒否すべきであるとの考えを示した。これに対して芦田は、「若しアメリカ案が発表せられたならば我国の新聞は必ずや之に追随して賛成するであらう、其際に現内閣が責任をとれぬと称して辞職すれば、米国案を承諾する連中が出てくるに違ひない、そして来るべき総選挙の結果にも大影響を与へることは頗る懸念すべきである」と述べて、(5)GHQ草案を受諾すべきであると主張した。

二二日の閣議では前日の幣原・マッカーサー会談を受けて、戦争放棄条項についても話題にのぼったが、芦田はこれにも反対しなかった。この日、閣議の冒頭で幣原から前日の会談の説明があり、そのなかで「戦争を抛棄すると声明して日本がMoral Leadershipを握るべきだと思ふ」と力説するマッカーサーに対して、「恐らく誰もfollowerとならないだらう」と述べて懸念を伝えたことが紹介された。また、文相の安倍能成が「戦争抛棄の如きも亦現憲法と多大の相違ありと思はる」と述べるなど、閣僚のなかからも戦争放棄条項を不安視する声が出た。(6)しかし、ここでも芦田は、「戦争廃棄といひ、国際紛争は武力によらずして仲裁と調停とにより解決せらるべしと言ふ思想は既にKellog《ママ》 PactとCovenantとに於て吾政府が受諾した政策であり、決して耳新しいものではない」と述べて、(7)冷静に議論を進めるよう求めた。

このとき不戦条約や連盟規約を持ち出して話を進めていることからわかるように、戦争放棄条項は第一次大戦後の「新外交」における戦争違法化の理念を継承するものである、というのが芦田の理解であった。それゆえ、芦田にとって、戦争放棄条項をもって直ちにGHQ草案を拒否する理由とはならなかったのである。

こののち一九四六年四月の第二二回総選挙を経て、吉田茂が首相に就任し、憲法改正問題は幣原内閣から吉田内閣に引き継がれた。芦田は閣僚から外れ、六月二八日に帝国憲法改正案委員会委員長に就任した。

この時点でも芦田の戦争放棄条項に対する態度に変化はなかった。七月九日の総括質疑の締め括りに際して、芦田は委員長として次のように述べている。「此の〔憲法改正案の〕理想は国際連合の究極の理想と合致するもので……国際連合憲章の規定と照らし合わせて考へる場合……憲法改正案第九条が成立しても、日本が国際連合に加入を認められる場合には、憲章第五十一条の制限の下に自衛権の行使は当然に認められるのであります……又我が国に対しましても自衛の為に適宜の措置を執ることを許すものと考へて誤りはないと思ひます(8)」。

これは、六月二八日の衆議院本会議における野坂参三の質問に対して、吉田首相が「国家正当防衛権による戦争は正当なりとせらるるようであるが、私はかくのごときことを認むることが有害である(9)」とした答弁を念頭に置いたものであった。吉田による自衛権否定の答弁に対して、芦田は、第九条と国連憲章を一体として捉えたうえで、たとえ第九条が成立しても、日本が国連に加盟すれば同憲章の範囲内で自衛権も自衛のための戦力保持も認められるという解釈を示したのである。

また、このとき芦田は、第九条に対する吉田の消極的な態度についても苦言を呈した。吉田は、第九条の目的の一つは「日本に対する疑惑――再軍備、若しくは世界の平和を再び脅かしはしないかと云ふ疑惑を除去すること」であり、もう一つにはそうした疑惑を取り去ることによって「万一日本に対して侵略する国が生じた以上には、連合国が挙つて日本の平和を保護すると云ふ態度に出づる」ことが期待できることをあげていた(10)。

こうした吉田の態度は、芦田の目には「受身」に過ぎると映った。第九条は「国際社会に伍して、名誉ある地位を占めようとする意思表示であり」、「多分に将来の国際生活に対する理想至（ママ）義的な分子を含む」ものであって、国際秩序に対する日本の主体的な取り組みを表現したものであると理解すべきである(11)、というのが芦田の主張であった。一方的に戦争を放棄したことをもって世界から戦争を根絶し得るわけではないとしても、日本は「普遍的国際連合の建設に邁進すべきであり、之〔第九条〕を以て精神的に世界を指導する気魄を明示すべきである(12)」、と芦田は考えていたのである。

したがって、憲法改正担当大臣の金森徳次郎が示したような第九条と国連憲章が矛盾するというような解釈にも、芦田は批判的であった。委員会のなかで金森は、「現在の憲法の定めて居ります所と、国際連合の具体的なる規定が要請して居ります所との間に、若干の連繋上不十分なる部分があることは、是は認めなければならぬと思ひます」と説明していたが(13)、これに芦田は次のように反論している。「日本が一切の戦力を廃止する結果、国際連合国としての義務を果し得なくなるから、連合加盟を許されないかも知れないと云ふ論、余りに形式論的であります……本改正案の目標は我が国が国際連合に加盟することに依つて初めて貫徹し得るものであることは明らかであらうと思ひます(14)」。

ここから明らかなように、第九条と国連憲章が矛盾するという金森に対して、芦田は両者が一体であることを改めて強調している。このとき芦田は必ずしも明確に述べていないが、国連加盟とともに自衛のための戦力保持が認められるとする彼の立場からすると、国連加盟にともなって生じる集団安全保障の義務のもとで戦力保持の必要性が生じ、そのために再軍備をおこなうことになったとしても、それは第九条に反するものではない、というのが発言の趣旨であったと思われる。第九条は敗戦国としての日本に科されたある種の懲罰ともいえるものであったが、芦田はそのなかに戦前以来の「新外交」の理想を見いだし、それにしたがって同条を解釈しようとしたのである。

こうした第九条に対する芦田の解釈は、小委員会における修正過程のなかで大きな意味を持つことになる。

2　小委員会における議論

小委員会のなかで第九条が本格的に議論されたのは、七月二七日の第三回の審議であった。このとき社会党の鈴木義男が第九条に「平和愛好国家であると云ふやうなことを出したい」と述べたのに対して、芦田は「平和を愛好すると云ふよりは、世界平和の維持に努力するとか、協力するとか云ふことを言ひたい」として[15]、やや反論めいた発言をしている。その理由は、「唯平和が好きだと云ふのみならず、自動（ママ）的に平和維持の為に努力する」[16]といった国際秩序に対する日本の主体性を条文のなかに盛り込みたい、と芦田が考えていたことにある。

これを踏まえて二九日に、芦田は委員たちとの相談のうえで以下のような試案を提出した。

試案：第九条　日本国民は、正義と秩序を基調とする国際平和を誠実に希求し、陸海空軍その他の戦力を保持せず。国の交戦権を否認することを声明す。

前掲の目的を達するため、国権の発動たる戦争と、武力による威嚇又は武力の行使は、国際紛争を解決する手段としては、永久にこれを放棄する。

原案：第九条　国の主権の発動たる戦争と、武力による威嚇又は武力の行使は、他国との間の紛争の解決の手段としては、永久にこれを抛棄する。

陸海空軍その他の戦力は、これを保持してはならない。国の交戦権は、これを認めない。

試案と原案の違いは、一項と二項の順序を入れかえたうえで、一項冒頭に「日本国民は、正義と秩序を基調とする国際平和を誠実に希求し」との文言を、二項冒頭に「前掲の目的を達するため」との文言を、それぞれ挿入している点にある。二七日の議論からして、芦田の主眼が一項冒頭に挿入した文言のほうにあったことは間違いない。そしてその目的は、日本が「一定の平和機構を熱望すると云ふ機構の中で之〔国際紛争〕を解決して行く」ことにあると説明しているように、[17]第九条と国連憲章とのあいだに整合性を生み出そうとすることにあった。

もっとも、小委員会のなかで議論になったのは、条文の順序のほうであった。そのきっかけは、翌日の第五回の審議に出席した金森の発言であった。この日、金森は次のように述べて、原案の順序の重要性を説明した。「第一項は『永久に之を抛棄する』と云ふ言葉を用ひまして可なり強く出て居ります、併し第二項の方は永久と云ふ言葉を使ひませぬで、是は私自身の腹勘定かも知れませぬが、将来国際連合等との関係に於きまして、第二項の戦力保持などと云ふことに付きましては色々考ふべき点が残つて居るのではないか、斯う云ふ気が致しまして、そこで建前を第一項と第二項にして、非常に永久性のはつきりして居る所を第一項に持つて行った、斯う云ふ考へ方になつて居ります[18]」。この説明は、先の委員会のなかで「其の〔国連加盟の〕時に何等かの方法を以て此の〔第九条と国連憲章の〕連絡を十分ならしむる措置は考慮し得るものと考へて居りまして、必要なる措置を其の場合に講ずると云ふ予想を持つて居ります[19]」と述べた答弁に対応したものであった。すなわち、第九条と国連憲章が矛盾していると認識していた金森は、国連加盟のためには同条の改正が必要であると考えており、将来の改正に備えて、原案二項の戦力不保持には「永久性」が及ばないようにしていると説明したのである。

これを受けて、第七回の審議では多くの委員から条文の順序を原案に戻すべきだとの意見があがった。しかし、芦田はこれに強く抵抗した。はじめは「順序を変へるのは其の人の趣味」だとはぐらかしていた芦田は、委員たちが納得しないため、次のように述べて本音を明かした。「原文の儘に第二項に置いてさうして文句を変へると、関係筋で誤解を招くのではないか、独立の条項として置く限りは『これを保持してはならない』、『これを認めない』と云ふ風にしないと、どうも却て修正することが藪蛇になる……日本は国際平和と云ふことを誠実に今望んで居るのだ、それだから陸海軍は持たないのだ、国の交戦権も認めないのだ、斯う云ふ形容詞を附けて『戦力を保持せず』と言ふことの方が、其の方面の交渉の時には説明がし易いのではないか、此の儘において此の第二項の英文を書換へると云ふことは相当困難ぢやないか[20]」。

ここで注目されるのは、第一に、原案の順序のままに試案で加筆した文言を挿入すると、「国際紛争を解決する手段として」の用に供されない戦力保持は可能であるとする解釈が成り立つことに芦田が気づいている点である。芦田が「其の方面」、すなわち極東委員会やＧＨＱを刺激することを恐れなければならなかったのは、何よりもこのことを示している。

そして第二に、そのことに気づきながらも、条文の規定としては戦争放棄や戦力不保持は明確になっているほうがよい、と芦田が考えている点である。このことは、先行研究が明らかにしているように、後年の芦田の主張であるところの「第九条の二項の冒頭に『前項の目的を達するため』という文言を挿入したのは、私の提案した修正であって……戦力を保持しないというのは絶対にではなく、侵略戦争に限る趣旨である[21]」といった発言が事実に反することを示している。

だがその一方で、委員会のなかで主張してきた、将来の国連加盟とともに憲章の範囲内で自衛や集団安全保障のための戦力保持は認められるといった解釈については、これを変わらず持ちつづけていたように思われる。芦田にとっての修正の主眼は、一項冒頭に挿入した「日本国民は、正義と秩序を基調とする国際平和を誠実に希求し」にあり、その意図するところは第九条と国連憲章とのあいだに整合性を生み出すことにあったからである。したがって、「それ〔戦力不保持〕は憲法の書き方で決まるのではなくて、今後の日本の民主化の程度、国際情勢で決まる」[22]、つまり将来における日本の独立と国連加盟の実現によって決まる、というのが芦田の見とおしであった。

しかし、芦田の意見は容れられず、第九条は次のように修正されることになった[23]。

修正案：第九条　日本国民は、正義と秩序を基調とする国際平和を誠実に希求し、国権の発動たる戦争と、武力による威嚇又は武力の行使は、国際紛争を解決する手段としては、永久にこれを放棄する。

前項の目的を達するため、陸海空軍その他の戦力を保持しない。国の交戦権は、これを認めない。

こうして小委員会における第九条の議論は幕を閉じた。そこで施された修正、いわゆる「芦田修正」の実態は、芦田が挿入した国際秩序に対する日本の主体性を含む文言と、金森が説明した将来における国連加盟に備えた条文の順序が組み合わされたものであった。これによって、自衛権はもちろん、自衛のための戦力や集団安全保障のための戦力保持も可能であると解釈する余地が生まれたのである。

もっとも、そのような解釈は政府の採用するところとはならなかった。次項では、この点を含めて小委員会以後の議論を見ていく。

3　小委員会以後における議論

八月二四日、帝国憲法改正案は委員会の修正案どおり衆議院で可決され、二六日から貴族院の審議が開始された。ここでも九条は議論の的となったが、なかでも芦田と同じように第九条と国連憲章の関係を明らかにしようとしたのが、カントの永久平和論に拠って立つ政治学者の南原繁であった[24]。

二七日の本会議で南原はこう述べている。「国際連合の憲章の中には……国家の自衛権と云ふことは承認されて居ると存じます、尚又国際連合に於きまする兵力の組織は、特別の独立の組織があると云ふことでなしに、各加盟国がそれぞれ之を提供すると云ふ義務を帯びて居るのであります、茲に御尋ね致したいのは、将来日本が此の国際連合に加入を許される場合に、果して斯かる権利と義務をも抛棄されると云ふ御意思であるのか[25]」。

さらにつづけて、こうも述べている。「国際連合は……世界に普遍的な政治秩序を作らうと云ふのが理想で……将来世界に向つて単に戦争を放棄すると云ふことだけを宣言するだけでなしに、進んで世界共同体の間にありまして実現すべき斯かる理想目的を持つことが必要であります……今回衆議院の修正に於きまして、『日本国民は、正義と秩序を基調とする国際平和を誠実に希求し』、と云ふ一句が当該条文に加へられたのであります、此のことは私の以上説明しましたやうな意味に於て、頗る重要な意味を持つて居ると私は思ふのであります[26]」。

南原は、第九条と国連憲章が矛盾することに懸念を抱き、衆議院での修正（「芦田修正」）がこの点を解消するものであるかどうかを尋ねたのである。このことは、周囲の目から見ても、芦田の挿入した一項冒頭の文言が第九条と国連憲章の関係を意識したものであることが明らかであったことを示している。南原の質問は、この「芦田修正」を踏まえて、将来の国連加盟を想定したときに軍事力を持つ必要が出てくるが、それは可能かどうかを質そうとするものであった[27]。

だが、答弁に立った吉田は、正面からこれに答えようとはしなかった。「今日は日本と致しましては、先づ第一に国権を回復し、独立を回復することが差迫つての問題であります、此の国権が回復せられ、さうして日本が再建せられる此の目下の差迫つた問題を政府は極力考へて居るのでありま」すと述べて[28]、自衛権はもちろん第九条と国連憲章の関係についても何も語らなかったのである。

この答弁に南原は納得しなかったように思われる。三一日からはじまった特別委員会でも同じ質問をくり返しているからである。しかし、政府はいっこうに答えようとしなかったため、ほかの委員たちからも南原と同じ点を指摘する質問が相次いだ。なかでもこの点を端的に突いたのは、英米法学者の高柳賢三であった。九月一三日の特別委員会で高柳は次のように述べている。「国際連合の憲章と云ふものは、是は自衛戦争、それから共同制裁としての戦争と云ふものを認めて居るのであります、此の改正案は其の孰れを断固排撃せむとするのである、従つて国際連合憲章の世界平和思想と、改正案の世界平和思想とは、根本的に其の哲学を異にするものであると云ふ風に思ひます」[29]。

これに対して、政府はようやくその見解を明らかにした。しかし、それは小委員会での修正以前の衆議院における説明と何ら変わらないものであった。答弁に立った金森は、「国際連合との関係は別途将来の問題として必要があれば研究すべき余地があると思ひます」と述べて[30]、第九条と国連憲章とのあいだには矛盾があるとする認識を変更しなかったのである。

ただし、このとき金森は、「若し必要が起れば此の二つのものの間に、適当なる調節を図り得る途も色々あると云ふ風に考へて……心の中にはそれを描いて居ります」とも述べている[31]。おそらくその「心の中」には二項に改正の余地を残した条文の順序のことがあり、芦田や南原らが懸念する第九条と国連憲章の矛盾は将来の改正によって解決すればよい、というのが金森の見とおしであった[32]。

一方の芦田は、小委員会での修正に関してＧＨＱの意向を慎重に確かめたうえで[33]、金森とは異なる解釈を展開するようになった。すなわち、日本国憲法公布後の一九四六年一一月に刊行された『新憲法解釈』のなかで、「第九条の規定が戦争と武力行使と武力による威嚇を放棄したことは、国際紛争の解決手段たる場合であつて、これを実際の場合に適用すれば、侵略戦争ということになる。従つて自衛のための戦争と武力行使はこの条項に依って放棄された

のではない。又侵略に対して制裁を加へる場合の戦争もこの条文の適用以外である」とする解釈を示したのである。(34)

もっとも、このことから当時の芦田が本格的な再軍備を考慮に入れていたとは考えられない。先に述べたように、芦田のなかでの優先順位は、まずは独立を、そして次に国連加盟を実現することであり、戦力保持はその後に考えるべき問題であったからである。そこには、日本の安全保障が脅かされる危険や平和維持のために日本の軍事的協力が求められる事態が直ちに発生することはない、という予測も働いていたように思われる。

だが、芦田の予想に反して、大戦末期から生じていた米ソの対立は戦後になって急速に顕在化しはじめ、日本の安全保障への対応が求められることになる。次節では、こうした進展する冷戦への芦田の対応を論じる。

二　冷戦の顕在化と「芦田覚書」

一九四七年（昭和二二）六月一日、社会党の片山哲を首班として、社会党、民主党、国民協同党のいわゆる中道三派による保革連立内閣が誕生した。これに先立つ前年の一一月三日には新憲法が公布、この年の五月三日から施行され、中道政権期の政治課題は非軍事化や民主化から経済復興へと移りつつあった。(35)そうしたなかで、一九四七年三月一七日にマッカーサーによって早期対日講和の必要性が提唱され、もう一つの政治課題として日本の講和独立問題が浮上した。

一方、マッカーサーによる早期講和の提唱のわずか五日前、アメリカ大統領のハリー・トルーマン（Harry S. Truman）は、世界を自由主義と全体主義の二つの勢力に分けたうえで、全体主義勢力に脅かされている自由な諸国民を援助することがアメリカの政策でなければならないとして、具体的にはトルコとギリシャへの経済的、軍事的援助をおこなうことを提案するトルーマン・ドクトリンを発表した。また、六月五日には国務長官のジョージ・マーシャル（George C. Marshall）が、ヨーロッパの復興問題についてアメリカが主導していくことを明らかにしたマーシャル・プランを発表した。トルーマン・ドクトリンやマーシャル・プランは、大戦後に顕在化しはじめた米ソの対立を明確に示すものであり、世界に冷戦の幕開けを告げるものであった。

このように冷戦が進展するさなかに講和問題に取り組んだのが芦田であった。芦田は、片山内閣に副総理格の外相として入閣し、一九四八年三月に片山内閣の後を受けて首相となったのちも外相を兼摂して、引きつづき占領下の外交を担った。芦田は、外相として講和問題を全面的に指揮することになったのである。

外務省ではすでに一九四五年一一月から講和問題への準備が開始されていたが、マッカーサーによる早期対日講和の提唱を受けて、その作業は一気に本格化した。「一般に単一の平和会議で日本も出席して条約を商議する様に思つているが、条約は戦勝国によつてすつかり起草されるのであつて、日本が条約に付何等かの意見を述べようとすればその時期は今である」(36)（傍点ママ）、と判断されたためである。片山内閣が発足したのと同じ日、外務省では講和条約が起草されるよりも前に日本側の希望を伝え、より有利な講和を実現する方針が決定された。

外相に就任したばかりの芦田も、その方針に異論はなかったと思われる。そもそも敗戦の年の晩秋に政務局の湯川盛夫と条約局の下田武三を呼び出し、「日本はベルサイユ条約で過酷な条件を押し付けられたドイツの二の舞を決して演じてはならない」と忠告して、(37)講和問題に対する研究をはじめるよう促したのが芦田であった。また、外相就任後のＧＨＱ外交局との会談の席では、「日本に関する限り、条約は、疑いなく、単に告知されるだけのものであり、何の異議を挟むことなく、日本はそれに調印することになるだろう」と語り、これに対して同局のヘンリー・ロレンス（W. Henry Lawrence Jr.）は、「芦田は条約が交渉型のものになるかもしれないといった幻想を抱いているようにはまったく見えなかった」と記している。[38]それゆえ、講和条約が起草される前に日本側の希望を伝えることが何よりも重要であるとする外務省の方針は、芦田にとっても十分理解し得るものであり、それは以前から自身が考えてきたことと同じといってよいものであった。

もっとも、何をどこまで希望するのか、その具体的な内容については省内でも意見が割れており、十分な了解があったわけではなかった。なかでも安全保障に関しては、第九条が要請する戦力不保持を前提としながら国家的自立をいかにして達成するかという課題とともに、米ソ冷戦の行方にも対応しなければならず、その形態を簡単には決めることはできなかった。このとき安全保障に対する日本側の希望として異なる内容を持つ二つの文書が作成され、それらが各国要人に対して同時に手交されるといった変則的な事態が生じたのも、そのためである。

よく知られているように、講和に対する日本側の希望をまとめた文書には、一九四七年七月から八月にかけてGHQ外交局長のジョージ・アチソン（George Atcheson Jr.）やGHQ民政局長のコートニー・ホイットニー（Courtney Whitney）、オーストラリア外相のハーバート・エヴァット（Herbert V. Evatt）、対日理事会イギリス代表のマクマホン・ボール（William Macmahon Ball）に手交されたものと、[39]九月になって一時帰国するアメリカ第八軍司令官のロバート・アイケルバーガー（Robert L. Eichelberger）に手交されたものの二つが存在する。[40]前者は、速やかな国連加入によって日本の安全保障を確保するとしていたのに対して、後者はそれにくわえて、「不幸にして米ソ関係が改善されずして世界的不安の生ずると仮定した場合」、「米国と日本とのあいだに特別の協定を結び日本の防備を米国の手に委ねる」とし、「日本の独立が脅威せらるるような場合、米国側は日本国政府と合議の上何時にても日本の国内に軍隊を進駐すると共にその軍事基地を使用出来る」とするものであり、[41]有事駐留方式による日米安全保障協定構想を盛り込んだものであった。

この二つの文書が「芦田覚書」、あるいは「芦田メモ」と呼ばれるものであるが、以下では両者を区別するために「芦田覚書」の語は後者に限定して用いる。そのうえで、ここでは「芦田覚書」に関して次の二点を指摘したい。第一に、芦田の主導性という点である。先に述べたように、アチソンやホイットニーに手交された文書ではアメリカによる安全保障については言及されなかった。これは、岡崎勝男次官とともに文書の作成に携わった萩原徹条約局長が講和独立後も米軍の駐留が継続することを憂慮したためである。萩原は、講和後の警察力強化の希望を盛り込んだ岡崎案に対して、「警察力の点は今述へる要がないのではあるまいか」、「今之を述へると駐兵を希望する様になる」と指摘し[42]、日本側の希望を逆手にとって駐兵の継続が要求されることを懸念していた。その結果、成案では、警察力の強化に関する項目は「国内の平安と秩序」と書き換えられ、「兵力がなくとも適当な警察力があれば国内の治安を維持し得ると思う[43]」とする文言が書きくわえられた。

これに対して、有事駐留方式による日米安全保障協定構想を提案した「芦田覚書」は、岡崎と萩原にくわえて、太田一郎総務局長と吉沢清次郎終戦連絡中央事務局次長、鈴木九萬終戦連絡事務局事務官・横浜事務局長が参画して作成された。そのきっかけは、一時帰国を控えたアイケルバーガーが、九月五日に吉沢と山形清両次長の訪問を受けた際に、これに同行していた鈴木に対して、「第八軍として何時迄日本に止まるべきかの問題……米軍が何時迄居るべきかの問題に付二人限りの話として意見を聞かして呉れ」と尋ねたことであった。これを受けて、同日中に吉沢と山形はアイケルバーガーの発言を芦田に報告し、九月八日には鈴木も上京したうえで外務省幹部のあいだで協議がおこなわれ、「仮令全然個人の資格にせよ書き物にて意見を交付すること[44]」が決定された。この「書き物」が「芦田覚書」となるものであるが、その作成は一〇日から一一日にかけておこなわれ、一二日に芦田の決済を受けたのち、翌一三日に鈴木の手からアイケルバーガーに手交された[45]。

ここで注目されるのは、鈴木の手元に残された資料のなかに、「芦田覚書」の草案として鈴木案[46]と萩原案[47]という異なる二つの文書が存在していることである。そして成案との比較からすると、覚書の原型となったのは、鈴木案であったと考えられる。というのも、鈴木案は、「米ソ両国の関係が改善せられずして世界的に不安の生ずると仮定した場合」、「米国と日本とのあいだに特別の協定を結び日本の防備を米国の手に委ねること」となっており、これに「不幸にも」の文言を挿入すればほとんどそのまま成案となるもので、ほかの部分も国内治安の問題が追加された以外は、大きく異なる箇所がないからである[48]。

一方の萩原案は、「大国間の協力の欠如という状況に直面して、国際連合が本来の目的を達成できるかどうかに疑問を表明する者もいる。また世界は既に二つの対立する陣営に分かれているという者もいる」、「太平洋における平和に死活的な利益を持つ一国、または複数の国々と日本とのあいだに特別の協定を結ぶことが日本にとって望ましい」となっており、米ソ対立には直接言及せず、特別協定を結ぶ相手国としてもアメリカを名指しすることを避けるなど、きわめて慎重な表現をとっている。また、「この種の協定は、駐留軍の基地管轄権や機能および能力（とりわけ、国内の治安や秩序に関しては、原則として日本が責任を持つこと）を明確にしておくこと、日本政府の独立性を保証すること、が望ましい」とするなど、駐留軍にできるだけ制約をつけ、日本の主権を最大限確保することに重点を置いている。

このように、「芦田覚書」の作成に当たっては、二つの草案が準備され、より大胆な表現で直線的にアメリカによる安全保障を求める鈴木案が採用されたが、その決断を下したのは外相の芦田であったと考えられる。実際、覚書の作成に参画していた吉沢によれば、「芦田覚書」は「全く芦田さんと鈴木との間の問題」であったといい[49]、鈴木もまた、「結局最後は芦田さんが判断して、これでいいという事になっ」たと回想している[50]。さらに、一二日の決済に際して覚書に直接筆を入れたのが芦田自身であったことも[51]、これを裏づける。

くわえて、覚書手交後の動きも、芦田の主導性を傍証している。アイケルバーガーに覚書を手交した後の一〇月六日、芦田は、「安全保障問題を日米間の単独条約に規定するか、平和条約の一項目にするかの問題」について、「利害得失を充分に考究する必要があるから可成く早く研究せられたい」との指示を出しているが(52)、萩原が提出した「平和条約締結後の日本の安全保障問題に関する技術的考察(53)」と題する報告や条約局条約課が提出した「戦後日本の安全保障形態(54)」と題する報告は、アメリカとの二国間協定によって日本の安全保障を確保することに必ずしも積極的ではなかった。これは、講和条約に規定されるであろう日本の非軍事化条項との整合性や米ソ冷戦という国際環境のなかであからさまにソ連と敵対することへの躊躇から、萩原や条約課がなおも米軍による安全保障に慎重な姿勢をとりつづけていたためであった(55)。

これに対して芦田は、九月一九日のウィリアム・ドレーパー（William H. Draper Jr.）米陸軍次官との会談のなかで、「平和後に於ける安全保証（障カ）の問題」について深い関心を持っていることを伝えた(56)。また、同月二四日には駐日イギリス代表部のアルヴァリー・ガスコイン（Alvary Gascoigne）に対して、「本土の飛行場を防衛するため、若くは千島樺太から北海道を守るため、本土内に駐兵の必要がある場合も考へねばなるまい」と述べて(57)、有事駐留方式からさらに一歩進んで本土駐留方式にまで踏み込んだ発言をおこなった。

このように、「芦田覚書」手交後も駐留米軍による安全保障に躊躇を見せていた外務省とは対照的に、芦田は覚書の線で日本の安全保障を確保する動きを活発化させていった。それは、芦田が覚書の内容に違和感を抱いていなかったことの証左であり、また同時にその作成に主導性を発揮していたことを傍証している。

この点に関連して、指摘すべき第二の点は、「芦田覚書」のなかに戦前以来の芦田の国際政治観が見て取れることである。たしかに一見すると、駐留米軍による安全保障を求める覚書の内容は、国際連盟や集団安全保障を重視してきた芦田の国際政治観とは相容れないもののように思われる。ソ連の脅威に対してアメリカとの二国間協定によって安全保障を確保しようとする考え方は、集団安全保障が否定してきた勢力均衡論的発想にもとづく同盟の論理にほかならないからである。

だが、勢力均衡論的発想を突きつめていけば、米ソ対立という国際情勢のなかで単純にはアメリカの側に与しない、といった選択肢もあり得たはずである。たとえば、アジア派の外交官でこの当時巣鴨プリズンに収監されていた重光葵は、次のように記している。「此二つの世界の争は結局如何なるか。両勢力の外に立つ諸国、特に亜細亜（アジア）民族の向背は之に大影響を及ぼすのである。と同時に、亜細亜民族の将来は此闘争の結果に繫つて居る。特に日本としては、或は其の全運命が之に懸つて居ると云つても差支はあるまい(58)」。

ここには、日本を米ソ冷戦の局外に位置づけつつ、これに乗じて日本の国際的地位向上を図ろうとする構想がはっきりと表れている。こうした構想は、重光に限らず、戦後日本の再軍備を熱望していた旧軍人たちのあいだでも広く見られたものであった(59)。重光や旧軍人たちは、勢力均衡原理を引照基準とする権力政治的観点から冷戦を日本の戦略的価値を高めるものとして理解し、これを日本の国際的地位回復の好機として捉えて最大限利用することを考えていたのである。

こうして見ると、直線的にアメリカによる安全保障を求める「芦田覚書」が重光や旧軍人たちの構想とはまったく異なるものであったことは明らかであろう。「日本が両天秤にソ連とアメリカを弄ぶようなマネはできぬ。判然とアメリカと握手するより外に途はない(60)」とする芦田の決断の背景には、勢力均衡論的発想とは異なる判断枠組みが働いていたのである。そしてそのような判断枠組みこそが、平和は不可分との見地から国際秩序の破壊者に対して傍観を意味する中立は許されない、とする集団安全保障の理想であった。

一九四八年三月二〇日に首相として所信表明演説に臨んだ芦田は、「最後に、国際情勢に関するわれわれの関心について一言いたします」と前置きしたうえで、次のように述べている。「世界はさらに第三次世界大戦のまぼろしにおののいているというのが現在の姿であります。わが国は、まだ国際連合に参加する時期に達していないために、平和に対する発言権さえももち得ない立場にあります。けれども、われわれの生存が密接に世界に関連をもつ今日、われわれは決して平和の維持に無関心ではあり得ないのであります」[61]。また四月一日の外務委員会では、さらに踏み込んでこう述べている。「トルーマン大統領の演説の趣旨には、われわれは同感と熱意をもつもの」であり、「世界的に種々の緊張せる状態を生んでいる今日の国際情勢に対して、衷心平和と自由の原則に基づいて行動する人々に同感と協力を惜しむものではありません」[62]。

これらの発言は、明らかに日本の安全保障の範疇を超えるものであり、米ソ対立という国際情勢のなかでアメリカをはじめとする自由主義陣営の一員として行動していく日本の意思を示そうとするものであった[63]。このとき「国際連合憲章が侵犯され、現状が変えられてゆくのを黙視することはできない」[64]とする普遍主義的国際秩序の理想を謳ったトルーマン・ドクトリンを引用したことからもわかるように、芦田は、ソ連を全体主義勢力に位置づけたうえで、その脅威から国際秩序を守ろうとするならば中立といった曖昧な態度は許されず、日本が自由主義陣営の側に立つことを明確に示さなければならないと考えていたのである。

さらに、こうした考えを後押ししたのが戦中期以来のソ連に対する不信感であった。独ソ不可侵条約の締結をきっかけとして芽生えた芦田の対ソ不信感は根強く、戦後も消えることはなかった。たとえば、戦争末期の一九四四年八月五日に旧同交会系議員である川崎克から「有利な戦争終結のためにソ連に接近すること」を提案されているが、「彼には賛成できなかった」とその日記に記している[65]。また、一九四七年七月二二日に片山内閣の外相として内奏をおこなった際には、昭和天皇から「日本としては結局アメリカと同調すべきでソ連との協力は六ヶ敷いと考へるが」と問いかけられたのに対して、「全然同見である旨を答へ」ている[66]。敗戦間際の日ソ中立条約の一方的な破棄もあって、戦後の芦田は、「曾て妥協が出来ると考えた時代もあった。然し第二次大戦の末期からその望を失つた。あの人々との妥協は不可能である」と考えるようになっていた[67]。こうして芦田は、ソ連を国際秩序のかく乱者として敵視する見方を強め、アメリカとのあいだに特別協定を結ぶ決意を固めていたのである。

もっとも、このことから当時の芦田が再軍備まで考慮し、軍事的な協力に踏み込む意思を持っていたとすることはできない。というのも、一九四八年の年頭の挨拶のなかで、「来るべき平和会議は連合国が一致して会議を開く決意をなした時に初めて開かれるのである。そして連合国が左様な決心をするのは、日本人が平和的な民族として再生する見込みがあると認めた時——いい換えれば、ポツダム宣言を完全に履行したと認めた時である。その事実は必然的に、平和会議へのわれわれの準備は、何よりも先に日本国民が、その民主化と平和化を実現することにある」と語っているからである[68]。早期講和と独立を最優先に考えれば、「平和化」の実現こそが喫緊の課題であり、再軍備は依然として将来の問題である、というのが芦田の認識であった。

このことは、組閣直前の三月五日に催されたアイケルバーガーとの晩餐会での芦田の反応からもわかる。この席で有事駐留方式による日本の安全保障に意見を求められたアイケルバーガーは、「それは六ヶ敷い。だから日本に飛行場防備の兵力を持たせることだ」と述べて再軍備の可能性に言及し、これに対して芦田は「おやおやと思つた」[69]。アイケルバーガーは、復員によって戦力を削減された第八軍の穴を埋めるためにも日本の再軍備が必要であるとの考えを持つようになり、この三日前にも来日していた国務省のジョージ・ケナン（George F. Kennan）に同様の構想を語っていた[70]。したがって、このときの会話がアイケルバーガーにとっては「とくに何でもない」ものであった一方で[71]、「平和化」を喫緊の課題と考えていた芦田にとってはまったく予想外の返答であり、その驚きを日記に書き記すことになったのである。

とはいえ、再軍備にまで踏み込む意思がなかったにせよ、国会における一連の発言は、やや軽率であったように思われる。なぜなら、第三次世界大戦の危険性に触れれば、日本の安全保障や米ソのどちらの側につくのかといった質問が惹起されるのは当然予測できたことだからである。

だが、講和会議に対する見とおしも立っていない段階でそのような質問に正面から答弁できるはずもなかった。そもそもアメリカによる安全保障という提案も日本側の希望に過ぎず、いまだ国務省では極東局を中心に日本に対して峻厳な講和で臨む空気が強かった。また、たとえアメリカが日本の安全保障を引き受けることに同意したとしても、そのような協定が明らかになればソ連の反発を招くことは必至であり、対日講和そのものを頓挫させることにもなりかねなかった。

しかも、「芦田覚書」をはじめとする一連の外交政策は、国内的な合意という点でも大きな問題を孕んでいた。芦田は、アイケルバーガーへの覚書手交に際して当時官房長官であった西尾末広に説明をおこなったものの、「コレは君の責任でやつてくれ給へ」ということになり[72]、芦田の進めていた政策は、社会党はもちろん、内閣としても建前上は与り知らぬことになった。こののち芦田は、自らの組閣に当たって、片山を外相として入閣させることで外交・安全保障政策について社会党を引き込むことを考慮したが、それも実現しなかった。片山入閣のねらいの一つは「MacArthur の片山に対する感情も考へて」のことであったが[73]、あえて外相ポストを用意し、さらに入閣できない場合には外務省顧問への就任を依頼するなど[74]、もう一つのねらいは外交・安全保障政策における国内的合意の確保にあった。しかし、「かりそめにも総理大臣をつとめたわが党委員長を、いまさら芦田のもとに副総理として送ることは面白くないという面目論」から社会党左派が反対し、(75)片山自身も、国際情勢の変化のなかで「GHQ内部の情勢が変って来て、日本にも軍備を持たしめよう、その軍隊は海外派兵もさせられるかも知れないような情勢になって来た」ことを察知して、(76)芦田の依頼は断られてしまった。

それゆえ、芦田は自らが提起したにもかかわらず、日本の安全保障や冷戦に対する具体的な方策については明言を避けなければならない羽目に陥った。国会で追及を受けた芦田は、「絶対平和の信念と理想を世界の民族に強く呼びかけるということが、当然我々のなすべき途であり、その理想を達成するゆえんである」と述べるなど、(77)抽象論に逃げざるを得なかった。また、「今日の日本がみずからの武力をもつて日本を護るという方向は、実現不可能な事態にあることを考えまするがゆえに、政府としてはさような方向において、日本を防衛しようという考え方はもつておりません」と述べて、(78)再軍備の可能性を否定した。しかも、水面下で進めていたアメリカによる安全保障という構想についても、「政府の政策として、現在の環境において反ソ的とか反米的であるとかいつたような傾向に走ることは決して好ましいことではな」く、「どこの国と特別の関係を結ぶとかいうことは絶対に考えておりません」と述べて、(79)これをひた隠しにしたのである。

以上のように、芦田は、米ソ冷戦が顕在化しはじめた一九四七年の時点で自由主義陣営の側に立つことを決断していた。冷戦を前にして、日本の安全保障のためにも、また国際秩序を守るためにも自由主義陣営の側に立つことを明らかにすべきであると考えていたのである。その点で、直線的にアメリカによる安全保障を求める「芦田覚書」のなかには、国際秩序の危機に際して中立主義を否定する集団安全保障論的な発想を見いだすことができる。

一方で、この時点における芦田は、再軍備にまで踏み込むつもりはなかった。対日講和の実現のためには日本の民主化と非軍事化を求めるポツダム宣言の履行が必要であり、また過度にソ連を刺激することは避けなければならなかったからである。こうした講和への配慮から、外務省のなかではアメリカによる安全保障を選択することについても慎重な意見が強かった。

したがって、躊躇する外務省を主導するかたちでアメリカによる安全保障を追求してきた芦田もまた、早期講和のために表向きにはそうした動きを否定せざるを得なかった。朝鮮戦争勃発以後の再軍備論が周囲からは唐突であると受けとめられ、「変節」として見なされることになった一因には、このような早期講和の実現と冷戦への対応という二つの課題に同時に取り組まなければならないなかで、芦田の言動に揺らぎが生じ、周囲からは理解されにくいものになっていたことがあげられる。これら二つの課題の双方に応えるためには、一九四八年秋のアメリカによる対日占領政策の転換を待たなければならなかった。

しかし、このときすでに芦田は政権を手放さざるを得なくなっていた。復興金融公庫の融資に絡んだ贈収賄事件、いわゆる昭和電工事件が内閣を直撃、一九四八年九月三〇日に来栖赳夫経済安定本部長が、一〇月六日に西尾末広前副総理がそれぞれ逮捕され、翌七日、芦田は内閣総辞職を決定したのである(80)。

註

(1) 「芦田修正」についての研究は数多く存在する。ここでは一九九五年の帝国憲法改正案委員小委員会の速記録公開後のものとして、村川一郎「日本国憲法制定秘史⑯——明かされる『芦田修正』の真実」(『月刊 自由民主』第五一二号、一九九五年一一月)、佐々木高雄『戦争放棄条項の成立経緯』(成文堂、一九九七年)、小針司「芦田修正異聞——速記録から見た芦田修正」(『岩手県立盛岡短期大学法経論集』第一九号、一九九八年)、竹中佳彦「『芦田修正』再考」(『北九州市立大学法政論集』第三〇巻第一・二合併号、二〇〇二年八月)、西修『日本国憲法成立過程の研究』(成文堂、二〇〇四年)、古関彰一『日本国憲法の誕生』増補改訂版(岩波書店、二〇一七年)を参照。ほかに、思想史的な観点から第九条に迫った研究として、河上暁弘『日本国憲法第9条成立の思想的淵源の研究』(専修大学出版局、二〇〇六年)、山室信一『憲法9条の思想水脈』(朝日新聞出版、二〇〇七年)があり、歴史研究と法解釈の関係を論じるなかで第九条の制定過程についても踏み込んだ研究として、鈴木敦「憲法史の解釈論的意義（一）・（二）・（三・完）――第九条を素材として」（『法学論叢』第一六七巻第五号・第一六八巻第二号・同第四号、二〇一〇年八月・同一一月・二〇一一年一月）がある。一方、「芦田覚書」については、西村熊雄『サンフランシスコ平和条約』（鹿島研究所出版会、一九七一年）二八～四〇頁、細谷千博『サンフランシスコ講和への道』（中央公論社、一九八四年）三一～三四頁、マイケル・M・ヨシツ（宮里政玄・草野厚訳）『日本が独立した日』（講談社、一九八四年）三五～四三頁、渡辺昭夫「講和問題と日本の選択」（渡辺昭夫・宮里政玄編『サンフランシスコ講和』東京大学出版会、一九八六年）二八～三七頁、三浦陽一『吉田茂とサンフランシスコ講和』上巻（大月書店、一九九六年）七一～九三頁、坂元一哉『日米同盟の絆――安保条約と相互性の模索』（有斐閣、二〇〇〇年）一〇～一五頁、ロバート・D・エルドリッヂ『沖縄問題の起源――戦後日米関係における沖縄1945-1952』（名古屋大学出版会、二〇〇三年）八九～一〇五頁、前掲、楠綾子『吉田茂と安全保障政策の形成』一四九～一五四頁において、背景や意義が論じられている。このほかに、「芦田修正」から「芦田覚書」に至るまでのあいだの芦田の国際情勢認識を検討したものとして、前掲、植田麻記子「占領初期における芦田均の国際情勢認識」がある。

（2）　この点に関して、芦田自身の言葉によれば、次のようになる。「当時私の頭に置いていたことはこういうことなんです。御承知のように、憲法第九条の第一項は、だれが見ても一九二八年パリで調印された不戦条約の第一条の文字を持つて来たものです。その不戦条約の眼目は侵略戦争はこれを放棄するということである。従つて憲法第九条第一項は侵略戦争はこれを放棄するという趣旨を認めたものであることは間違いない。現に国際連盟にしても国際連合にしても、国際法上認められたる自衛のための戦争は正統であることを認めておる。……ところが第二項に持つて来て、それにもかかわらず陸海空軍その他の戦力はこれを保持しないと書いてしまうと、防衛戦争のためといえども軍又は戦力を保持することができぬということになる。……限定的に前項の目的を達するためといえば、相当な無理な文字であるけれども、前項の目的即ち侵略戦争を禁ずるといつた目的のそのために武力を持つことは許されない。しかし自衛のために抵抗する権利は、国家当然の権能であるから、この此場合の自衛のためには陸海空軍または其他の戦力を保持しても差支えないと解釈する余地がある」（芦田均「日本国憲法制定当時の事情と私の見解」『日本国憲法制定の経緯とその実情』改進党政策員会・改進党憲法調査会、一九五四年、二〇頁、「芦田均関係文書」書類の部三六二）。以上のような解釈を芦田が最初を示したのは、一九五一年一月一四日付『毎日新聞』紙上である。

（3）　前掲、竹中佳彦「『芦田修正』再考」一二三～三〇頁を参照。

（4）『芦田均日記』第一巻、一九四五年一〇月二〇日の条。
（5）同前、一九四六年二月一九日の条。
（6）同前、一九四六年二月二二日の条。
（7）同前。
（8）「第九〇回帝国議会衆議院帝国憲法改正案委員会議録」第九号、一九四六年七月九日。
（9）「第九〇回帝国議会衆議院議事速記録」第八号、一九四六年六月二八日。
（10）「第九〇回帝国議会衆議院帝国憲法改正案委員会議録」第九号、一九四六年七月九日。
（11）同前。
（12）「第九〇回帝国議会衆議院帝国憲法改正案委員会議録」第二〇号、一九四六年七月二三日。
（13）「第九〇回帝国議会衆議院帝国憲法改正案委員会議録」第九号、一九四六年七月九日。
（14）同前。
（15）『帝国憲法改正案委員小委員会速記録』（衆議院事務局、一九九五年）七八、八一頁。
（16）同前、八一頁。
（17）同前、一九一頁。
（18）同前、一四二頁。
（19）「第九〇回帝国議会衆議院帝国憲法改正案委員会議録」第九号、一九四六年七月九日。
（20）前掲『帝国憲法改正案委員小委員会速記録』一九一頁。
（21）『毎日新聞』一九五一年一月一四日。
（22）前掲『帝国憲法改正案委員小委員会速記録』一九一頁。
（23）修正のなかで「前掲」が「前項」に変わっているのも重要な論点の一つであるが、この点に関しては、前掲、佐々木高雄『戦争放棄条項の成立経緯』第五章第五節を参照。
（24）南原の平和論については、たとえば、苅部直「平和への目覚め——南原繁の恒久平和論」（『思想』第九四五号、二〇〇三年一月）を参照。

(25)「第九〇回帝国議会貴族院議事速記録」第二四号、一九四六年八月二七日。
(26) 同前。
(27) 丸山真男・福田歓一編『聞き書　南原繁回顧録』(東京大学出版会、一九八九年) 三五四頁を参照。
(28)「第九〇回帝国議会貴族院議事速記録」第二四号、一九四六年八月二七日。
(29)「第九〇回帝国議会貴族院帝国憲法改正案特別委員会議事速記録」第一二号、一九四六年九月一三日。
(30) 同前。
(31) 同前。
(32) 金森徳次郎『憲法遺言』(学陽書房、一九六一年) 七一～七九頁を参照。
(33) 芦田は、第九条の修正に関して、チャールズ・ケーディス (Charles L. Kades) 民政局次長を訪問し、ケーディスから「異存ありません」、「あなたの提案は、基本原則に反していません」との答えを受けて、「喜んで大変感謝し」たという (竹前栄治『日本占領GHQ高官の証言』中央公論社、一九八八年、五九～六〇頁)。
(34) 芦田均『新憲法解釈』(ダイヤモンド社、一九四六年) 三六頁。
(35) 中道政権期における政治および政局全般については、升味準之輔『戦後政治一九四五―五五年』上 (東京大学出版会、一九八三年) 第二章第三節、古関彰一「占領政策の転換と中道内閣」(歴史学研究会編『日本同時代史②――占領政策の転換と講和』青木書店、一九九〇年)、天川晃『占領下の議会と官僚』(現代史料出版、二〇一四年) 第二章、福永文夫『日本占領史1945-1952』(中央公論新社、二〇一四年) 第三章および第四章を参照。当該時期の政党政治をとくに民政局との関係から分析したものとして、福永文夫『占領下中道政権の形成と崩壊』(岩波書店、一九九七年)、また経済復興の観点から社会党を中心に経済団体や労働組合も含めて分析したものとして、中北浩爾『経済復興と戦後政治――日本社会党一九四五―一九五一年』(東京大学出版会、一九九八年) を参照。このほかに、片山内閣記録刊行会編『片山内閣――片山哲と戦後の政治』(片山哲記念財団片山内閣記録刊行会、一九七〇年) も参照。
(36)「対日平和条約の時期および起草手続きについて」一九四七年年六月一日 (『日本外交文書』サンフランシスコ平和条約準備対策三八文書)。当該史料は、「芦田均関係文書」書類の部二二八にも所収されており、「芦田均日記関連文書」として『芦田均日記』第七巻にも収録されている。

(37) 下田武三『戦後日本外交の証言――日本はこうして再生した』上巻（行政問題研究所出版局、一九七四年）五一頁。

(38) Memorandum of Conversation, October 31, 1947, "Repatriation of Japan; Treaty of Peace; Coal Production; Possible Pressure on Foreign Minister Ashida to Resign; Political Career of Mr. Takizo Matsumoto", Tokyo to Department of State, November 6, 1947, 894.00/11-647, Central Decimal Files, 1945-1949, Record Group 59, National Archives II, College Park, Maryland. 以下、CDF, RG 59と略記する。

(39) この覚書の全文については、「芦田・アチソン会談」一九四七年七月二六日（『日本外交文書』サンフランシスコ平和条約準備対策五一文書）を参照。当該史料は、「芦田均関係文書」書類の部二三一にも所収されており、「芦田均日記関連文書」として『芦田均日記』第七巻にも収録されている。

(40) 「鈴木・アイケルバーガー会談――付記二」（同前、六一文書）。当該史料は、「芦田均関係文書」書類の部二三三にも所収されており、「芦田均日記関連文書」として『芦田均日記』第七巻にも収録されている。

(41) 同前。

(42) 「アチソンに対する会談案――付記二」一九四七年七月（同前、五〇文書）。

(43) 「アチソンに対する会談案」一九四七年七月二四日（同前）。

(44) この日、鈴木は、さし当たっての資料としてアチソンらに手交した文書をアイケルバーガーに手渡している。これに対してアイケルバーガーは、「この点に関しては、以前に鈴木が話したマッカーサー・天皇会談の際に裕仁が同じ問題を取り上げていたことを頭に入れておかなければならない」と記しており（Eichelberger Diary, September 10, 1947, Robert L. Eichelberger Papers, William R. Perkins Library, Duke University）、アイケルバーガーにとって外務省の動きは昭和天皇とのつながりを想起させたようである。なお、当該史料については、*Japan and America, c1930-1955: The Pacific War and the Occupation of Japan, Series 1* (Adam Matthew Publications, 1998) に収録されているものを閲覧した。ほかに、当該史料を通して占領期のマッカーサーの実像を描いた、児島襄『日本占領』全三巻（文藝春秋、一九七八年）も参照。

(45) 「鈴木・アイケルバーガー会談――平和条約成立後の我国防問題」一九四七年九月一三日（『日本外交文書』サンフランシスコ平和条約準備対策六一文書）。

(46) 「平和条約締結後における米軍駐屯に関する文書――萩原徹案」一九四七年九月一一日（「鈴木九万関係文書」一―二七、国立国会図書館憲政資料室所蔵)。
(47)「平和条約締結後における米軍駐屯に関する文書──鈴木九万案」一九四七年九月一一日(「鈴木九万関係文書」一一二六)。
(48)前掲「鈴木・アイケルバーガー会談──付記二」一九四七年九月一三日。
(49)渡辺昭夫監修『現代史を語る⑤吉沢清次郎──内政史研究会談話速記録』(現代史料出版、二〇〇八年)二五九頁。
(50)前掲『現代史を語る⑥鈴木九萬』二五六頁。
(51)「手帳日記」一九四七年九月一二日(『芦田均日記』第二巻)を参照。
(52)「平和条約締結後の日本の安全保障について」一九四七年一〇月六日(『日本外交文書』サンフランシスコ平和条約準備対策六六文書)。
(53)「平和条約締結後の日本の安全保障問題に関する技術的考察」一九四七年一〇月一八日(同前、六七文書)。当該史料は、「芦田均関係文書」書類の部二三六にも所収されており、「芦田均日記関連文書」として『芦田均日記』第七巻にも収録されている。
(54)条約局条約課「戦後日本の安全保障形態」一九四七年一〇月二五日(「対日平和条約関係、準備研究関係」第四巻、リール B'-0008、外務省外交史料館所蔵、外務省記録 B'.4.0.0.1)。
(55)前掲、楠綾子『吉田茂と安全保障政策の形成』一五九〜一六〇頁を参照。
(56)「安全保障問題への我が方関心につき米国政府へ伝達方芦田よりドレーパーへ依頼について」一九四七年九月一九日(『日本外交文書』サンフランシスコ平和条約準備対策六三文書)。
(57)「平和会議の見通しおよび日本の安全保障問題等について芦田とガスコインの対話」一九四七年九月二四日(同前、六四文書)。当該史料は、「芦田均関係文書」書類の部二三五にも所収されており、「芦田均日記関連文書」として『芦田均日記』第七巻にも収録されている。
(58)重光葵「戦争を後にして(巣鴨日記)──二つの世界」(伊藤隆・渡邊行男編『重光葵手記』中央公論社、一九八六年)六六九頁。
(59)前掲、柴山太『日本再軍備への道』第三章第一節および第二節を参照。
(60)『芦田均日記』第二巻、一九四八年九月一八日の条。
(61)「第二回国会衆議院会議録」第二七号、一九四八年三月二〇日。なお、以下の引用も含めて、戦後における国会の議事録については、国立国会図書館の「国会会議録検索システム」(http://kokkai.ndl.go.jp)を利用、参照した。

(62)「第二回国会衆議院外務委員会議録」第四号、一九四八年四月一日。

(63) 実際、駐日イギリス代表部のガスコインは、「専門的な観点からいえば、これは日本が当然にアメリカ陣営に入る意思があることを示すためのきわめて巧みな表現である」と受けとめた（Mr. Gascoigne to Foreign Office, March 24, 1948, F 5397/44/23, FO 371/69820）。

(64)「トルーマン・ドクトリン」一九四七年三月一二日（大嶽秀夫編『戦後日本防衛問題資料集』第一巻、三一書房、一九九一年、Ⅱ・1・5文書）を参照。

(65)『芦田均日記』第四巻、一九四四年八月五日の条。

(66)『芦田均日記』第二巻、一九四七年七月二二日の条。

(67)『芦田均日記』第四巻、一九五一年一〇月一二日の条。

(68) 芦田均「平和成立の歳」（『京都新聞』一九四八年一月一日）。

(69)『芦田均日記』第二巻、一九四八年三月五日の条。

(70) Eichelberger Diary, March 2, 1948. 前掲、児島襄『日本占領』第三巻、一二五～一二六、一四一～一四六頁も参照。

(71) Eichelberger Diary, March 5, 1948.

(72)『芦田均日記』第二巻、一九四七年九月二四日の条。

(73) 同前、一九四八年三月四日の条。片山内閣の総辞職に際して、「マッカーサーはいかにも惜しい、投げ出したのはしょうがないけれども、首班指名選挙にもう一ぺん当選して組閣したらどうだ」と述べたとか（曽祢益『私のメモワール――霞が関から永田町へ』日刊工業新聞社、一九七五年、一五〇～一五一頁）、芦田の組閣に際して「マッカーサーは、吉田や片山のときと違って、芦田のことを支持しなかった」といわれるが（リチャード・B・フィン／内田健三監修『マッカーサーと吉田茂』上、同文書院インターナショナル、一九九三年、二六七頁）、実際、マッカーサーは、駐日イギリス代表部のガスコインに対して「首相として芦田を好意的に見ていない。自分は第二次片山内閣を望んでいた」と語っていた（Mr. Gascoigne to Foreign Office, March 11, 1948, F 4969/44/23, FO 371/69820）。芦田もこうしたマッカーサーの心情に気づいていたように思われる。

(74)『芦田均日記』第二巻、一九四八年三月七日を参照。

(75) 西尾末広『西尾末広の政治覚書』（毎日新聞社、一九六八年）二二二頁。

(76) 前掲、片山哲『回顧と展望』二七九頁。
(77) 「第二回国会衆議院会議録」第三一号、一九四八年三月二五日。
(78) 「第二回国会衆議院予算委員会議録」第一七号、一九四八年四月二七日。
(79) 「第二回国会参議院予算委員会議録」第二〇号、一九四八年四月三〇日。
(80) 昭和電工事件の概要については、さし当たり、「昭和電工事件——経済復興資金の乱費」（田中二郎・佐藤功・野村二郎編『戦後政治裁判史録』①、第一法規出版、一九八〇年）を参照。なお、事件の背後には、中道路線を支持する民政局と反共主義的な参謀第二部との対立があったといわれている（チャールズ・A・ウィロビー／延禎監修・平塚柾緒編『GHQ知られざる諜報戦——ウィロビー回顧録』山川出版社、二〇一一年、一六七〜一六八頁を参照）。

第六章　再軍備論者への道

芦田が退陣を決定した同日、アメリカ政府は対日政策の基本方針としてＮＳＣ一三／二を採択した。ＮＳＣ一三／二は、占領政策の重点を経済復興へと移し、日本の経済力を極東の安定のために利用しようとするものであった。また、再軍備については講和後の検討課題として先送りされたものの、警察力の強化についてはこれを明記するなど、日本の民主化と非軍事化という当初の占領政策を転換するものであった(1)。その後、一九四九年（昭和二四）九月に米英両政府は対日講和を推進することで一致し、冷戦を前提として講和に乗り出す意思を固めた。

このような動きを受けて、一〇月二五日からはじまった第六臨時国会では、講和問題をめぐる論争が展開された。吉田茂首相が、ソ連が参加しない場合でもアメリカをはじめとする自由主義諸国とのあいだで講和を結ぶ単独講和もあり得ると述べ、さらに講和独立後も講和条約の実施、監督のために米軍が駐留する可能性があることにも言及したのに対して(2)、中道三派はソ連を含むすべての連合国とのあいだで講和を結ぶ全面講和を求めて対峙したのである。

こうして講和論争が展開されると、野党に転落していた芦田は、吉田からの働きかけに応じて超党派外交への取り組みを開始する(3)。芦田は、一九五〇年六月と一二月の二度にわたって吉田と会見し、野党の全面講和論を転換させなければならないことで一致するとともに、自由党・国民民主党・社会党の三党による挙国政権構想を提示した。

また、この間の六月二五日に朝鮮戦争が勃発すると、内外の急迫した情勢からＧＨＱ民政局のジャスティン・ウィリアムズ（Justin Williams）の求めに応じて、芦田は意見書を提出、一二月二八日の『朝日新聞』にその全文を公表した。そのなかで、「国民に向って日本が危機に立つこと、日本人は自らの手で国を守る心構えを必要とすることを説き、政府自らその運動の先頭に立って旗を振ることが急務である」と述べ、(4)翌年一月八日の地元福知山市における講演会では、意見書を敷衍するかたちで「早急な日本軍隊の必要」に言及した。(5)ここに芦田は、ついに再軍備論の口火を切ったのである。

本章では、朝鮮戦争の勃発を境にして再軍備論者として活動するようになった芦田を論じる。第一節では、芦田の再軍備論の性格を明らかにすることを目的として、まず超党派外交への取り組みについて論じ、つづいて彼の再軍備論を吉田の軽武装論や反吉田派の自主防衛論と比較しながら検討する。第二節では、保守合同とその後の政治過程における芦田の活動を分析することで、彼の再軍備論の性格をより明確にするとともに、その帰趨を明らかにする。

一　朝鮮戦争の勃発と再軍備論の登場

1　講和論争と超党派外交

汚職による退陣という不名誉な最期に終わった芦田を待ち受けていたのは、さらなる悲劇であった。一九四八年（昭和二三）一二月七日、芦田自身も一連の復興金融公庫の融資に絡む収賄の容疑で逮捕、収監されたのである。そして二月公判、三月無罪確定という当初の期待は裏切られ、裁判は長期化の様相を呈した。結局、無罪が確定するのは一九五八年二月のことであり、この間、刑事被告人という立場がその政治活動を大きく制約しつづけることになった。

また、これを好機と見た吉田は、民政局の遷延策を振り切るかたちで解散に持ち込むことに成功し、翌年一月二三日に実施された第二四回総選挙において、与党民主自由党は単独過半数を制した。一方の民主党は惨敗、改選前の九〇議席から六九議席へと大きく後退した。しかも、総裁の逮捕と総選挙の敗北によって党の求心力は低下し、民主党は民自党との連立を主張する連立派（三三名）とこれに反対する野党派（三七名）に分裂した。芦田は、「保守連携は人民戦線の結成を促進する」との考えから社会党との提携関係を維持し、野党にとどまることを説いたが(6)、翌年三月に連立派は民自党に合流し、自由党が結成された。これに対して、野党派は同年四月に国民協同党と新政治協議会と合同して国民民主党を結成したものの、その議席は六七にとどまり、党勢の減退に歯止めをかけることはできなかった。

超党派外交への取り組みがはじまったのは、このように芦田が苦しい立場に追い込まれていたときであった。それゆえ、超党派外交に向けた動きについては、当時から何かしらの政治的な思惑が隠されているのではないかとの疑念を掻き立てた。たとえば、朝鮮戦争勃発後の一九五〇年七月二八日に芦田と会見したＧＨＱ外交局長のウィリアム・シーボルド（William J. Sebald）が「政治的復権を望む芦田博士の野心に起因するものであり、あるいはそこに閣僚の椅子が与えられるかもしれないという示唆を見いだすことも難しいことではない」との評価を下しているのは(7)、この点を物語るものである。

たしかに、このような見方にはある程度の説得力があるように思われる。中道路線の挫折以後、芦田が権力への焦慮の念を強くしていたことは間違いないし、また党勢挽回のためにも国民的支持を集められる政治目標が必要であると考えていたことも事実だからである(8)。そうしたなかで、超党派外交による政権への接近は従来の野党路線を転換するものであり、一貫しないその行動が政治的野心にもとづく機会主義的な動機と結びつけられて理解されたのも十分に肯ける。

しかし、超党派外交への取り組みをもっぱら政局のための策動として片づけてしまうのは、やや表面的に過ぎる。米ソ冷戦が顕在化しはじめていた中道政権期において、すでに芦田は自由主義陣営の側に立つことを決断し、水面下ではアメリカとのあいだに特別協定を結ぶための動きを開始していた。したがって、超党派外交を政策面から見た場合、それを一貫性のない行動と評価するのは当たらない。単独講和や講和後の米軍駐留は決して政局のための犠牲として取引されたものではなく、それらはこれまで自らが追求してきた構想と同じといってよいものであった。芦田の野心を疑うシーボルドが同じ報告のなかで、「日本の将来は民主主義国家の側にあらねばならないとする芦田の信念は誠実なものであるという印象を受けた」とも記しているのは、この点を明らかにしている。(9)

芦田は、吉田の要請を受ける前から「日本の中立維持は困難であらう」と見ており、(10)一九四九年四月以降に中国の共産化が決定的となるなかで、とくにそうした見方を強めていた。米ソ冷戦の進展を受けて、「今こそ問題の核心をはつきりつかんで白か黒かの態度を明白にすべき」である、(11)あるいは「これに即応する心構へがわれわれに要請されてゐる」(12)といった主張をくり返し述べて、日本が自由主義陣営の側に立つべきことを強く求めるようになっていたのである。その背景には、「スラーブ民族の極東進出とこれに対抗するアメリカ・デモクラシーの激突は既に始まつている」(13)という強い危機感があった。

もっとも、こうした見方は党内に十分浸透していたわけではなかった。むしろ、国民民主党では講和問題を軸にして社会党との提携関係を強化し、吉田内閣との全面対決へと向かう空気が大勢であった。すなわち、一九四九年一二月四日に社会党が中央執行委員会において全面講和と中立堅持に軍事基地反対をくわえた平和三原則を決定し、翌年四月三日の第五・六回大会における「講和問題に関する基本方針」でこれを確認すると、(14)同月二〇日に民主党野党派は社会党と共同歩調をとることを決定、(15)二六日には野党外交対策協議会を結成して平和・永世中立・全面講和を求める共同声明を発表した[16]。そして二八日、国民協同党と新政治協議会と合同して誕生した国民民主党は、これらを第二回参議院選挙に向けた公約として発表した。国民民主党は、「自由党の外交政策は必要以上に外国に迎合依存し、日本民族の自主独立精神を著しく傷つける」と批判し[17]、「平和と中立と完全独立をわれわれがまず主張することが第一義であり、最後までこれを主張し続けることが日本の平和と真の利益を最大ならしめるものであ」って、「単独講和への猪突猛進ぶりは、国民の名において断じて容認できない」と主張して[18]、吉田内閣との対決姿勢を鮮明にしたのである。

これに対して芦田は、「政府と野党とが外交問題を捉えて互に論難攻撃を繰返し、外交問題によって国論が二つに岐れるような形を示すことは今日の段階では極めて不幸なこと」であると見ていた[19]。講和問題をめぐる政府と野党の全面対決が講和そのものに悪影響を及ぼすことを憂慮したためであり、全面講和論や中立主義といった野党の外交論はこれを転換させなければならないと考えていたからである。しかし、刑事被告人という立場もあって表立った政治活動ができないことから、「今直ぐに実行できまい」というのが実情であった[20]。

芦田が吉田からの要請を受け入れたのは、ちょうどこのような状況にあったときのことであった。一九五〇年六月一四日、吉田が国民民主党参議院議員の林屋亀次郎を介して会見を求めると、芦田はこれに応じ、二六日に両者の会談が実現した。その席で芦田は、「この際国内が二つに分れた姿を示すことは宜敷くない。それを是正するために微力を尽くすことは喜んでやる」と述べて[21]、単独講和に国論を統一することを確認し、それに向けて協力することも承諾した。こうして芦田は、超党派外交に乗り出す決意を固めた。

ただし、このとき「少くも社会党右派は同調させたい」と注文をつけたのには[22]、政治的思惑がないわけではなかった。というのも、超党派外交は保守連携の機運を高め、その結果として国民民主党が自由党に吸収される危険性を孕むものであったからである。超党派外交へと乗り出した芦田が「最も厄介なことは自民連携に提案があつた場合にどう答へるかである。無論吸収的な自民連携は問題にならぬ。然し明白に断ると自由党は得意の引抜きをやらぬとも限らぬ。それが警戒すべき点である」と記しているのは[23]、この点を示している。組織防衛の観点から見たとき、超党派外交が単なる自民連携に終わることは何としても避けなければならない事態であり、社会党の参画は政局のうえでも重要な点であった[24]。

このように超党派外交は、政策と政局が複雑に絡む非常に繊細な問題であった。しかし、芦田が優先したのは政策であった。一度目の会見ののち、芦田は吉田に対して「自分の承知する限りの社会党の情勢を話」し[25]、「民主党は忍耐して社会党の転向を助成すること」を約束した[26]。また、七月一二日には国民民主党の特別外交調査会に出席し、「永世中立論を抹殺」して党の外交方針を転換させた[27]。こののち翌年一月の第二回党大会において、「我党は平和国家たるの建前から全面講和の締結を理想として進んで来たが、近時客観情勢の推移に鑑み、外交対策特別委員会の案を以て速かなる多数講和の実施を期」すとし[28]、国民民主党は正式に単独講和論へと転換することになる。芦田は、「超党派外交を前進させるために顕著な役割を演じた」のである[29]。

ところが、芦田の尽力にもかかわらず、超党派外交は一向に進展しなかった。肝心の社会党が頑なに参加を拒みつづけたためである。結局、一一月一六日、社会党は、外交委員会と中央執行委員会に諮ったうえで、超党派外交は吉田内閣による国会乗り切りの策略であるとしてこれを拒否することを正式に決定した。

とはいえ、そこに至るまでの過程には、吉田が超党派外交の主導権を幣原喜重郎に預けたことも関係している。幣原は、政党政治下における外交の継続性に強いこだわりを持ち、吉田よりもずっと超党派外交に熱心であった[30]。だが、一九四七年の民主党結党以来、感情的なわだかまりを持つ幣原は芦田を避けて、国民民主党に対しては苫米地義三最高委員とのあいだで話を進め、社会党にも浅沼稲次郎書記長に直接かけ合うなどしてしまった。社会党が全体として超党派外交に消極的であったことはたしかであったが、それでも「芦田氏となら会ってもよい」という右派の人々はいたし[31]、除名中とはいえ同派の実力者である西尾末広と芦田とは強い信頼関係で結ばれていた[32]。それにもかかわらず、幣原は芦田を素通りし、またその心情をわきまえていた芦田も幣原に遠慮したため[33]、両者は直接会うこともなく、互いに協力することができなかった。その結果、社会党への手がかりを持たない幣原はこれを説得できず、逆にその行動は同党の不信感を高めるだけに終わってしまったのである。

また、そもそも超党派外交に対する吉田の熱意がそれほど高くなかったことも大きかった。吉田は、社会党の消極的な態度に次第に嫌気がさし、途中からは「幣原の長老政治家としての面目のために」その活動を認めているに過ぎない状態となった[34]。そしてその一方で吉田は、「芦田は……政治的復権のため、また疑獄に関わる将来の訴訟を回避するため、あらゆる藁をつかむ」だろうと見ていた[35]。すなわち、たとえ社会党の協力が得られなくとも、最終的には傷を抱える芦田の側から折れて自民連携の線でまとめられる、と吉田は踏んでいたのである。

こうした吉田の読みは、必ずしも理由なしとはいえない。なぜなら、社会党の拒絶によって超党派外交の失敗が明らかになったのちも、芦田はその実現に未練を残していたからである。芦田は、社会党の決定を知った直後には「吉田総理に誠意もタクトも無いのだからどうにも仕様がない。私は傍観する」と突き放す態度を見せながら[36]、吉田から求められると再び会見に応じ、改めて三党による挙国政権構想とこれにもとづく超党派外交の必要性を説いた[37]。しかも、このとき苫米地や千葉三郎ら党幹部にさえ何の相談もせずに会見に臨んだために、党内は大騒ぎとなった[38]。芦田を動かしたのは「講和に関して主要政党のあいだの理解を促す熱意」であったかもしれないが、しかしそのような単独行動は明らかに「情勢を見誤った」ものであった[39]。それゆえ、吉田がそこに別の意図を勘繰ったとしても不思議なことではなかった。

しかし、結論からいえば、それは完全な吉田の誤解であった。芦田が政局の観点から社会党を含む挙国政権構想に期待をかけていたことは事実であるとしても、彼は決して自らの信念を曲げてまで権力にすり寄るような政治家ではなかった。そのことは、戦前以来の政治活動が証明している。吉田は芦田という政治家をやや軽く見過ぎていた(40)。

芦田があえてこの時期に吉田との会見に応じたのは、再軍備の問題を真剣に考えるようになったからである。吉田との二度目の会見を前にした一二月七日、芦田はＧＨＱに提出する予定の意見書と同じ趣旨の書簡を吉田のために認めている。それは、「日本人は自らの手で国を守る心構えを必要とする」ことを説き、そのためにも「国民的意思統一」が必要であり、「議会の大多数が一致して協力する態勢を造ることが必要であ」ると訴えるものであった(41)。

朝鮮戦争勃発後の芦田は、再軍備の必要性を検討しはじめていた。そしてもし再軍備の実現に向けて動くとなれば、党派を超えた結束がいっそう重要性を増すことは明らかであった。再軍備が講和以上に国論を二分する大問題となることは、目に見えていたからである(42)。芦田が意見書の内容を内々に伝え、さらにはあらぬ憶測を呼びかねない時期に直接面会してまで吉田に奮起を促したのも、すべてそのためであった。

芦田は、決して吉田への不意打ちをねらって突如として再軍備論を公表したのではない。吉田の拒絶によって、結果的に再軍備論が自民連携を防ぐ手立てとなったとしても、最初からそれを目的に政局を誘導する手段として再軍備問題を利用しようとしていたわけではない。芦田にとって再軍備はきわめて重要な政策課題であり、その実現のために党派を超えた協力を必要としていたのである。次項では、なぜそれほどまでに再軍備が重要な政策として位置づけられていたのかを芦田の国際政治観との関わりから明らかにする。

2　積極的再軍備の論理とその国際政治観

一九五〇年六月に朝鮮戦争が勃発すると、芦田は再軍備の必要性に言及するようになった。先に述べたシーボルド外交局長との会見に際して、芦田は二つの文書を手渡しているが、そのなかには「志願兵採用の途を開くこと」、「七万五千名のヨビ警察の編成を促進すること」が盛り込まれていた(43)。こののち、一〇月五日の国民民主党外交特別委員会に出席した芦田は自らの意見をもとに、「内外よりの秩序破壊に対する自衛上の警察力充実」を明記した講和方針を決定させた(44)。さらに、一二月七日にはGHQの求めに応じて「芦田意見書」を提出、志願兵の創設と警察力の強化からさらに一歩進めて日本の再軍備に言及した。

この時期に芦田が再軍備にまで踏み込んだ理由の一つには、早期かつ有利な講和の実現があげられる。朝鮮戦争勃発以後、アメリカ政府内では日本を自由主義陣営につなぎ止めるためにも早期講和の必要性が認識されるようになり、それに向けた動きが活発化していた。こうした情勢を察知した芦田が「それなればこそ日本は協力して良き条件を獲得すべきであつて、今の社会党のような態度で早期講和も有利なコーワもありよう筈がない」と述べているのは(45)、再軍備へと踏み出す動機のあり様を端的に示している。

ただ、芦田の再軍備論は、単純に講和のための取引材料として唱えられたわけではなかったように思われる。というのも、当初は「芦田の真意は……総司令部内の意見と同じような傾向に合わせる」ところにあると見られていたが、再軍備への言及はそれよりも「さらに一歩踏み出す」ものであったからである(46)。七月に警察予備隊の設置を指示し、翌年一月には年頭の辞として「力を撃退するには力をもってすることが諸君の義務となろう(47)」と述べたマッカーサーも、実際に再軍備に踏み切ることには躊躇があった(48)。

しかし、それにもかかわらず、芦田がそこまで強く踏み込んだのには、朝鮮戦争を戦後に再建された国連による集団安全保障体制を左右する重大事件として捉えていたことがあった。実際、朝鮮戦争に対する芦田の主張は、まず現在の国際情勢が「第二次大戦の時、ヒットラーのドイツが、オーストリアを併合したのに似ている」ことを指摘し、つづいてあの当時は「イギリスとフランスは傍観していた」、それゆえ「泣寝入に終つた」と述べて、先の大戦における連盟の失敗を引き合いに出し、そのうえで国連軍による制裁がおこなわれている「今回は、あの時とは情勢が違う」と訴えて国連への支持を呼びかけるものであった[49]。一九三〇年代における集団安全保障の失敗を強く意識していた芦田は、「中立といひ、平和と云つても、根本は正義とか人道とかの精神に基礎を持つ平和でなくては意味をなさないであろう」と述べて普遍主義的国際秩序の理想を説き、秩序の破壊に対して傍観を意味する全面講和論や中立主義は「真の平和愛好とは云へない」としてそれらを退けたのである[50]。

したがって、芦田の再軍備論の目的は、日本の安全保障にくわえて、国連への協力という面を多分に含むものであった。それは、意見書のなかの次のような部分を読めば明らかである。「自由党も社会党も国連協力をひょうぼうしている。しかし、具体的に国連に対して今日まで何を寄与したかといえば、積極的な協力として何一つ指標すべきものはない。国連が日本の周辺において死闘を続けている際に、安閑としてこれを傍観している」。「日本は口先ばかりでなく、実際に協力の実を示さなければ」ならない。「これが自由世界の勝利に寄与するゆえん」である[51]。

意見書の提出以後、芦田は本格的に再軍備に向けた国民運動に乗り出していくことになるが、その際に必ずといってよいほど言及したのが「正義は平和よりも貴い《ママ》」という戦間期「新外交」を象徴するウィルソンの言葉であった[52]。芦田が自衛権から再軍備を肯定したことはたしかであるが、他方でそれは「新外交」の理想からも正当化されたのである。そうであればこそ、「日本の再軍備は単に軍隊を創設するといふ事実のみを指すのでなく、日本国民の世界平和に寄與する歴史的決意の表明としてこそ大いなる意味を持つ」ものでなければならなかったのである。[53]

このように、芦田は国連への協力を一つの目的として再軍備の必要性を訴えたが、そうした論調は、芦田ひとりに限らず、戦前において連盟や連盟を基軸とした集団安全保障に期待した人々のあいだで広く見られるものであった。たとえば、かつて芦田の博士論文を高く評価した国際法学者の横田喜三郎が、再軍備に踏み込まないまでも、このとき中立主義への批判と国連軍への支持を積極的に打ち出していたことはよく知られている。[54]

また、代表的な連盟派の外交官である佐藤尚武の場合は、はっきりと軍事力による貢献に言及している。朝鮮戦争勃発後の佐藤は、「日本は憲法上、戦争を放棄し武装を解体しているに相違ないが……国連軍に個々の日本人が参加するのは別問題である」とし、[55] さらに「日本は国連に対して自衛力を提供する義務を負っている」とさえ述べて、[56] 義勇兵による協力を訴えた。

のちに佐藤は、「日本国内に、国連警察軍日本部隊なるものを創設して、国連の行動に資するために留保して置くという構想」を提案し、「かくすることによって憲法問題を起さずに済む」と論じて、[57] 第九条のもとでも集団安全保障への参加とそのための再軍備は許されるとする主張を展開していくことになるが、その際に佐藤が強く訴えたのは、集団安全保障にともなう義務であった。すなわち、「日本が尊重することを誓約した国連憲章の原則の中でも、集団安全保障の原則がもっとも重要なものである。集団安全保障とは、参加国全部がすべての力を持ち寄り、協力して、安全を保障することである……果してしかりとすれば、日本もまた全力を提供する義務を負うのはあまりにも当然である。日本のみが武装を解除しているからといって、他国以下の義務負担で事が済むというわけには行く筈はない」というように、[58] 佐藤は集団安全保障の原則を重視し、これが課す義務を果たすためにも軍事力が必要であると訴えたのである。それは、駐日アメリカ大使館が分析しているように、旧軍人や右翼のナショナリスティックな自主防衛論とは一線を画す「国際協調という目的」からなる再軍備論であった(59)。

このように、集団安全保障を支持した人々は中立主義を批判し、なかにはそれへの貢献のために再軍備の必要性にまで言及する者もいたのである。その場合、再軍備は第九条と矛盾しないばかりか、「正義と秩序を基調とする国際平和を誠実に希求」することを掲げた同条の要請するところである、というのが彼らの主張であった。「自由と平和の世界を打立てると宣誓した憲法の精神を護ろうとするならば、われわれは甘んじてその犠牲を払ふ覚悟をなすべきである(60)」、あるいは「平和世界の建設を指向する国民としては、世界平和の機構に対して積極的な協力をなすべきは当然であ」ると芦田が述べるように(61)、再軍備は日本の安全保障のためだけでなく、集団安全保障にともなう義務としても主張されたのである。

以上のような芦田の再軍備論を踏まえたうえで、次に吉田の軽武装論を検討する。

吉田の軽武装論は、一九五一年一月から二月に予定されていたジョン・フォスター・ダレス（John Foster Dulles）との第一次講和交渉に対する準備のなかで形成された。第一次交渉を前にして、吉田は「当面の間として、日本は再軍備できない」という方針を固め、その理由として、再軍備が必ずしも国民感情を代表したものではないこと、再軍備による経済的負担が社会不安を生じさせ、結果的に共産主義者につけ込まれる危険を招来させること、再軍備が日本の軍国主義復活につながる恐れがあること、の三点をあげた(62)。さらに、これらの理由にくわえて、「客観情勢については、両陣営が全面戦争に突入することはな」く、「ソ連は断じて日本に侵入しないであろう」という見とおしも(63)、吉田が再軍備を否定する根拠であった。

ただし、吉田は、このときすでに蔵相の池田勇人をアメリカに派遣して米軍への基地提供についての打診をおこなっていた(64)。吉田は、再軍備を拒否する方針を固める一方で、基地提供については容認せざるを得ないと考えていたのである。これを要するに、講和に際してアメリカが要求してくるであろう米軍への基地提供と日本の再軍備について、日本の負担となる再軍備は拒否しつつ、基地提供には応じることで日本の安全保障を確保する、というのが吉田の判断であった(65)。

だが、第一次交渉において吉田の方針は受け入れられなかった。一月二九、三一日と二度にわたる会談の席で、ダレスは、自由主義諸国が国連を通じて集団安全保障体制を構築しようとしているなかにあって日本もこれに貢献すべきであると主張し、吉田が前述のような理由から再軍備はできないと答えると、「これを以て自由世界の防衛に貢献しない弁解にならぬ」と一蹴したのである(66)。結局、平行線を辿った交渉は事務レベル協議に切り換えられ、二月三日に日本側から「五万人の保安隊」と「国家治安省」の設置を骨子とする「再軍備のための当初措置」が提出されたことで(67)、ようやくダレスの要求と当面のあいだは再軍備をしないという吉田の主張を両立させることができた。

とはいえ、ダレスは、吉田の対応に満足していたわけではなかった。集団安全保障構想のなかに日本の安全保障を位置づけるダレスからすれば、国内安定を優先させる観点から再軍備を拒否する吉田の態度はとうてい容認できなかったからである(68)。そして、そのようなダレスの不満を共有していたのが芦田であった。二月七日、吉田との最後の交渉を終えたダレスが「Collective security と言つても日本が何もしないで拱手してゐるのでは困る」と不満を漏らしたのに対して、芦田が「それは勿論だ、だから私は再武装を主張してゐる」と即座に応じたことは(69)、そのことを端的に示している。

一方、ダレスとの交渉を乗り切った吉田は、芦田に対して「再軍備論を少し手心してほしい」と伝えた(70)。そうして、再軍備の圧力を強めるアメリカ側に対しては「芦田前首相のように、再軍備を唱道した者がいた。しかし、民衆はついてゆかなかった。民衆は案外に賢明である」と嘯いたのである(71)。

たしかに、先行研究が指摘するように、明示的に再軍備をおこなうべきであると主張した芦田と、なし崩し的に再軍備を進めた吉田との差異は、その実態としては大きなものではなかった。積極的再軍備論ともいわれる芦田の再軍備論について見ても、「軍の建設に漸進的な段階を附し国家財政を急激に膨張させないこと」に留意していたように[72]、決して経済や財政に過剰な負担を強いるようなものではなかったといえる。したがって、それは必ずしも吉田の経済中心主義と矛盾するものではなかった。

しかし、それにもかかわらず、芦田と吉田が再軍備をめぐって激しく対立したのは、両者の国際政治観が根本的に異なるものであったからにほかならない。すなわち、集団安全保障の義務を果たすためにも軍事力が必要であると主張する芦田からすれば、日本にとって負担となる再軍備を限定的なものにとどめ、アメリカによる基地提供でその義務を済まそうとする吉田の態度は断じて容認できなかったのである。

ここまでの吉田との比較によって、芦田の再軍備論の根底には普遍主義的国際政治観にもとづく集団安全保障の理想が存在していたことは、ほぼ明らかになったと思われる。この点を踏まえたうえで、最後に芦田の再軍備論が反吉田派の自主防衛論とも一線を画すものであったことを指摘したい。

一九五一年一〇月一八日、平和条約および日米安全保障条約特別委員会において、芦田と吉田は再軍備問題をめぐって直接議論を戦わせた。国際的にいえば再軍備が日本軍国主義の復興であるとの疑惑を招き、国内的にいえば国民の負担に耐え得ないことをあげて、これを否定する吉田に対して、芦田は外敵からの防衛はおろか国内の治安維持についても駐留米軍に頼ろうとする政府の態度を攻撃し、正面から再軍備をおこなうように求めたのである[73]。従来の研究は、この国会論戦を第一次吉田・芦田防衛論争と位置づけて、両者の再軍備に対する考え方の不一致を強調してきた[74]。

だが、ここで注意しなければならないのは、芦田が講和条約はもちろん安保条約そのものにも反対しなかったという点である。

実は吉田との論戦に臨むに当たって、芦田は国際政治学者の神川彦松に助言を求めていた。戦後の神川は、占領下における憲法改正に疑問を呈し、また日本の独立を侵すものとして講和条約や安保条約にも反対するなど、伝統的ナショナリズムの見地から吉田外交に対して批判的な立場をとっていた。(75) 芦田に宛てて「かれ〔吉田〕の使命ハ占領の終了と共に結了もので断じて講和発効後に延命することは許すべきではありませぬ、今の儘の自由党も、その売国的経歴に顧み、一日も早く解党すべきものと存じます」といった書簡を認めているのは、(76) そうした神川の立ち位置をよく表している。その神川は、同じ観点から「日本は一日も早く必要な自衛力を整え米軍の撤退を請うべきであると信ずる」として、(77) 安保条約に関する政府の見解を問い質すべきであると芦田に進言していた。

しかし、そのようなナショナリスティックな神川の意見を芦田が取り入れることはなかった。(78) むしろ芦田は、質問演説冒頭において「この平和条約と安全保障条約と一体として考えてみれば、それは将来日本がいわゆる民主主義国家群と歩調を合せて共産勢力に対抗する決意をなした、一つの表徴と見るべきものであり」、「われわれはかような基本方針については、必ずしも支持をおしむものではありません」と述べたのである。(79) このの ち二六日におこなわれた講和条約と安保条約の承認採決に際しても、芦田は白票を投じてこれらに賛成する立場を明らかにしている。しかもこのとき、安保条約には独立性が疑われる要素や不平等な点があるとして、棄権、あるいは青票を投じようとした北村徳太郎や中曽根康弘らのいわゆる「青年将校」グループの動きに対して、彼らの「説得に力め」ようとさえした。(80)

これを要するに、芦田は自由主義陣営の一員として対米協調を志向する点では吉田の方針を支持していたのであり、その点でナショナリズムの文脈に依拠して吉田外交を対米従属的であるとして批判していた自主防衛論者との政策距離のほうが吉田とのそれよりもさらに大きかったのである。

従来の研究が指摘するように、芦田が自衛権から再軍備を正当化し、その論理がナショナリズムの言辞に彩られたものであったことは否定し得ない事実である[81]。また、再軍備論の主張にともなって、芦田の周囲に旧軍人や右翼活動家が集まるようになったことも[82]、こうした理解を助長することになった。とくに赤尾敏のような過激な人物と結んでまで再軍備運動に邁進していく姿は、たとえそれが反東条派の人脈に由来するものであったとしても、芦田の「変節」を印象づけるのに十分過ぎるほどの効果を持ったと思われる。

だが、本項で見てきたように、芦田が集団安全保障の理想から再軍備の必要性を訴えていたこともまた事実であり、反吉田派や旧軍人たちの自主防衛論にどこまで本気で共鳴していたのかについては疑問が残る[83]。「日本国の真の自由と独立[84]」を求めて米軍を撤退させるために再軍備を主張する自主防衛論者と、「安保条約と日本の責任」という観点から「日本が国際連合に加入した場合と同様の協力を行うといつているのであるから、その協力の具体的方法も明確にしなければならぬ[85]」と訴える芦田を比べたとき、両者の違いはおのずから明らかであろう。芦田にとって、民族の生存や国家の独立といったナショナリズムを満足させることよりも、国際秩序に対する責任や義務を果たすことのほうがずっと重要だったのである。

次節では、こうした芦田の再軍備論の性格をいっそう明確にするとともに、その帰趨を明らかにするために、保守合同とその後の政治過程における活動を検討する。

二　吉田派と反吉田派のはざまで

1　再軍備のための保守合同

一九五一年（昭和二六）一一月一一日、芦田は中道政権期に大蔵省渉外部長として内閣を支えた渡辺武から次のような書簡を受け取っている。「民主党が近く追放解除の先輩諸先生と共に新党方面に進まれるとの事でありますが翼賛政治の中心人物や追放解除のみを看板とするが如き無力の政治屋をも含まれる様な馬鹿げた行動をとられない事を願つて止みません。たとえ少数党なりとも眞に政治を正しくし力と信念を以つ進歩政党こそやがて英国の保守党の如く米国の民主党の如く強くかく大きくなる事の出来る只一つのものであります。誠に一時の打算やなれ合いに依つて大きくなる事のみに終始して最後の分裂や党内党派の出来き（マヽ）生まれたが如きあやまれる方策をとられぬ様□□（判別不能）日本政界を左右し日本を繁栄せしめ世界の第一線にたゝれ得る力と見識をもたれる先生に対して民主党が健全にして最後の勝利を得る為に御願い申上る次第であります」（86）。

だが、渡辺の忠告に反して、芦田は追放解除組との提携に乗り出していくことになる。一九五二年二月八日、大麻唯男や松村謙三ら旧民政党系の追放解除組を中心とする新政クラブと合同するかたちで改進党を結成、六月一三日には同じく追放解除となったばかりの重光葵を総裁として迎え入れた。しかも、この改進党の結党過程において、芦田はかつての中道路線とは背馳する動きを見せた。協同社会主義にこだわる三木武夫に対して、「社会主義という文字を入れたら新党から脱落する者が出来るから、それは避けるがよい」と忠告し、同じく三木が戦前の経緯から大麻の入党に懸念を示したのに対して、「大麻君を左程心配することはないし、留保などというと新政クラブがモメル」と述べたのである。[87]

もっとも、このような芦田の行動は、必ずしも否定されることではない。なぜなら、政党政治において自らの理念を政策に結実させるためには多数派形成は避けて通ることのできない道だからである。また、中道路線からの離脱も、芦田の主観によれば、そこから離脱したのは社会党であって、「社会党がもつと中道に立帰るべきだ」というのが芦田の見方であった。[88]「芦田意見書」で示したように、集団安全保障を支持する以上、日本の再軍備はその論理的帰結として当然のことであり、一方でそれを支持しながら、他方で非武装中立を唱えるといった社会党の態度は、芦田には理解し難いものであった。

そうしたなかで、講和条約と安保条約の批准をめぐって社会党が分裂すると、芦田は非武装中立を掲げる左派社会党への不信感を募らせていった。一九五三年四月の第二六回総選挙後に改進党と鳩山自由党に左右両派社会党をくわえて重光首班工作が画策された際には、「首班をとりたる後は、社会党左派と連絡の要なし」とまで述べて、[89]同党への不信感を露わにしたのである。

とはいえ、反吉田の立場から自主防衛論を唱える追放解除組との提携は、芦田の再軍備論のなかにも含まれていたナショナリスティックな側面を強調することになった。結果的に見れば、このことが彼の再軍備論と反吉田派の自主防衛論の違いをわかりにくくさせてしまったように思われる。GHQ外交局の報告のなかで、芦田による再軍備運動は「現在この運動をけん引している穏健派よりも強くそれを願っていると考えられる旧軍人や右翼に支持されている」と述べられたように、[90]また海外メディアの報道のなかで、「大部分の日本人にとって再軍備の唯一の論点は国家の権威であり、それが米の駐留軍を撤兵さす捷径である」と伝えられたように、[91]再軍備論は戦前回帰の色彩を強く帯びるようになり、自主防衛の文脈で理解されるようになっていった。

しかし、芦田は、政策よりも権力を優先して多数派形成に専心したわけではなかったし、また吉田の去就を最大の焦点とする吉田派と反吉田派の権力闘争の渦中にあって、吉田追い落としの手段として再軍備問題を利用しようとしたわけもない。自身の考える再軍備の実現こそが目的であり、そのためにも多数派形成を必要としていたのである。以下では、この点を明らかにするために、芦田の保守合同構想と講和独立以後の政局において反吉田の象徴的存在となっていた鳩山一郎を中心とする反吉田新党構想を比較しながら検討する(92)。

芦田が保守合同への展望をはじめて示したのは、一九五二年一〇月の第二五回総選挙後のことであった。この選挙で改進党は伸び悩み、芦田は「理想としては保守全班の合同をすること」を考えるようになった(93)。そして翌年四月の第二六回総選挙後に画策された重光首班工作が失敗に終わると、芦田は本格的に保守合同へと乗り出した。芦田は、鳩山自由党の三木武吉や石橋湛山と会談を重ね(94)、七月一七日に石橋とのあいだで「結局は同志を結集して明白な政策をもつ政党を造るより途はない」として、「秋には新しいものを造る準備を今から考えよう」ということで合意(95)、二一日には「改進党も鳩自も解消するだらう」ということで一致した(96)。こののち一二月二七日に芦田は林屋亀次郎の斡旋を受けて自由党の緒方竹虎との会談に臨み(97)、三〇日に石橋を訪問したうえで「合同に不賛成ならず」との意見を得て(98)、吉田派も含むかたちでの保守新党の結成を目指すようになった。

もっとも、こうした芦田の行動は、ともすれば吉田の政権延命工作に利用されかねないものであった。第二六回総選挙における鳩山の離反によって過半数割れに追い込まれた吉田自由党は、一方で鳩山自由党の復党工作を進め、他方で改進党との連携工作を進めるといったように、政権延命のためにはなりふり構わぬ行動に出ていたためである。緒方との会談に際して、芦田が「吉田政府補強のような形では改進党も困難」と釘をさしているのも(99)、それを警戒してことであった。

だが、一九五四年三月二三日におこなわれた緒方との二度目の会談までに、芦田は、「新党総裁は新党結成の際に民主的方法によつて決定すること」という条件を提示するようになる。[100]これは、「表から吉田首班の下に改進党来いと言つても改進党は纏らない」ためであり、[101]また「新党を作つても依然吉田氏が総理としてやつて行くと言うのでは世間はついて来まい。人心も新になるまい」[102]と芦田が考えていたからであるが、他方でそれは数で勝る吉田の新党総裁就任を事実上容認するものでもあった。改進党単独ではもちろん、鳩山ら復党組と復党を拒み日本自由党を結成した三木武吉ら反吉田派をすべてくわえても吉田派の数には及ばず、鳩山も新党総裁の座をねらっていたことを考え合わせれば、民主的方法によって吉田が総裁に選出される可能性は相当高いことが予想されたからである。

このように芦田が吉田の新党総裁を事実上容認する態度を示した理由の一つは、緒方が吉田からの同意を取りつけやすくするための配慮であったと考えられるが、それ以外にも次の二つの理由があげられる。第一に、結党以来、一向に党勢拡大の見込みがつかない改進党に限界を感じていたことである。保守合同へと動きはじめた芦田が総裁の重光を説得する際に、「改進党が在野第二党だから吉田内閣の後は我党だなどと呼号しても七十名の議員では内閣組織は首班センキョで行詰つて了う。仮に自由党が我方に投票したとしても少数内閣では内閣の信用は得られない」と述べているのは、[103]この点を明らかにしている。

しかも、改進党は党の一体性さえ欠いていた。党内は、主流派を形成しつつあった三木武夫、北村徳太郎を中心とする革新派と非主流派の芦田らのグループに大麻ら追放解除組がくわわって、三つ巴の争いを見せていた。[104]なかでも芦田と革新派は再軍備をめぐって激しく対立するようになり、第二五回総選挙の直後には革新派の川崎秀二が芦田に向かって「アナタの再軍備論で改進党は十名の同志を損した」と言い放ち、その川崎を翌年二月の第二回党大会で政策委委員長に起用する提案が出されると、芦田がこれを全力で潰しにかかるといった事態までおきる始末であった。[105]選挙になると「すべての候補者が再軍備問題を曖昧にしようとする」なかにあって、「たった一人芦田（改進党）だけが均整のとれた日本軍隊の早急な建設を支持することを明言している」といわれたように、[106]真っすぐ過ぎるその性格が党内対立を必要以上に大きくしたことは否めない。[107]しかし選挙の結果を受けて、「改進党の実質的な党勢拡大の失敗は再軍備を明確に支持したこと」にあるとの見解が党内にも広まりつつあるなかで、[108]再軍備の実現を真剣に考えれば考えるほど、芦田は改進党の現状に失望せざるを得ず、自由党との提携に活路を見いだすほかなくなっていたのである。

この点に関連して、第二に、この時期にMSA援助問題を通じて吉田が再軍備問題について改進党に歩み寄る姿勢を見せていたことである。MSAは、一九五一年にアメリカで制定された法律で、「自由世界の相互安全保障並びに個別的及び集団的防衛を強化し、友好諸国の安全及び独立並びに米国の国家的利益のために友好諸国の資源を開発し、且つ、友好諸国の、国際連合の集団的安全保障体制への有効な参加を助けるために」、アメリカ政府が軍事的、経済的および技術的援助をおこなうことを定め、援助の要件として「条約に基づいて、自国が受諾した軍事的義務」を履行し、「自国の防衛能力を発展させるために必要なすべての妥当な措置をとること」を求めていた。[109]

それゆえ、それまで明示的な再軍備を避けてきた吉田も、MSA援助の受け入れのためには日本防衛に関する長期計画を打ち出さねばならず、また少数与党ということもあって、この問題について改進党からの協力を必要としていた。一九五三年九月二七日に吉田が重光との会談に臨み、保安隊を自衛隊に切り換える共同宣言を発表したのも、このためであった。[110]吉田は重光から合意を取りつけたことで、ようやくワシントンでの日米交渉に池田勇人を向かわせることができた。[111]

一方、池田がウォルター・ロバートソン（Walter S. Robertson）国務次官補とのあいだで交渉を開始したのと同じころ、芦田も万国議員会議に出席するためにワシントンを訪れていた。このときすでに芦田は、吉田・重光会談の経緯を旅の途上で聞き、交渉中の池田・ロバートソン会談についても『ニューヨーク・タイムズ』の記者や毎日新聞社の特派員から情報を入手していた(112)。それらの情報をもとに日本にいる野村吉三郎に宛てて、「ワシントンは日本の力に相当期待を置き経団連の案以上、殊に空軍は二十七連隊位を考え居る様子にて池田案では不平満々の様子に有之候」と書き送っているように(113)、吉田・重光会談における吉田の譲歩は芦田にとって必ずしも満足のいくものではなかった。

しかし、芦田は吉田の譲歩をまったく評価しなかったわけではない。ロンドン滞在中に会談の第一報を受けて、「少なくとも正しい方向に向けての第一歩である」と認め(114)、帰国途上のメキシコにおける記者会見の席では、「現在保守党諸党の合同を計ろう《ママ》とする強い傾向がある。私は自改両党党首の交渉は政策面で共同綱領が決定され得るならば成功し得るものと思う」と語っているからである(115)。芦田は、再軍備問題における吉田の歩み寄りを不十分であると考えつつも、この問題さえ解決すれば保守合同へ向けて自らも取りまとめに動くことを示唆したのである。

実際、保守合同へと動き出した政局のなかで、芦田が最も力点を置いたのは再軍備問題であった。芦田は、緒方との二度目の会談に向けて総裁公選の条件とともに、「憲法改正、民主的自衛軍の創設の準備をすること」を申し入れた(116)。その後一九五四年三月二八日に自由・改進両党の解党と新党結成、総裁公選を骨子とする「緒方構想」が発表されると、「〔吉田が〕新党踏切りに賛成である」としても「自由党が吾等の主張する防衛方式をどこ迄呑むか、呑まない場合には私自身も新党に行けない、これは重要な点である」と述べて(117)、再軍備の実現が絶対条件であることを緒方に告げた。また、四月一三日の自由・改進両党幹事長会談で「緒方構想」にもとづく保守合同が正式に提案されたのちにも、「『憲法改正及び自衛軍編成の準備に着手する』との政綱に就き」、「其の表現が『準備に着手する』全体の構想を曖昧ならしめる如き辞句なることは絶対に不可なりと思料致候」と緒方に書き送り[118]、改めて念を押した。

ところが、肝心の改進党が自由党からの保守合同の申し入れに対して静観の構えを崩さなかったため、芦田の描く保守合同構想は行きづまることになった。緒方との一度目の会談を終えて改進党首脳部への説得を開始した芦田が、「緒方構想」発表直前の三月二二日に重光から「僕は一兵卒として御奉公してよいのだ」[119]との言質を得たのもつかの間、その重光は、構想発表の翌日二九日の中央常任委員会において「責任政治の確立を高調」[120]して健全野党の立場を堅持することを確認し、態度を急変させたのである。重光ら改進党首脳部は、合同反対を唱える革新派に配慮しつつ、一月初旬から摘発がはじまった造船疑獄に端を発する汚職事件が自由党中枢にまで波及することを期待して、「吉田内閣は自壊するだろう」との予測のもと「ただ待つだけ」でよいと考えるようになっていた[121]。

五月に入って一旦は自改両党に日本自由党をくわえた新党交渉委員会が立ち上げられたものの、新党の総裁をめぐって交渉は行きづまり、結局、六月二三日に自由党側から交渉の打ち切りが通告された。合同反対の三木ら革新派が交渉決裂をねらって吉田棚上げ論を執拗にくり返したためであり、重光も多数派である革新派の動向を無視できなかったからである。これに対して芦田はどうすることもできず、「緒方君も、重光君や松村謙三君まで皆私をダマした」と記して憤懣やる方ない気持ちを日記にぶつけるしかなかった[122]。合同交渉に際して自由党側から「芦田氏では線が弱い」と見抜かれていたように[123]、数を持たない芦田にはいざというときに党内をまとめる力はなかったのである。

こうして保守合同が本格的な進展を見ないまま頓挫すると、芦田は、自由党反吉田派の岸信介が主導する新党結成促進協議会との連携を深めていった。芦田は、「結局促進協議会は実体の無いものに終わる」かもしれないと思いながらも「一種の啓蒙運動としてやる外ない」と考えて[124]、下からの保守合同熱を盛り上げる方針へと転換し、全国遊説へと出かけることを決めた。

だがその一方で、六月二三日の三党交渉が決裂に終わると、水面下で進められてきた鳩山を中心とする反吉田新党構想が浮上するようになった。新党交渉委員会がまだつづけられていた一四日の時点で鳩山・大麻会談が密かにおこなわれ、その席で「大麻は改進党が吉田退陣を求め、鳩山党首の実現を目指すこと明言し」[125]、一六日には大麻と三木武吉のあいだでさらに話が進められた。これを受けて、三党交渉決裂後の二五日に鳩山から重光に対して正式に会談の申し入れがおこなわれ[126]、翌日に重光は松村謙三幹事長とのあいだで「新党問題に附帯し鳩山の向背に関する件」を協議したうえで、吉田派を排除しつつ鳩山派と改進党の合流を図るという反吉田新党に乗り出すことを決めた[127]。さらに、この動きが本格化していくにつれて新党結成促進協議会を率いてきた岸も、次第に保守合同から反吉田新党へとその方針を切り換えるようになった[128]。

これに対して芦田は、「われわれの新党を鳩山新党に切りかえる案」であって、率直に「不快」と記した[129]。芦田は、「保守二分の方向は困る」として[130]、吉田派を含むかたちでの保守合同にこだわった。九月一四日に緒方の仲介により吉田との直接会談に臨んだ芦田は、吉田から「政権の座を後進に譲る決意」を引き出し[131]、翌日の記者会見において、「吉田首相が遠からず外遊を終えれば適当な人に政権を譲ろうと決心している、という強い印象を受けた」こと、「保守党は一つになって行かねばならず、この点では吉田首相とも意見が一致した」ことを公表した[132]。芦田は、二六日から予定されていた欧米七ヶ国歴訪を花道として吉田引退を本人から引き出し、吉田派の合流に反対する鳩山や重光を抑え込もうとしたのである。

しかし、直後の一九日に鳩山・重光会談がおこなわれた。会談には、改進党から松村幹事長、日本自由党から三木武吉最高顧問が同席、これに新党結成促進協議会の石橋湛山と岸もくわわる一方で、「注目すべき欠席者は芦田」であった[133]。芦田を抜きにしておこなわれたこの会談の結果、「吉田政権の譲り受けにあらず之を倒して新政権を樹立する」ことで三者は合意に達した。[134]これを受けて、新党結成促進協議会に鳩山派と改進党が合流して新たに新党結成準備会を立ち上げることが決まり、新党結成準備会への自由党の参加については準備会の趣旨に賛同する者だけの入会を認めることになった。[135]こうして反吉田色を強めた新党結成準備会は自由党との対立を深めていき、一一月一日に鳩山が準備委員長に選出されたことをきっかけとして、自由党は石橋と岸の除名を強行した。

一方、この間も芦田は、準備会の代表委員に吉田を入れないかわりに自由党幹事長の池田勇人を入れるという「芦田案」を示して自由党との妥協を模索しつづけた。芦田は、保守再編が反吉田新党の結成に終われば、「保守党の分裂を深刻にし」、「軍備も憲法改正も出来なくなる」として、[136]吉田派を含めた保守合同にこだわりつづけたのである。だが、石橋、岸の除名が決定的となるなかで、準備会は「『芦田案』を拒絶し、自由党との決別体勢」に出ることを決めた。[137]これに対して芦田は、「引きつゞき保守勢力が対立抗争をつづけるならば国内不安は加重し、憲法改正、自衛力の整備も実現の見込がなくなつて国家のため誠に不幸だと思う。私はかような信念の下に行動して来たのであり、今後も亦この信念をすてることはしないであろう」という声明書を準備して、[138]最後まで抵抗する姿勢を見せた。たしかに芦田は反吉田派であったが、保守合同の目的は吉田からの権力奪取ではなく再軍備の実現でなくてはならなかったのである。

2　反吉田路線への対抗と吉田路線への接近

一九五四年一一月二四日、日本民主党が結成された。前年末から本格化しはじめた保守合同の動きは反吉田新党の結成に終わり、吉田派を含めるべきだと主張した芦田は「新党の指導者の地位から脱落」した。[139]このこともあって、新党結成後の芦田は、鳩山、重光、岸らに強い不満を抱くようになった。[140]

だが、ここで注意しなければならないのは、反吉田派に対する芦田の不満が単に政局の次元に限られるものではなく、外交路線をめぐる政策対立を孕むものであった点である。日本民主党は、綱領において「占領期以来の諸制度を革正し、独立自衛の完成を期する」ことを、政策大綱では「防衛体制を整備すること」をそれぞれ掲げ、「防衛体制の整備」は「逐次駐留軍の撤退を可能ならしめることを目途」とし、「之に応じて現行の日米安全保障条約を双務的条約に改訂する」ことを目標とするなど[141]、自主防衛論にもとづく対米自主の方向性を強く打ち出した。

それゆえ、これに芦田が反発したのは当然であった。自由主義陣営の一員として集団安全保障体制に貢献することを説き、そのための再軍備を主張してきた芦田にとって、駐留米軍撤退のための再軍備などとうてい受け入れられるものではなかったからである。芦田がとくに安保改定を取り上げて、「これは日米関係に大きな影響を与える」、「私は賛成を留保する」として政策大綱から外すように求めたことは[142]、そのことを示している。

このように日本民主党の結党時点において、すでに芦田と反吉田派とのあいだには再軍備の性格や対米外交をめぐって対立が目立つようになっていたが、こうした対立を一気に表面化させたのが鳩山による日ソ国交回復交渉であった[143]。鳩山は、組閣翌日の一九五四年一二月一〇日の記者会見の席で中ソとの関係改善に言及し、翌年二月四日の閣議において日ソ交渉に乗り出すこと正式に決定した。日ソ交渉への取り組みには反吉田という象徴的な側面とともに、「米ソ戦が始まればこのまゝでは日本は戦場になってしまう、ソ連は直ぐ日本を攻撃する、だからソ連とは国交をなるべく早く正常化して置かなければならぬ[144]」、といった鳩山なりの国際感覚があった。また、一九五三年三月にヨシフ・スターリン（Joseph Stalin）が死去すると、新しいソ連指導部は従来の強硬な外交姿勢から「平和攻勢」へと方針転換を図り、アジアでは同年七月に朝鮮戦争の休戦協定が、翌年七月にはインドシナ戦争の休戦協定がそれぞれ成立し、日ソ国交回復に向けての国際環境も整いつつあった。

しかし、芦田は、ソ連を敵視するあまり、そうした国際環境の変化を正確に読み取ることができなかった。「共産主義国はマルクスの唯物弁証論をその立国の精神としている。いわゆる資本主義の打倒ということが重要な共産主義の戦術であ」って、「唯物弁証論を共産主義国が守る限り、自由主義国、いわゆる資本主義国とのイデオロギーの対立が解消できないということはだれが見てもわかる」[145]、またそれゆえに「平和攻勢」も、ソ連の国力が「これ以上無理は出来ないという最後の限界に達している」からに過ぎず、それは一時的な政策であって「現在の冷戦を容易に解消するだけの効果をあげ得ない」[146]、というように芦田の冷戦観はきわめて硬直していた。

しかも、ソ連との対決を不可避と見る硬直した冷戦観は、芦田の再軍備論にも大きな影響を及ぼした。第一に、それが同盟の性格を強めていったことである。芦田は、「わが国における再軍備は自由主義国家間の共同防衛の一環としての再軍備であ」ると述べるようになり[147]、その正当化の根拠を国連による集団安全保障から安保条約といういわば同盟の論理に求めるようになったのである。そうした変化は、安保条約への支持を明確にした時点ですでにはじまっていたが、ソ連による拒否権行使によって国連の機能不全が明らかになるなかで、いっそう加速していった。その結果として第二に、かつて批判していた勢力均衡概念を自らの外交論のなかに取り入れるようになった。戦前には勢力均衡原理を否定していたにもかかわらず、戦後の芦田は、同盟の論理へと傾斜していくとともに、これを肯定的に用いるようになった。一九五二年八月の日華平和条約の発効に合わせて来日した張群に対して、「日本が極東の Balance of Power の一要素とならなければ平和は再建できない」と力説しているのは[148]、この点を端的に示している。

このように、芦田の再軍備論は次第に変化を遂げていったが、それは変質ともいえるものであった。なぜなら、集団安全保障の理想は、勢力均衡原理を否定することからはじまったもので、その勢力均衡原理を引照基準とする同盟とは本質的に相容れないはずのものだからである。もちろん、芦田が「自由主義国家間の共同防衛」と表現しているように、それは国連憲章第五一条が規定する集団的自衛権を想定したものであって単純な同盟とはいえないものであったが(149)、他方でそれが本来予定されていた集団安全保障と異なるものであることもまた明らかであった。

しかしながら、そのような変質にもかかわらず、ソ連との対決を不可避と見る硬直した冷戦観や軍事力に偏重した外交論こそが、戦前から戦中期を経て辿りついた芦田の普遍主義的国際政治観の帰結であったと見ることもできる。集団安全保障が実際に適用されるとき、それは秩序の破壊者に対抗する同盟へと転化するのであり、軍事力の裏づけがなければ実行し得ないものとなる、というのが一九三〇年代の国際政治の現実を目の当たりにして出した芦田の結論であった。「所謂『冷戦』の勃発と共に国際連合はそれ自体二つに分裂して、事実上の世界的平和機構たる威力を失つて」、「実際は二つの陣営に岐れて闘つている」といった認識のもと、「自由主義国家群と同列に立つて行動すること」を求めるその姿は(150)、まさに連盟の崩壊に直面した芦田そのものであり、そこに三〇年代の過ちを二度とくり返してはならないという強い反省の念が働いていたことは明らかであった。そうして芦田は、冷戦の性格が軍事的側面から経済競争へと変化しつつあることを正確に読み取ることができないまま、平和のためには軍事力こそが重要であり、自由主義陣営の一員として「進んで其責任を分担する実を示すこと」(151)、すなわち日本の再軍備こそが必要であるとくり返し説きつづけたのである。

したがって、いうまでもなく芦田は、鳩山による日ソ交渉を評価しようとはしなかった。日ソ交渉が自由主義陣営の足並みを乱すものと考えられたからである。芦田は、「現内閣は Neutralist であるとの印象を与えている」、「これは日本民主党を造つた吾々としては不幸なことである」と記して(152)、鳩山の外交姿勢に不満を強めていった。しかも、この間に鳩山内閣が駐留米軍の経費の日本側負担分を一方的に削減しようとしたことでアメリカとの関係を悪化させると、その不満は爆発した。[153] 芦田は、「何故内閣はBargainするような形でものを考えるのか。外交も知らず技術もわからない。そして低級な人気取りにのみ没頭している。日本を救う気魄は何処にも見えない」と記し、[154] 鳩山内閣は「吉田内閣以下である」と吐き捨て、ついには「鳩山さんにはついて行けぬ」と公言するまでになった。[155]

一方、芦田と同じく鳩山内閣の日ソ交渉に批判的であったのが、日本民主党の結党により下野することになった自由党であった。自由党は、早期国交回復に反対の立場をとり、領土問題についても歯舞、色丹にくわえて国後と択捉の両島の返還を強硬に主張していた。これまで対米協調を志向してきた吉田の強い影響力が残る自由党は、鳩山による日ソ交渉を容易に認めようとはしなかった。一九五五年四月一二日の三木車中談によって保守合同の動きが再開されると、新党結成後を睨んだ主導権争いも絡んで、自由党はソ連に対する強硬な論調をいっそう強めるようになった。その結果、保守合同に当たって採択された「日ソ交渉の合理的調整」には北方四島の無条件返還を主張する自由党の意見が容れられた。[156]

同年一一月一五日に自由民主党が結成されると、対ソ強硬派の芦田と吉田派は互いに接近していった。自民党の結党に際して、芦田は外交調査会長に就任したが、そこは「多くは自由党系」で占められ、「政府のやり方に不信を抱く人」の拠点となった。[157] 翌年一月からはじまる第二次ロンドン交渉を前にして、「自民党外交調査会は松本〔俊一〕全権の出発に際し、あくまで規定方針〔「日ソ交渉の合理的調整」〕に従って邁進するよう訓令を行うこと」を申し合わせ、[158] 交渉の早期妥結を図る鳩山内閣を牽制した。また、五月一四日の日ソ漁業協定の妥結にともなって場所をモスクワに移して交渉を再開することが決まると、芦田は吉田とともに、領土問題を棚上げしたかたちでの国交回復には反対であることを公表した。[159]

しかし、交渉妥結に向けた鳩山内閣の動きが止まることはなかった。九月三日には第一次モスクワ交渉から帰国した松本俊一を迎えて、領土問題を棚上げしつつ、(一)戦争状態の終了、(二)大使館の相互設置、(三)抑留者の即時送還、(四)漁業条約発効、(五)国連加盟に関するソ連の支持、という五つの条件で国交正常化を図る案が取りまとめられた。自ら訪ソする意思を固めていた鳩山は、この案をもって交渉を妥結させることを決めた。[160]

これに対して芦田を中心とする外交調査会は、鳩山訪ソ阻止に向けて動き出した。九月四日に開かれた政務調査会との合同会議では、「首相のモスクワ行きには反対」の意見が大勢を占め、[161]六日の会合では、「(イ)日ソ交渉の方針については外交調査会の議を経べし、(ロ)芦田会長を六者会談に参加せしめよ」とする決定がおこなわれた。[162]これを受けて七者会談にくわわった芦田は、一〇日の会談で訪ソ反対を明言し、外交調査会による交渉案の作成と引き換えに鳩山訪ソを決定するという妥協案にも「六ヶ敷い」と述べて確約を与えなかった。[163]こののち内閣側の強い決意を前に決め手を欠いた外交調査会は、一四日の政調会との合同会議において、「ハボマイ、シコタンは即時返還せしめること」、「クナシリ、エトロフ両島は日本固有の領土であるとの主張を堅持し、条約〔効力〕発生の日以後、日本国の主権が完全に回復されることについて、引続き日・ソ両国間に協議すること」といった交渉案を策定し、[164]一七日の総務会においてこれを「日ソ交渉に対する党の新基本方針」とすることが了承された。[165]鳩山訪ソが避けられないと見た芦田ら外交調査会側は、「『領土無条件タナ上げ反対』の線にそって外交調査会、政調会の協働案を作成し」、「仮りに鳩山首相が訪ソする場合はこのような案にもとづいて厳重なワクをハメようと」したのである。[166]

一方、これを全面的に支持したのが吉田直系の池田勇人であった。池田もまた鳩山訪ソに反対の立場を示しており、「『あれをもつとやつて下さいよ』とけしかけ」るなど、[167]領土問題の取り扱いを厳しく追及する芦田を後押しした。またその一方で、池田が反主流派の結集を図って党内に時局懇談会を結成すると、芦田もこの動きに同調した。[168]

その後、鳩山は党内の反対を振り切って訪ソを決行、一〇月一九日に日ソ共同宣言に調印すると、「吉田派を中心とする反主流派および外交調査会グループは〈国会承認に〉反対票を投じ」ることで抵抗する構えを見せた。[169]二四日には批准に協力を求める岸信介幹事長が説得に乗り出したが、芦田は「実質的に自由投票にしないと保守党全体としても対ソ、対米関係からも面白くない」と述べてこれを拒否する一方、「岸君へ申入れの件を話し」て池田と歩調を合わせた。[170]その結果、翌月二六日の自民党代議士会では芦田や池田派を中心に五八名が青票を投じ、翌日の国会承認でも七〇名が棄権した。

このように、日ソ国交回復交渉への反対を通して芦田と吉田派は急速に接近するようになった。なかでも芦田の池田に対する評価は高まった。駐日アメリカ大使館員との会食の席で、「池田はまだ『若い』」としつつも、「吉田―池田派にもっと支持を与えることに関心を持ってもらえたら」と語るなど、[171]芦田は池田の将来に期待をかけるまでになった。

こうした芦田と池田との接近は、鳩山退陣後の岸政権期でもつづいた。芦田と岸とのあいだで外交政策をめぐる対立が生じるようになっていたためである。

一九五六年一二月に鳩山の後を受けて第二代総裁に選出された石橋湛山は病気のためにわずか二ヶ月で辞任し、副総理格の外相として入閣していた岸が首相に就任した。岸は、翌年六月に訪米、「日米新時代」を謳って日米関係の再調整に乗り出し、安保条約の改定に取り組む姿勢を明らかにした。[172]さらに、訪米から帰国した岸は、石橋内閣から引き継いだ閣僚を一新するために内閣改造を断行し、九月には「外交三原則」として「国連中心主義」「自由主義諸国との協調」「アジアの一員としての立場の堅持」を打ち出して、[173]とくにアジア重視の外交姿勢を鮮明にした。

このように岸が安保改定に乗り出し、またアジア重視の姿勢をとるようになった背景には、「占領時代の滓」である安保条約を改定することで吉田以来の日米関係を対等なものにしたいという思い入れがあり、その実現のためにも

「『アジアの日本』というものをバックにしたい」という戦略的な思考があった。[174]また、この時期アメリカの施政下にあった沖縄では「島ぐるみ」の反基地、反米運動が盛り上がりを見せており、国内でも一月に発生したジラード事件などによって反基地感情が広がるなど、安保改定を求める声は国民のあいだでも強まっていた。

だが、芦田は、こうしたナショナリスティックな岸の思い入れを含む国民感情に耳を傾けようとはしなかった。岸訪米を前にして、芦田を中心とする外交調査会がとりまとめた安保改定問題に関する提言は、安保改定は「国際緊張が緩和し、且つわが自衛力が相当程度増強されるまでは交渉の題目としないことが適当であろう……今日安保条約の改訂を米国側に提起することは如何かと思はれる」というように、[175]きわめて消極的なものであった。「日本が本当に自由主義国家群の一単位としてアメリカに協力しようというのならば、やはり日本がここまでアメリカの立場を支持し、どういう方法で協力するかという案を持っていかないと……あまり歓迎されないのではないか」[176]、というのが芦田の見解であった。

また、このとき行政協定改定問題や沖縄返還問題に関する検討もおこなわれたが、外交調査会はいずれの問題にも慎重であった。すなわち、「条約で米軍の駐留を認め、これに必要な基地を提供することを約束した以上は、日本側としても必要限度のものは米側に与えなくてはならない」、それゆえ行政協定に関しては「日米当局者間の充分なる相互理解の上に立って、問題の生じない様に運用の妙を発揮する以外に、満足な解決の方法はない」とし、沖縄に関しては「最近の機会に施政権の返還について話合を始めても我方の目的を達することは困難であろうし、又その取扱についても、自由主義国との協力の方針に影響しない如く考慮する必要ありと思われる」と結論づけたのである。[177]

さらに、岸のアジア重視といった戦略にも芦田は冷ややかであった。「外交三原則」において「アジアの一員としての立場の堅持」が謳われると、「これは一言にして言えば『日本よ、アジアに還れ』ということで一九五七年版の大東亜共栄圏の思想だね」と述べて一笑に付した[178]。「日本が輸入しておる物資の三分の二は……もっぱら英米の経済圏から、これを仰ぐほかに途はない」ことからして、「アジア一辺倒の政策によつて、国民生活を安泰ならしむることが、如何に困難であるかは、何人にも明らかなところであ」り[179]、芦田からすれば、大陸中国を含むアジア諸国への思い入れは「単なるセンチメンタリズム」でしかなかった[180]。

このように、芦田は、アジア主義的な志向はもちろん、ナショナリズムを満足させるための政策にもほとんど価値を認めなかった。日本が「自由主義諸国と提携して行くのは外交の基本線」であり、そのためにも「対米協調という本来の外交の基本線を明確に」すべきである[181]、というのが芦田の外交論であった。それゆえ、ナショナリズムがその障害となるならば、芦田は躊躇なくこれを切り捨てたのである。

したがって、一九五八年九月一一日の藤山・ダレス会談によって安保改定交渉が本格的に開始されても、芦田は積極的に動こうとはしなかった。安保改定が日米関係を傷つける恐れがあると見たためである。九月二五日、駐日大使のダグラス・マッカーサー二世（Douglas MacArthur II）から協力を求められてはじめて芦田は、安保改定に賛意を示した。芦田は、マッカーサーに対して、「私達は今の内閣の連中が Neutralist-Pacifist sentiment に傾かうとしているのを是正」しようとしているのであって、安保条約を相互援助協定に改定しようというのであれば「反対する理由はない」と述べて[182]、ようやく岸への協力を承諾した。これを受けて、岸と面会した芦田は、「原則として安保条約の改訂には反対な［し］い」と伝える一方で、「条約文に核兵器の持込禁止を書いたり、米国が基地から離れて外へ行く場合日本に協議する等（アメリカ軍は聞き入れもしまいが）を記入することは日本にとり有利とも思われない」と述べた[183]。それは、原則としては安保改定に賛意を示しながらも、核の持ち込みや極東有事における米軍の基地使用に関して事前協議制を導入しようとする政府の方針に対してはなおも反対の立場を崩さず、これに釘をさすものであった。

しかし、もはや芦田に岸を牽制できるほどの力はなかった。この年の五月におこなわれた第二八回総選挙を機に芦田は外交調査会長を退くことが決まり、後任には大野伴睦派の船田中が就任した。これは「芦田のもとにある同会が『反主流派』の急先鋒であった」ためであり、そこに「親岸派」の勢力を入れるためであった[184]。岸は、安保改定に非協力的な芦田を更迭したのである。

しかも、このときすでに芦田は自らの「死期の近いことに予感をもつようになつ」ていた[185]。それゆえ、芦田は、岸を牽制し、また自らの理念を託せる後継者を必要としていた。そのような後継者として芦田が選んだのは吉田直系の池田であった。芦田は、池田派から「どうも外交が心もとないから芦田氏を中心に研究会を造らう。そして思想的に同一の進退のできる者が集らう」と呼びかけられると、これに応じて外交問題研究会の結成に参加した。このことは、芦田自身も記すように、「芦田が池田派に引込まれた」ことを意味するものであった[186]。

そうしたなかで、一〇月に提出された警察官職務執行法改正に端を発する政局の混乱を収拾するために池田と会談を持ったのが、芦田にとって最後の政治活動となった。この席で芦田は、第一案として岸内閣を退陣させ吉田に事態の収拾を任せること、第二案として翌年一月の総裁選挙に池田が出馬すること、池田に準備がない場合には吉田に出馬を求めることを提案した。そして最後に、「荒木万寿夫、高瀬伝、志賀健次郎三君のことを話して宜しく頼む」と述べて[187]、これまで行動をともにしてきた同志を池田に預けた。こののち、芦田は政治の表舞台から遠ざかり、長年構想を温めてきた『第二次世界大戦外交史』の執筆に専念するようになった。だが、その完成を目前にして、芦田は七一年の生涯に幕を降ろした。池田に後事を託してからちょうど半年後の一九五九年六月二〇日のことであった。

こうして芦田の再軍備論は、実現されることなく挫折した。再軍備の是非をめぐって、また政権をめぐって長年抗争をつづけてきた吉田派に同志を預けなければならなかったことは、芦田にとって不本意なことであったかもしれない。しかし他方で、それは芦田の主体的な選択でもあった。芦田は自らの理念を託す相手として、「独立の完成」を掲げるナショナリストの岸ではなく、対米協調路線を築いた吉田の後継者である池田を選んだのである。このことは、吉田派と反吉田派の抗争のなかで、芦田の再軍備論が最終的には「吉田路線」に合流したことを意味している。

だがそれ以上に、このことは、戦前から戦後にわたる芦田の政治的足跡を象徴しているように思われる。すなわち、戦間期「新外交」の衝撃を受けて誕生した連盟派外交官は、戦中期を経て戦後における冷戦の到来とともに日米同盟論者へとその姿を変えていったのである。

註

（1）「NSC一三／二」一九四八年一〇月七日（前掲『戦後日本防衛問題資料集』第一巻、Ⅱ・2・13文書）を参照。

（2）「第六回国会衆議院会議録」第七号、一九四九年一一月一〇日。

（3）超党派外交の経緯と結末については、前掲、五十嵐武士『対日講和と冷戦』第四章第二節を参照。このほかに、宮崎隆次「第三次吉田茂内閣期の政治過程――占領下の多数党支配と連合政治」（『千葉大学法学論集』第三巻第一号、一九八八年八月）も参照。

（4）『朝日新聞』一九五〇年一二月二八日。

（5）『朝日新聞』一九五一年一月一〇日。

（6）『芦田均日記』第三巻、一九四九年二月一日の条。

（7）Tokyo to Department of State, August 8, 1950, 794.00/8-850, CDF, 1950-1954, RG 59.

（8）たとえば、社会党右派の西村栄一から「中道政治の復活は見込なし」といわれて「反省の気分」を促され、「新しく政界に活気を注入する方向について私はいろいろ考へた。従つて私の書いてゐる《日本政治の在り方》には中心的な生命が欠けてゐることを感じた……。そうなると《東京だより》の指導精神をどこに置くかについても迷うわけだ。その問題で私の心は憂鬱になつた」とその日記に記しているのは、この点を示すものである（『芦田均日記』第三巻、一九四九年六月一四日の条）。

（9）Tokyo to Department of State, August 8, 1950, 794.00/8-850, CDF, 1950-1954, RG 59.

（10）『芦田均日記』第三巻、一九四九年六月二〇日の条。

(11) 芦田均「岐路に立つ」(『文藝春秋』第二七巻第六号、一九四九年六月一日) 一一頁。
(12) 「国際展望」(『ダイヤモンド』第三七巻第二四号、一九四九年八月二一日) 二二頁。なお、『ダイヤモンド』誌の「国際展望」欄は、日記等から芦田の手によるものであることが確認できる。
(13) 「国際展望――近く戦争があるか」(『ダイヤモンド』第三八巻第七号、一九五〇年三月一日) 三九頁。
(14) 「講和問題に対する基本方針」一九五〇年四月三日(日本社会党結党20周年記念事業実行委員会編『日本社会党20年の記録』日本社会党機関誌出版局、一九六五年) 一〇九頁。
(15) 『朝日新聞』一九五〇年四月二一日。
(16) 『朝日新聞』一九五〇年四月二七日。
(17) 『景気をよくする国民民主党』(国民民主党政務調査会、一九五〇年) 四頁 (「苫米地義三関係文書」V―一―一三、東京大学大学院法学政治学研究科附属近代日本法政史料センター原資料部所蔵)。
(18) 同前、三〇、三二頁。
(19) 「国際展望――外交方針の統一」(『ダイヤモンド』第三八巻第一四号、一九五〇年五月一一日) 一二頁。
(20) 『芦田均日記』第三巻、一九五〇年五月六日の条。
(21) 同前、一九五〇年六月二六日の条。
(22) 同前。
(23) 同前、一九五〇年一〇月五日の条。
(24) 前掲、御厨貴「昭和二〇年代における第二保守党の軌跡」二九七頁を参照。
(25) 『芦田均日記』第三巻、一九五〇年七月二日の条。
(26) 同前、一九五〇年七月一五日の条
(27) 同前、一九五〇年七月一二日の条。
(28) 「国民民主党大開党大会宣言他」一九五一年一月二〇日(大嶽秀夫編『戦後日本防衛問題資料集』第二巻、三一書房、一九九二年、I・2・11文書)。
(29) Tokyo to Department of State, August 14, 1950, CDF, 1950–1954, 794.00/8-1450, RG 59.

（30）前掲、服部龍二『幣原喜重郎』増補版、三二三〜三二五頁を参照。
（31）『芦田均日記』第三巻、一九五〇年六月三〇日を参照。
（32）同前、一九五〇年七月一八日を参照。
（33）同前、一九五〇年六月二六日を参照。
（34）Tokyo to Department of State, October 17, 1950, CDF, 1950–1954, 794.00/10–1750, RG 59.
（35）Sir A. Gascoigne to Mr. Bevin, January 29, 1951, FJ 1019/4, FO 371/92521.
（36）『芦田均日記』第三巻、一九五〇年一一月一七日の条。
（37）同前、一九五〇年一二月一四日を参照。
（38）同前、一九五〇年一二月一六、一七日を参照。
（39）Tokyo to Department of State, January 1, 1951, CDF, 1950–1954, 794.00/1–151, RG 59.
（40）たとえば、GHQ外交局のナイルス・ボンド（Niles W. Bond）は、政治的復権を望む野心はともかく、超党派外交と昭和電工事件を結びつける見方に対しては、「党派的攻撃」であって、「芦田の長きにわたる輝かしい経歴をまったく正当に評価していない」と見ていた（Tokyo to Department of State, June 23, 1951, 794.00/6–2351, CDF, 1950–1954, RG 59）。
（41）「吉田総理宛書柬」（『芦田均日記』第三巻、一九五〇年一二月七日の条）。
（42）「芦田意見書」公表後の世論調査では、再軍備賛成四七・三％に対して、反対二三・六％、わからない二九・一％となり（『読売新聞』一九五一年三月二六日）、以後も賛成と反対は拮抗した。なお、この点に関して、一九五二年一〇月の第二五回総選挙の結果と世論調査の関係を分析した宮崎隆次氏の研究によれば、再軍備の賛否は拮抗していたが、賛成は反対に比べて質的に弱かったとされる（前掲、宮崎隆次「戦後日本における『デモクラシー』の固定化」一七二〜一七五頁を参照）。
（43）「シーボルトに手交の意見書類――第一号邦文原稿」一九五〇年七月二一日（「芦田均関係文書」書類の部四三六―二）。当該史料は、「芦田均日記関連文書」として『芦田均日記』第七巻にも所収されている。
（44）「国民民主党外交対策特別委員会決定」一九五〇年一〇月五日（「覚書・スクラップノート」「苫米地義三関係文書」I―二―三一）。『芦田均日記』第三巻、一九五〇年一〇月五日も参照。
（45）『芦田均日記』第三巻、一九五〇年七月一六日の条。

（46）Sir. A. Gascoigne to Mr. Bevin, January 30, 1951, FJ 1191/3, FO 371/92648.

（47）『朝日新聞』一九五一年一月一日。

（48）たとえば、第一次講和交渉のなかで、マッカーサーが「自由世界が、今日、日本に求めるものは、軍事力であってはならない」と述べているのは、この点を示すものである（外務省条約局法規課「平和条約締結に関する調書Ⅳ」『日本外交文書』平和条約締結に関する調書第二冊、二一頁）。マッカーサーは、占領統治の正統性を揺るがすかもしれない再軍備には慎重にならざるを得なかったされる（前掲、楠綾子『吉田茂と安全保障政策の形成』一二六、二四九頁を参照）。

（49）芦田均「朝鮮事変の次に来るもの――永世中立は不可能だ」（『ダイヤモンド』第三八巻第二四号、一九五〇年八月一一日）三一頁。

（50）芦田均「永世中立不可能論」（『文藝春秋』第二八巻第一一号、一九五〇年八月五日）五頁。

（51）『朝日新聞』一二月二八日。なお、同紙では「自由世界の福利」となっているが、ＧＨＱに提出した意見書では「自由世界の勝利（Victory of the Free World）」となっている（「Statement of my Viewpoint」「芦田均関係文書」書類の部三一九―二）。

（52）たとえば、芦田均「祖国防衛の精神」（『読売新聞』一九五一年二月一四日）、同「平和よりも正義を」（『朝日新聞』一九五一年一〇月二日）、同「自由と平和を衛る軍備」（『世界週報』第三二巻第二八号、一九五一年一〇月一一日）一六頁、同「新軍備論」（『東京だより』第二八号、一九五一年一一月一日）一頁、同「自由と平和を衛る軍備は絶対に必要」（『東邦経済』第一三巻第二号、一九五二年二月一日）二三頁を参照。

（53）再軍備促進公民連盟準備会「再軍備促進宣言」一九五一年一二月一八日（「芦田均関係文書」書類の部三三五）。

（54）前掲、竹中佳彦『日本政治史の中の知識人』下、第五章、前掲、片桐庸夫『横田喜三郎1896-1993』第五章を参照。

（55）佐藤尚武「安全保障と世界輿論」（『政治経済』第三巻第九号、一九五〇年九月一日）五頁。

（56）Tokyo to Department of State, October 26, 1951, 794.00/10-2651, CDF, 1950-1954, RG 59.

（57）佐藤尚武「全力を挙げて独立の完成に」（『政治経済』第五巻第一号、一九五二年一月一日）六頁。

（58）同前、五～六頁。

（59）Tokyo to Department of State, April 2, 1953, 794.5/4-253, CDF, 1950-1954, RG 59.

（60）芦田均「自由と平和のための闘ひ――颪にゆらぐ八千萬本の葦」（『文藝春秋』第二九巻第四号、一九五一年三月一日）三八頁。

(61) 無名氏「再軍備の思想的根拠」(『東京だより』第二〇号、一九五一年三月一日)八頁。なお、日記等から無名氏による論考は芦田の手によるものであることが確認できる。

(62) 外務省条約局法規課「平和条約の締結に関する調書Ⅳ」(『日本外交文書』平和条約の締結関する調書第二冊)二三～二四頁。吉田茂『回想十年』第二巻(新潮社、一九五七年)一六〇～一六一頁も参照。

(63) 外務省条約局法規課「平和条約の締結に関する調書Ⅲ」(『日本外交文書』平和条約の締結に関する調書第一冊)六三二頁。

(64) よく知られているように、吉田は、一九五〇年五月の段階で池田勇人蔵相をアメリカに派遣して、米軍の駐留について「日本側からそれをオファするような持ち出し方を研究してもよろしい」と伝えていた(宮澤喜一『東京―ワシントン密談』中央公論社、一九九九年、五五～五六頁を参照)。

(65) ただし、基地提供に関しては、吉田ではなく昭和天皇のイニシアチブが働いていたことを指摘する研究もある(豊下楢彦『安保条約の成立――吉田外交と天皇外交』岩波書店、一九九六年を参照)。

(66) 「付録八―一九五一年一月三一日第二次会談メモ」(『日本外交文書』平和条約の締結関する調書第二冊)一五八頁。

(67) 前掲、外務省条約局法規課「平和条約の締結に関する調書Ⅳ」四八～五四頁。

(68) 吉田・ダレス会談に関する研究は数多くあるが、このような二人の国際政治観の差異に着目して分析したものとして、中西寛「吉田・ダレス会談再考――未完の安全保障対話」(『法学論叢』第一四〇巻第一・二号、一九九六年一一月)を参照。また、ダレスの外交思想については、同「二〇世紀国際関係の始点としてのパリ講和会議(一)・(二・完)――若き指導者たちの国際政治観」(『法学論叢』第一二八巻第二号・第一二九巻第二号、一九九〇年一一月・一九九一年五月)のダレスに関する部分、井口治夫「ジョン・フォスター・ダレスの外交思想――戦前・戦後の連続性」(『同志社アメリカ研究』第三四号、一九九八年三月)のほかに、肥田進『集団的自衛権とその適用問題――「穏健派」ダレスの関与と同盟への適用批判』(成文堂、二〇一五年)第五章から第七章も参照。

(69) 『芦田均日記』第三巻、一九五一年二月七日の条。

(70) 同前、一九五一年二月二七日の条。

(71) 「吉田・アリソン会談」一九五一年六月二八日(『日本外交文書』サンフランシスコ平和条約対米交渉九六文書)。

(72) 「新軍備と国家財政の調和に就いて」一九五一年九月一七日(「芦田均関係文書」書類の部三三二)。

(73)「第一二回国会衆議院平和条約及び日米安全保障条約特別委員会議録」第三号、一九五一年一〇月一八日。
(74)前掲、進藤榮一「第四巻解説」七頁を参照。
(75)こうした神川の立場の背景にある国際政治観については、春名展生『人口・資源・領土――近代日本の外交思想と国際政治学』（千倉書房、二〇一五年）第五章を参照。
(76)一九五一年一〇月三〇日付芦田均宛神川彦松書簡（「芦田均関係文書」書簡の部三〇〇）。
(77)「対日平和条約および日米安全保障条約並に行政協定につき政府の見解を質すべき諸点」（一九五一年九月二八日付芦田均宛神川彦松書簡、「芦田均関係文書」書類の部三八〇―二一）。
(78)この点に関して、「同君〔神川〕から得た最も有用な智識は国際信託制度であって、それに基づいて昨日までの原稿を此部分全部書き直した」と記しているように、芦田が参考にしたのは小笠原諸島や沖縄、南西諸島の法的地位に関する部分だけであった（『芦田均日記』第四巻、一九五一年一〇月一五日の条）。
(79)「第一二回国会衆議院平和条約及び日米安全保障条約特別委員会議録」第三号、一九五一年一〇月一八日。
(80)『芦田均日記』第四巻、一九五一年一〇月二六日の条。服部龍二『中曽根康弘』（中央公論新社、二〇一五年）四二～四三頁も参照。
(81)たとえば、「武装のことは日本人がinitiativeをとるべきでない」と諭す三木武夫や西尾末広に対して、「日本武装のinitiativeは日本がとるべし」と主張し、「苟くも独立民族である限り、自衛について主張するのは当然であり、他国から彼是指図されることは自負心を損ずる」と語気を強めて反論する姿は、従来の研究が指摘してきたナショナリストとしての芦田像を示すものである（同前、一九五一年一月一二日の条）。
(82)たとえば、赤尾敏からは意見書を「近来の傑作、思想戦の宮本武蔵なり」と評し、「より戦闘的により積極的に一大国民運動の先頭に振ひ起たれんこと」を進言する書簡が届けられた（一九五〇年一二月二八日付芦田均宛赤尾敏書簡「芦田均関係文書」書簡の部二四四）。また、旧海軍からは野村吉三郎が意見書に対して「老大人の御意見ニは全然同感である」と伝え（一九五〇年一二月二八日付芦田均宛野村吉三郎書簡、同前、二六九）、翌年一月一四日の『毎日新聞』において憲法第九条に関する芦田解釈が掲載されると、「近来無二の啓蒙である」と述べたうえで、「帰京後好機を得て拝参願度存候」として会見を求めてきた（一九五一年一月一六日付芦田均宛野村吉三郎書簡、同前、九七）。さらに、旧海軍では元海軍主計将校で国民民主党の代議士であった中曽根康弘を介して芦田と接触を図ろうとする動きもあり、中曽根を通じて芦田に再軍備についての具体案を献策する動きも見られた（一九五一年一月三〇日付芦田均宛中曽根康弘書簡、同前、九二）。ほかにも、旧陸軍からは皇道派の将軍であった真崎甚三郎が実弟である真崎勝次を介して面会を求めてきたこともあった（一九五〇年一二月二八日付芦田均宛真崎勝次書簡、同前、二七五）。

（83）たとえば、ある座談会のなかで、「日本の民衆は、俺達が立ち上がらなければ世界の人道は亡びるぞと言つても、びくともしないけれども、アメリカの世論はそれで動くんだからね」と述べているのは、再軍備をめぐる芦田のナショナリスティックな表現が日本人の国民性を意識したレトリックという部分をある程度含んでいたことを示唆している（「第三次世界大戦について」座談会『中央公論』第六六巻第一号、一九五一年一月一日、六八〜六九頁）。この点に関して、戦前においても、「日本人ならば自由と正義が滅びるから戦争に行けと云つてもピンと来ない、然し国が危ないぞ、祖国が危いから起てと云つたらそれは躄でも立つでせう、そこにアメリカ人の考え方と日本人の考え方の相違がある」と述べており、そうした国民性に対する芦田の理解はかなり強固なものであったことを窺わせる（芦田均「欧米列強をどう見る」『公民講座』第一六四号、一九三八年八月一日、一九頁）。

（84）前掲「対日平和条約および日米安全保障条約並に行政協定につき政府の見解を質すべき諸点（一九五一年九月二八日付芦田均宛神川彦松書簡）。

（85）「国際展望――ダレス氏訪日」（『ダイヤモンド』第三九巻第四二号、一九五一年一二月一一日）一三頁。

（86）一九五一年一一月一一日付芦田均宛渡辺武書簡（「芦田均関係文書」書簡の部三四二）。

（87）『芦田均日記』第四巻、一九五二年一月五日の条。

（88）『芦田均日記』第三巻、一九五〇年七月一九日の条。

（89）「日記」伊藤隆・渡邊行男編『続重光葵手記』（中央公論社、一九八八年）一九五三年五月五日の条。以下、「重光葵日記」と表記する。

（90）Tokyo to Department of State, February 19, 1952, 794.5/2-1952, CDF, 1950-1954, RG 59.

（91）一九五三年六月二二日付在米特命全権大使新木栄吉発岡崎勝男外務大臣宛電報（「本邦再軍備に関する論調」第一巻、リールC'-0001、外務省外交史料館所蔵、外務省記録 C'.2.0.0.2）。

（92）保守合同へと向かう政局全般については、さし当たり、富森叡児『戦後保守党史』（日本評論社、一九七七年）第二章および第三章、後藤基夫・内田健三・石川真澄『戦後保守政治の軌跡』（岩波書店、一九八二年）六七〜一〇一頁、升味準之輔『戦後政治一九四五―五五年』下（東京大学出版会、一九八三年）第四章、石川真澄・山口二郎『戦後政治史』第三版（岩波書店、二〇一〇年）五九～七四頁を参照。またこの間の改進党の動向については、前掲、御厨貴「昭和二〇年代における第二保守党の軌跡」二九八～三一一頁、前掲、武田知己『重光葵と戦後政治』第二部第一章、とくに重光首班工作については、前掲、宮崎隆次「戦後日本における『デモクラシー』の固定化」、同「重光首班論の再検討」（『千葉大学法学論集』第九巻第一号、一九九四年）、三木武夫の動向に焦点を合わせたものとしては、竹内桂「保守合同前の三木武夫」（『法政論叢』第五四巻第一号、二〇一八年七月）を参照。このほかに、アメリカの動向を踏まえたうえで保守合同前後の政党政治を分析した、池田慎太郎『日米同盟の政治史――アリソン大使と「一九五五年体制」の成立』（国際書院、二〇〇四年）、アメリカにくわえて日本の経済界や労働組合の動向にも注目した、前掲、中北浩爾『一九五五年体制の成立』、政党組織に注目しながら戦後保守政党の再編を分析した、小宮京『自由民主党の誕生――総裁公選と組織政党論』（木鐸社、二〇一〇年）も参照。

(93) 同前、一九五三年三月七日の条。

(94)『芦田均日記』第四巻、一九五三年五月二〇日、六月一六日、七月五日、七月七日および、石橋甚一・伊藤隆編『石橋湛山日記』下巻（みすず書房、二〇〇一年）一九五四年六月一六日、七月二日、七月四日、七月五日を参照。

(95)『芦田均日記』第四巻、一九五三年七月一七日の条。

(96) 同前、一九五三年七月二一日の条。『石橋湛山日記』下巻、一九五三年七月二一日も参照。

(97)『芦田均日記』第五巻、一九五三年一二月二七日を参照。

(98)『石橋湛山日記』下巻、一九五三年一一月三〇日の条。

(99)『芦田均日記』第五巻、一九五三年一二月二七日の条。

(100) 同前、一九五四年一月三一日の条。

(101) 同前、一九五四年三月一六日の条。

(102) 同前、一九五四年三月二一日の条。

(103) 同前、一九五四年三月二二日の条。

(104) 改進党は、「国民民主党の系譜を継ぐ主流派」の「三木・北村派」と、大麻ら追放解除組と芦田グループを合わせた保守派に大別されるが、「自らの影響力を拡大しようとするなかで互いに相手のことを敵視しているため、大麻と芦田がうまくやっていくことはない」と見られていた（Tokyo to Department of State, September 19, 1952, 794.00/9-1952, CDF, 1950–1954, RG 59）。

(105) 『芦田均日記』第四巻、一九五三年二月八日の条。なお、このときの川崎擁立案は、前年一二月の臨時党大会からつづく大麻による革新派分断のための策謀であったとされる。大麻は、北村に近い川崎を引き込むことで、三木派と北村派を分断しようとしていたという（前掲、小宮京『自由民主党の誕生』一九八～一九九頁を参照）。その一方で、川崎擁立案は、芦田排斥をねらう「三木＝大麻連合」の工作であると見る向きもあった（Tokyo to Secretary of State, February 11, 1953, 794.00/2-1153, CDF, 1950–1954, RG 59）。

(106) Tokyo to Secretary of State, September 18, 1952, 794.00/9-1852, CDF, 1950–1954, RG 59.

(107) たとえば、前述の政策委員長人事をめぐって芦田は、「朝鮮事件の勃発以来私は自衛軍の創設を提唱したのであるが改進党はその立党の綱領の中に民主的自衛軍の創設を掲げて今日に至つている。然るに最近になつて党の行動は兎角左派的思想に引きづられ、党の執行部もその影響の下につ立つ情勢となつた。よつて私はその所信を貫くためには暫く改進党を離れて自己の政策を衛る外に道なきに至つた次第である」といった声明書を準備して離党をちらつかせるほどであり（「声明書（原稿）」一九五三年二月九日「芦田均関係文書」書類の部三八五）、これには再軍備に肯定的な重光でさえ「芦田は小物して常に小事に拘泥して容易に最終的の言葉を口にし人を困らして顧みざる男なり」と記して辟易としている（「重光葵日記」一九五三年二月三日の条）。再軍備への強すぎるこだわりは党内融和を乱す元凶と見なされ、革新派でなくても芦田を嫌悪する空気は強まっていた。

(108) Tokyo to Department of State, October 23, 1952, 794.00/10-2352, CDF, 1950–1954, RG 59.

(109) 「米一九五一年相互安全保障法」（大嶽秀夫編『戦後日本防衛問題資料集』第三巻、三一書房、一九九三年、Ⅱ・2・1文書）。

(110) この点に関して、再軍備論者であった重光の吉田に対する政治的勝利とする評価と吉田の軽武装路線に改進党が引き寄せられたとする評価の二つに分かれる。前者については、前掲、武田知己『重光葵と戦後政治』二二二～二二三頁、後者については、田中明彦『安全保障――戦後50年の模索』（読売新聞社、一九九七年）一一九頁を参照。

(111) 前掲、宮澤喜一『東京―ワシントンの密談』一九三～二〇〇頁を参照。なお、池田・ロバートソン会談については、前掲、植村秀樹『再軍備と五五年体制』第三章第三節、前掲、坂元一哉『日米同盟の絆』第二章第二節、吉次公介「池田・ロバートソン会談と独立後の吉田外交」（『年報 日本現代史』第四号、現代史料出版、一九九八年）、同「ＭＳＡ交渉と再軍備問題」（豊下楢彦編『安保条約の論理――その生成と展開』柏書房、一九九九年）を参照。

(112)「追補――欧米旅行記」(『芦田均日記』第七巻所収) 一九五三年一〇月八、一二日を参照。
(113) 一九五三年一〇月一八日付野村吉三郎宛芦田均書簡 (「野村吉三郎文書」三三六、国立国会図書館憲政資料室所蔵)。
(114)「日本の再軍備について (芦田講演英文原稿)」一九五四年一月二七日 (「芦田均関係文書」書類の部三四七)。なお、おそらく当該史料の日付は誤りであり、日記から推測すると一九五三年九月二五日から一〇月一日のあいだに記されたものであると思われる。
(115) 一九五三年一〇月二七日付在メキシコ加瀬俊一特命全権大使発岡崎勝男外務大臣宛電報 (前掲「本邦再軍備関する論調」第一巻、リール C'-0001)。
(116)『芦田均日記』第五巻、一九五四年一月三一日の条。
(117) 同前、一九五四年四月一〇日の条。
(118) 同前、一九五四年五月八日の条。
(119) 同前、一九五四年三月二二日の条。
(120)「重光葵日記」一九五四年三月二九日の条。
(121) Tokyo to Department of State, March 26, 1954, 794.00/3-2654, CDF, 1950–1954, RG 59.
(122)『芦田均日記』第五巻、一九五四年六月二四日の条。
(123) 伊藤隆監修『佐藤栄作日記』第一巻 (朝日新聞社、一九九八年) 一九五四年四月五日の条。
(124)『芦田均日記』第五巻、一九五四年七月二日の条。
(125) 大麻唯男伝記研究会編『大麻唯男』伝記編 (櫻田会、一九九六年) 二三九頁。
(126)「重光葵日記」一九五四年六月二五日を参照。
(127) 同前、一九五四年六月二六日の条。
(128)『石橋湛山日記』下巻、一九五四年九月一一日を参照。
(129)『芦田均日記』第五巻、一九五四年七月三一日の条。
(130) 同前、一九五四年九月一〇日の条。
(131)「吉田・芦田会談メモ」一九五四年九月一四日 (「芦田均日記関連文書」『芦田均日記』第七巻所収)。
(132)『朝日新聞』一九五四年九月一五日。

(133) Tokyo to Secretary of State, September 20, 1954, 794.00/9–2054, CDF, 1950–1954, RG 59.
(134) 「重光葵日記」一九五四年九月一九日の条。
(135) 『朝日新聞』一九五四年九月二五日。
(136) 『芦田均日記』第五巻、一九五四年一一月五日の条。
(137) 「重光葵日記」一九五四年一一月八日の条。
(138) 『芦田均日記』第五巻、一九五四年一一月一一日の条。ただし、声明書のこの部分は、重光の意向によって削除された。
(139) Tokyo to Department of State, November 16, 1954, 794.00/11–1654, CDF, 1950–1954, RG 59.
(140) 日本民主党の結党に際して、「これ位気の進まない結党式はない。正直言つて寄木細工の党。互に相手を信用しない連中の寄合である。どうしても永続しないと思う。仮に鳩山氏がポクリと死んだら、どうする。然し致方なしに舞台の椅子に並んで式に列したが鳩山氏のいたいたしい起居。それに続いて重光君の松葉杖姿。こんな会合で演説する気持は毛頭出ない」と記しているのは、そうした芦田の不満を示すものである（『芦田均日記』第五巻、一九五四年一一月二四日の条）。
(141) 「日本民主党結党宣言他」一九五四年一一月二四日（前掲『戦後日本防衛問題資料集』第三巻、I・1・23文書）。
(142) 『芦田均日記』第五巻、一九五四年一一月二〇日の条。結局、一九五五年一月に発表された政策要綱では安保改定の項目は削除された（「日本民主党政策要綱」一九五五年一月、前掲『戦後日本防衛問題資料集』第三巻、I・1・24文書を参照）。
(143) 日ソ国交回復交渉の交渉過程については、田中孝彦『日ソ国交回復の史的研究——戦後日ソ関係の起点：1945～1956』（有斐閣、一九九三年）を参照。ほかに、松本俊一・佐藤優解説『増補・日ソ国交回復秘録——北方領土交渉の真実』（朝日新聞社、二〇一九年）も参照。
(144) 前掲、鳩山一郎『鳩山一郎回顧録』一一七頁。
(145) 芦田均「日ソ交渉の前途」（『ダイヤモンド』第四三巻第四一号、一九五五年七月一一日）一三頁。
(146) 同前、一六頁。
(147) 無名氏「率直な警告」（『東京だより』第四七号、一九五三年六月一日）一九頁。
(148) 『芦田均日記』第四巻、一九五二年八月一六日の条。
(149) 前掲、筒井若水「国際法概念としての集団安全保障と同盟」二七～三一頁を参照。ほかに、森肇志『自衛権の基層——国連憲章に至る歴史的展開』（東京大学出版会、二〇〇九年）第四章第二節4および第六章第三節も参照。なお、この点に関して、より自覚的であったのは、国連に期待しつづけた佐藤尚武であったように思われる。佐藤は、安保条約を国連憲章第五一条が規定する集団的自衛権にもとづく共同防衛や、同第八章が規定する地域的取極にもとづく防御同盟のなかに位置づけることで、「そうなれば結果として、日本も国連の集団安全保障の機構内に加はることになる」と述べるなど、安保条約を国連憲章のなかで説明することにこだわっていた（佐藤尚武「国際警察軍私見」『ソ連研究』第三巻第二号、一九五四年二月一日、一一頁）。

(150) 芦田均「世相さまざま（35）――ベヴァンの動き・国際連盟の思い出・スペインの民謡と舞踏」（『東京だより』第三六号、一九五二年七月一日）四七頁。

(151) 無名氏「鳩山内閣と外交問題」（『東京だより』第六九号、一九五五年四月一日）八頁。

(152) 『芦田均日記』第五巻、一九五五年四月一日の条。

(153) 佐藤晋「鳩山内閣と日米関係――防衛分担金削減問題と大蔵省」（『法学政治学論究』第三三号、一九九七年六月）、中村起一郎「防衛問題と政党政治――日米防衛分担金交渉（一九五三―一九五五）を中心に」（『年報 政治学』第四九巻、一九九八年）、小出輝章「56年度防衛分担金をめぐる日米交渉」（『同志社法学』第五七巻第四号、二〇〇五年一一月）を参照。

(154) 『芦田均日記』第五巻、一九五五年四月一八日の条。

(155) 同前、一九五五年五月一四日の条。『京都新聞』一九五五年五月七日も参照。

(156) 前掲、田中孝彦『日ソ国交回復の史的研究』一九二～一九五頁、前掲、松本俊一『増補・日ソ国交回復秘録』七七～七九頁を参照。

(157) 『芦田均日記』第六巻、一九五六年一月二五日の条。当該時期の外交調査会の動向については、河野康子「外交をめぐる意思決定と自民党――外交調査会を中心に」（前掲『自民党政治の源流』所収）を参照。

(158) 自由民主党外交調査会「外交調査会議事録概要抜萃（日ソ問題資料）」一九六〇年二月六日（「自民党結党以来の外交政策資料」「床次徳二関係文書」二―Ⅱ―一一、東京大学大学院法学政治学研究科附属近代日本法政史料センター原資料部所蔵）。

(159) 『朝日新聞』一九五六年五月二五日。

(160) 前掲、田中孝彦『日ソ国交回復の史的研究』二七一～二七三頁、前掲、松本俊一『増補・日ソ国交回復秘録』一三五～一三七頁を参照。

(161)『朝日新聞』一九五六年九月五日。『芦田均日記』第六巻、一九五六年九月四日も参照。
(162)『芦田均日記』第六巻、一九五六年九月六日の条。なお、「六者会談」とあるのは、岸信介幹事長以下党六役に野村吉三郎参議院議員会長をくわえた「七者会談」の誤りであると思われる。
(163)同前、一九五六年九月一〇日の条。
(164)前掲、自由民主党外交調査会「外交調査会議事録概要抜萃（日ソ問題資料）」一九六〇年二月六日。『芦田均日記』第六巻、一九五六年九月一四日も参照。
(165)「日ソ交渉処理方針について」一九五七年九月一七日（自由民主党編『自由民主党史』資料編、自由民主党、一九八七年）五八〇頁を参照。
(166)『朝日新聞』一九五六年九月一一日夕刊。
(167)『芦田均日記』第六巻、一九五六年九月一七日を参照。
(168)同前、一九五六年九月二六日、一〇月四日、七日、九日を参照。
(169)『東京新聞』一九五六年一〇月二六日（「スクラップ・ブック（日ソ交渉前後）」「芦田均関係文書」書類の部四二五）。
(170)『芦田均日記』第六巻、一九五六年一〇月二四日の条。
(171)Memorandum of Conversation, October 16, 1956, "Present Political Trend", Tokyo to Department of State, October 23, 1956, 794.00/10-2356, CDF, 1955-1959, RG 59.
(172)岸の安保改定については、原彬久『戦後日本と国際政治——安保改定の政治力学』（中央公論社、一九八八年）、同『日米関係の構図——安保改定を検証する』（日本放送出版協会、一九九一年）、前掲、坂元一哉『日米同盟の絆』第四章から第五章、波多野澄雄『歴史としての日米安保条約——機密外交記録が明かす「密約」の虚実』（岩波書店、二〇一〇年）、吉田真吾『日米同盟の制度化——発展と深化の歴史過程』（名古屋大学出版会、二〇一二年）第一章、河野康子「日米安保改定交渉と沖縄——条約地域をめぐる政党と官僚」（坂本一登・五百旗頭薫編『日本政治史の新地平』吉田書店、二〇一三年）、西村真彦「一九五七年岸訪米と安保改定（一）・（二）・（三・完）」（『法学論叢』第一七八巻第六号・第一七九巻第二号・同四号、二〇一六年三月・同五月・同七月）を参照。
(173)外務省百年史編纂委員会編『外務省の百年』下（原書房、一九六九年）九三五頁。

(174) 原彬久編『岸信介証言録』（中央公論新社、二〇一四年）一六九、一六四頁、原彬久『岸信介――権勢の政治家』（岩波書店、一九九五年）一八九～一九〇頁。ほかに、樋渡由美「岸外交における東南アジアとアメリカ」（前掲『年報　近代日本研究』一一所収）も参照。ただし、岸の「対米自主」志向に関しては、これを強調すべきでないとする研究もある（保城広至『アジア地域主義外交の行方1952-1966』木鐸社、二〇〇八年、第四章を参照）。

(175) 自民党外交調査会「外交調書」一九五七年五月（前掲「自民党結党以来の外交政策資料」所収）。

(176) 「岸首相の訪米に何を期待する」座談会（『東京だより』第九六号、一九五七年七月一日）八頁。

(177) 前掲、自民党外交調査会「外交調書」一九五七年五月。

(178) 『芦田均日記』第六巻、一九五七年九月五日の条。

(179) 芦田均「仏印問題の推移は重大――日本は転機に直面せん」（『ダイヤモンド』第四二巻第三〇号、一九五四年七月二一日）一三頁。

(180) 「国際展望――中共の購買力」（『ダイヤモンド』第四〇巻第二六号、一九五二年八月一日）三頁。

(181) 『朝日新聞』一九五八年九月一九日。

(182) 『芦田均日記』第七巻、一九五八年九月二五日の条。

(183) 同前、一九五八年一〇月二日の条。

(184) Tokyo to Department of State, September 10, 1958, 794.00/9-1058, CDF, 1955-1959, RG 59.

(185) 『芦田均日記』第七巻、一九五八年七月二四日の条。

(186) 同前、一九五八年八月五日の条。

(187) 同前、一九五八年一二月二〇日の条。

終章　総括と意義

本書は、戦前から戦後にわたる芦田均の政治的足跡を辿ることによって彼の再軍備論を内在的に分析し、戦後日本外交の形成期におけるその位置づけを明らかにした。以下では、これまでの論点を整理したうえで、本書の内容をまとめる。

本書の論点の一つ目は、外交官時代の経験から芦田がどのような国際政治観を形成したのかを明らかにすることであった。そこで第一に、外務省内における芦田の位置を明らかにした。第一次世界大戦直前の時期に外交官としてその政治的足跡の第一歩を踏み出した芦田は、パリ講和会議に日本全権随員として参加したことで「新外交」と呼ばれる大戦後の新しい外交思想の潮流に強い衝撃を受けた。外務省革新同志会への参加は、同期の重光葵ら少壮外交官と「新外交」の衝撃を共有していたことを示すものであった。他方で、このことは、吉田茂ら「旧外交」的な発想にとどまっていた外交官や、幣原喜重郎ら省内上層部とのあいだに世代的な距離感を生じさせることになった。

さらに、この「新外交」の衝撃という点で重要なのは、一つには芦田が外交の民主化に注目し、議会による外交監督や政党による外交指導を求める国民外交論を唱えるようになったことである。このことは、芦田が政党政治家への転身を意識する一つのきっかけとなるとともに、外務省による外交一元化を正統と見なす霞が関外交のなかで孤立していく要因にもなった。また、もう一つには、芦田が国際連盟を中心とした連盟外交や多国間外交の経験を積むことで連盟を基軸とした普遍主義的国際秩序の形成に関心を持つようになったことである。その過程で芦田は、安達峰一郎や佐藤尚武といった連盟外交を担う外交官の人脈に連なるようになった。こうした芦田の経歴は、英米協調を基軸とする欧米派のなかでもとくに連盟外交に積極的な連盟派に位置づけられる。しかし、連盟派は、欧米派で本省主流を形成した幣原らに対して傍流と見なされていた。

第二に、連盟派外交官として歩んだ芦田の国際政治観を明らかにした。第一次大戦直後の芦田は、ヴェルサイユ条約が旧来の勢力均衡原理による国際秩序の維持に過ぎないとしてこれに否定的な見解を示した。しかし、一九二〇年代を通じて緊張緩和を模索する多国間外交や連盟を基軸とした集団安全保障といった新しい秩序形成に向けた努力がなされると、芦田は好感を持ってこれを受けとめた。なかでも、一九二五年（大正一四）のロカルノ条約を高く評価し、連盟を中心とする普遍主義的国際秩序の形成に向けた努力として理解した。さらに、一九三〇年（昭和五）に刊行した『君府海峡通航制度史論』では、連盟を基軸とした地域的安全保障を提案し、戦争違法化とその違反に対する制裁や制裁機能が持つ抑止機能についても言及するなど、集団安全保障を秩序維持のための理想的な枠組みとして提示した。こうして芦田は普遍主義的国際政治観ともいえる国際関係の見方を身につけた。

しかし、そうした見方は、外務省内ではほとんど顧みられなかった。日中提携を目指す有力派閥のアジア派はもちろん、本省主流の幣原らも、日本が死活的利益を有する中国問題に連盟が介入することに否定的であったからである。一九三一年の満洲事変に際して、幣原や重光が日中直接交渉を唱えて連盟の介入を排除しようとすると、連盟との協調を説く芦田ら連盟派は孤立した。これを受けて、芦田は外交官に見切りをつけ、政党政治家へと転身した。

論点の二つ目は、連盟による集団安全保障体制が崩壊していく一九三〇年代から敗戦に至るまでの芦田の足跡を辿りながら、彼の国際政治観のどこが変わり、どこが変わらなかったのかを明らかにすることであった。これを踏まえて、第一に、満洲事変期から日中戦争期にかけての芦田の外交論の変化、すなわち対ソ協調論から反ソ論への変化が、連盟を基軸とした普遍主義的国際秩序に期待する彼の国際政治観によってもたらされたことを明らかにした。満洲事変期の芦田は、日本・満洲・中国・ソ連の四ヶ国による不侵略条約を骨子とする「極東ロカルノ」構想を唱えた。これは、事変によって動揺した東アジアにおける多国間協調の枠組みを再構築することで連盟脱退後の日本と連盟との関係を何とか維持しようとするものであった。その際、ソ連との協調を説いたのは、この時期に同国が進めていた集団安全保障政策に積極的に対応することで東アジアにおける多国間協調の枠組みを再構築する機会を見いだすことができたためであり、また多国間主義を基調とするアメリカとの関係改善にもつながると判断したためであった。

一方、満洲事変以後の外務省を主導した重光らアジア派は、多国間協調の枠組みを全面的に否定した。重光らは、東アジアにおける日本の覇権を確立することを目指したからである。このような両者の相違は、外務省が反ソ・反共イデオロギーにもとづく防共外交を展開し、独伊との接近を模索するようになったことで表面化した。芦田は、防共外交を批判し、政民連携による広田内閣の倒閣を図ることでその外交方針を転換しようとした。

ところが、日中戦争が勃発すると、芦田は対ソ協調論から距離を置くようになった。その理由は、ソ連外交が集団安全保障政策から孤立主義へと回帰しつつあるのではないか、という疑念を持つようになったことにあった。一九三九年の独ソ提携とそれにつづく欧州戦争の勃発は、そのような疑念を確信に変えるものであった。欧州戦争の勃発を受けて、芦田ははっきりと反ソ論の立場をとるようになった。

こうした反ソ論への転換は、独ソ提携以後の外務省が防共イデオロギーによる反ソ政策から権力政治的観点にもとづく対ソ国交調整へと政策転換していったのとは対照的であった。そしてこの両者の対照性は、欧州戦争の勃発によって連盟が崩壊したのちも、芦田が普遍主義的国際秩序の理想に価値を認めていたことを示すものであった。なぜなら、芦田の反ソ論は、ソ連を親「現状打破勢力」として日独伊三国の側に引きつけることによって、「現状維持勢力」である英米と対抗し、世界を東亜・ソ連・欧州・米州の四つのブロックに分割しようとする新秩序構想を全面的に否定するものであったからである。芦田にとって、欧州戦争は世界新秩序建設のための戦いなどではなく、暴力によって国際秩序が蹂躙される国際的無秩序であり、ソ連はドイツとともに国際的無秩序をつくり出した元凶として批判すべき対象にほかならなかった。芦田は、欧州戦争後の国際秩序に対する見とおしとして連盟の復活を予測するなど、なおも普遍主義的国際秩序への期待を失っていなかった。

第二に、戦中期の芦田が普遍主義的国際政治観を持ちつづけた一方で、集団安全保障に対する理解を大きく変容させたことを明らかにした。そもそも集団安全保障は戦争違法化を原則として軍縮を推進するために連盟規約に規定されたものであり、芦田もそうした理解に立って規約の規範的な力に信頼を置いていた。満洲事変期の芦田がソ連の集団安全保障政策を東アジアにおける多国間協調の枠組みを再構築する好機として捉えたのも、そのことを反映したものであった。

しかし、日中戦争勃発直後に国民使節として欧米を訪問した芦田は、イギリスの軍拡を目の当たりにして集団安全保障に対する理解を改めた。すなわち、一九三五年のイタリアによるエチオピア侵攻や翌年のドイツによるロカルノ条約廃棄といった事態に対して、連盟が何ら有効な対処をなし得なかったのは、独伊に対抗し得る軍事力を持っていなかったためであると見なし、集団安全保障が現実に適用されるためには十分な軍事力の裏付けが必要であるという実際的な理解を示すようになったのである。

このことは同時に、芦田の普遍主義的国際政治観にも重要な変化をもたらした。欧米訪問後の芦田は、世界が連盟を擁護しようとする英米仏といったデモクラシー陣営と暴力によってこれを破壊しようとする独伊のファシズム陣営という二つのブロックに分裂していること、またそうした現実を前にして理念的には普遍的であるはずの連盟が実質的にはデモクラシー陣営の同盟として機能することを理解するようになった。

　このような変化は、日中戦争に対する芦田の危機感を高めた。中国への武力進出にほかならない日中戦争に対して、連盟を擁護しようとする英米の介入は不可避であると考えるようになったからである。そうしたなかで、芦田は、国内ではほとんど受け入れられそうもない多国間協調への復帰を説く外交論を唱えた。

　もっとも、戦中期における芦田の活動は、現実に対して敢然と立ち向かったとまではいえない面もあった。ときには日本の行動を正当化することもあったし、またときには沈黙することで自らの理想とはかけ離れていく現実をやり過ごそうとすることもあった。しかし、そうであるがゆえに、戦後の芦田は戦前の反省と悔恨を胸に深く刻んで活動することになった。

　論点の三つ目は、戦前から戦中期にかけての国際政治観の連続と変容を踏まえたうえで、戦後の芦田が再軍備論者へと至る過程とその帰趨を明らかにすることであった。そこで第一に、芦田が戦後も普遍主義的国際政治観を持ちつづけていたことを明らかにした。GHQ草案のなかで戦争放棄条項が提示されたとき、またそれが帝国憲法改正案の第九条として帝国議会で審議されたとき、芦田はそれらを国際連合憲章との関わりから理解し、解釈しようとした。芦田は、第九条が規定する戦争放棄や戦力不保持は、連盟規約を継承し、戦争違法化にもとづく集団安全保障を中核とする国連憲章との関係から解釈されるべきであるとの考えから、自衛権や自衛のための措置、また集団安全保障による制裁は第九条の適用外であると解釈したのである。このことは、芦田が戦前以来の普遍主義的国際政治観にもとづいて第九条を理解していたことを示すものであった。

　また、冷戦が顕在化しはじめた中道政権期には、外相として日本の安全保障をアメリカに依頼する「芦田覚書」の作成を主導したが、そこにも戦前以来の普遍主義的国際政治観が働いていた。覚書のなかで直線的にアメリカによる安全保障を追求したのは、芦田が平和は不可分とする観点からソ連を秩序の破壊者と見なし、自由主義陣営の一員として行動していく日本の意思を示さなければならないと考えていたことがあった。そのような芦田の構想は、勢力均衡原理にもとづく権力政治的観点から日本を米ソ対立の局外に位置づけ、これに乗じて日本の国際的地位向上につなげる、といったアジア派の重光や旧軍人たちの発想とはまったく異なるものであった。

第二に、朝鮮戦争の勃発を契機とする芦田の再軍備論が、国連を基軸とした集団安全保障への協力という性格を持ち合わせていたことを明らかにした。暴力によって国際秩序が破壊されている現実を前にして傍観を意味する中立主義は真の平和愛好とはいえないとして、非武装中立論を批判したことは、そのことを端的に示すものであった。また、芦田は吉田茂の軽武装論を批判するとともに、鳩山一郎や岸信介、重光葵ら反吉田派の自主防衛論にも批判の矛先を向けた。平和維持のための日本の主体的貢献を重視する芦田からすれば、日本の負担となる再軍備を回避し、米軍への基地提供によってその貢献を済まそうとする吉田の軽武装論はもちろん、独立の完成といったナショナリズムを満足させることを目的として米軍を撤退させるために再軍備を主張する反吉田派の自主防衛論も容認し難いものだったからである。それゆえ、芦田は、再軍備を主張する一方で、日米安全保障条約にも積極的な支持を与えた。

とはいえ、このような戦後の芦田の外交論が、本来的な意味での集団安全保障とは一線を画すものであったこともたしかであった。再軍備論は敵対勢力であるソ連とのあいだに力の均衡を保つために唱えられたものであり、安保条約はソ連に対抗するための同盟にほかならず、それらは勢力均衡原理を引照基準とする権力政治的発想にもとづくものであって集団安全保障の理想とは相容れないものだからである。それにもかかわらず、芦田は、ソ連との対決は不可避であるとの観点から安保条約の強化と再軍備の必要性をいっそう強く訴えるようになり、かつて批判していた勢力均衡原理を自らの外交論に取り入れるようにもなった。またその過程のなかで、中道路線から保守合同路線へ、さらに反吉田派への対抗と吉田派への接近といった政治活動の変転も見られた。

しかしながら、こうした硬直した冷戦観と軍事力に偏重した外交論こそが、戦前から戦中期を経て形成された芦田の普遍主義的国際政治観の帰結であった。なぜなら、そこには宥和政策が平和をもたらすことはないという一九三〇年代の経験に根ざした強い反省の念があり、またそうした反省のうえに立って、軍事力の必要性を訴えていたからである。たしかに、芦田の再軍備論は国連の機能不全が明らかとなるなかで少なからぬ変容を遂げ、それは一見すると勢力均衡原理にもとづくリアリズム外交論とかわり映えのしないものとなった。だが、その基底にはいかにして国際秩序が維持されるのか、あるいは維持されるべきか、といった戦間期以来の問題関心がつねに存在しつづけたのである。

このように、芦田の再軍備論は、戦間期「新外交」の理想、すなわち戦争違法化とそれにもとづく国際機構を基軸とした集団安全保障の理想の系譜を継ぐものであった。そのような再軍備論の系譜が明らかになれば、理想主義と現実主義の二項対立という従来の図式で芦田を捉えることが容易でないこともまた明らかとなる。なぜなら、国際政治における軍事力の役割を重視する点で再軍備論は現実主義的であり、それを唱える芦田は現実主義者に分類されるが、しかし他方で再軍備論が普遍的国際機構を基軸とした集団安全保障を実現するために唱えられたものであった点に注目すれば、それは理想主義的であり、芦田を理想主義者として位置づけることもできるからである(1)。その点で、従来のリアリズム外交論者としての芦田像は、彼の一面を捉えたものでしかなかったといえる。複雑な軌跡を辿った芦田を一言で表すのは非常に難しいことであるが、あえてその困難を冒して表現するならば、戦間期「新外交」論者と呼ぶのがふさわしい。そして再軍備論とは、戦間期「新外交」論者が冷戦という現実に対して導き出した一つの答えであった。

以上の総括を踏まえて、最後になぜ芦田の再軍備論が挫折したのかを検討することを通じて、戦後日本外交において彼の再軍備論が持つ意味を考察し、本書の結びとする。

これまで述べてきたように、芦田の再軍備論は、戦間期「新外交」の系譜を継ぎ、一九三〇年代における集団安全保障の失敗という経験を経て、冷戦のなかに登場したものであった。こうした芦田の再軍備論を仮に「芦田路線」として位置づけるならば、「芦田路線」は実現されることなく挫折したといえる。その理由は、いくつか考えられるが、ここでは同時代において「芦田路線」の根幹に関わる集団安全保障に対する懐疑が示されていた点に注目したい。

朝鮮戦争勃発後の一九五〇年一二月に平和問題談話会の声明として「三たび平和について」が発表された。このなかの丸山眞男の執筆部分は、国際連合を基軸とした集団安全保障に対する懸念を表明したものであった(2)。すなわち、丸山は、国連の地域的紛争への介入がやがて大国に対する制裁へと発展し、それは結果的に第三次世界大戦を招来することになるのではないかという危惧の念を抱いていたのである。

このような集団安全保障に内在する正戦論的性格が抱える危険性は、冷戦という米ソ二大超大国が対立するなかではとりわけ大きなものであり、芦田の再軍備論が持つ危うさを浮き彫りにするものであった。朝鮮戦争の勃発によって盛り上がりを見せた再軍備論に対する国民の支持が日本への直接の脅威が減少していくとともに弱まっていったことは、そうした再軍備論が持つ危うさに対する国民の反応であった。朝鮮戦争が休戦へと向かうと、逆に再軍備反対への国民的支持は強固なものとなっていった(3)。二度と戦争に巻き込まれたくないという国民の素朴な厭戦気分は、理想主義的な再軍備論よりも現実主義的な平和論を支持したのである。そうして日本国憲法第九条と日米安全保障条約をともに維持する「吉田路線」が定着することになった。

しかし、冷戦が終結した今日、米ソの対立という状況が緩和されたことによって、「芦田路線」が再び登場し得る国際環境は整いつつあるといえる。実際、冷戦終結以後の日本は、一方で国連の平和維持活動への貢献を積極的におこないつつ、他方で安保条約を「アジア・太平洋地域の公共財」として位置づけて、これを強化しアメリカと協働して国際秩序の維持に当たろうとする動きを活発化させている(4)。

だが、本書でも述べたように、集団安全保障と同盟の概念は、本来的には相容れない関係にある。また、丸山が指摘した集団安全保障の抱える危険性は、冷戦の終結によって根本的に解消されたわけではない。したがって、冷戦後の世界において日本の果たすべき役割を考えるとき、自衛権と自衛隊の位置づけ、国連の集団安全保障と安保条約の関係などについて改めて問い直す必要がある。そうしたときに、「芦田路線」の意義やそれが抱える問題点を振り返る意味は決して小さくないように思われるのである。

註

（1）こうした捉え方に関しては、たとえば、戦間期のアメリカの国際法学者の議論を中心にその思想史的系譜を明らかにした、篠原初枝『戦争の法から平和の法へ――戦間期アメリカ国際法学者』（東京大学出版会、二〇〇三年）、同じく戦間期のアメリカを対象として戦争違法化思想のあり様を、とくにサーモン・O・レヴィンソン（Salmon O. Levinson）に即して分析した、三牧聖子『戦争違法化運動の時代――「危機の20年」のアメリカ国際関係思想』（名古屋大学出版会、二〇一四年）、国際法学と国際政治学の二項対立の図式を批判的に再考し、戦間期国際法学のなかから国際政治学的思考が成立していく過程を明らかにした、西平等『法と力――戦間期国際秩序思想の系譜』（名古屋大学出版会、二〇一八年）を参照。

（2）酒井哲哉「国際政治論のなかの丸山眞男――大正平和論と戦後現実主義のあいだ」（『思想』第九八八号、二〇〇六年八月）八～一三頁を参照。

（3）前掲、宮崎隆次「日本における『戦後デモクラシー』の固定化」一六〇～一六三、一七二～一七五頁を参照。

（4）五百旗頭真編『戦後日本外交史』第三版補訂版（有斐閣、二〇一四年）三〇五～三〇八頁を参照。

表一覧

条約局		通商局		情報部		文化事業部		調査部／局	
局長 1				部長					
1		0		0		0		0	
9.0		0.0		0.0		0.0		0.0	

州										米州				アジア					
土国		蘭国		瑞西		その他		連盟*		米国		中南米		中国		満洲		その他	
								1						2					
		1		1													2		
										1	1						2		
				1		1								2					
				2										1	1		2		
0	0	1	0	4	0	1	0	1	0	1	1	0	0	5	1	0	6	0	0
0.0	0.0	2.1	0.0	8.6	0.0	2.1	0.0	2.1	0.0	2.1	2.1	0.0	0.0	10.8	2.1	0.0	13.0	0.0	0.0
0.0		2.1		10.8		2.1		2.1		4.3		0.0		13.0		13.0		0.0	
										4.3		0.0		26.0					
												0.0		26.0					

場合は以下の内容を示している。

表１－１　国際連盟帝国事務局長就任者の本省勤務経験

	本省部局		大臣官房		政務局		地域局					
							亜細亜／東亜局		欧米／欧亜局		亜米利加局	
	課長以上	課長未満										
在職期間	事務局長	合格年次										
1921/8/22～25/9/30	松田道一	1901※1		3	1							
26/6/23～27/1/15	杉村陽太郎	1908				1						
27/1/15～30/12/5	佐藤尚武	1905										
30/12/5～34/9/25	沢田節蔵	1908	2			1		1				
35/1/8～37/4/28	堀田正昭	1910							局長			
37/4/28～39/9/30	天羽英二	1912								1		
合計	6		5		3		1		1		0	
歴任率(%)			45.4		27.2		9.0		9.0		0.0	

網掛けは局部長経験を示しており，集計から除外している。

表１－２　国際連盟帝国事務局長就任者の在外勤務経験

	勤務地域		欧											
	勤務国		英国		仏国		白国		独国		伊国		露国	
	大・公使館	領事館												
在職期間	事務局長	合格年次												
1921/8/22～25/9/30	松田道一	1901※1			1		2							
26/6/23～27/1/15	杉村陽太郎	1908			3	1								
27/1/15～30/12/5	佐藤尚武	1905			2								3	
30/12/5～34/9/25	沢田節蔵	1908	3											
35/1/8～37/4/28	堀田正昭	1910			1				2		2			
37/4/28～39/9/30	天羽英二	1912	2	1									2	
合計	6		5	1	7	1	2	0	2	0	2	0	5	0
勤務国・業務区分別歴任率(%)			10.8	2.1	15.2	2.1	4.3	0.0	4.3	0.0	4.3	0.0	10.8	0.0
勤務国別歴任率(%)			13.0		17.3		4.3		4.3		4.3		10.8	
勤務地域別歴任率①(%)			69.5											
勤務地域別歴任率②(%)			73.9											
大・公使館勤務(%)			78.2											
領事館勤務(%)			21.7											

合格年次は，無印の場合は外交官及領事官試験(高等試験外交科を含む)に合格した年を表記しており，その横に※がある
※試補制度以前の出仕者・入省者
※１試補制度による入省者
※２文官高等試験合格者
※３高等試験行政科合格者
連盟の横の＊は以下の内容を示している。
国際連盟帝国事務局(1933年10月に国際会議帝国事務局に改称)
これらの点は，以下の表でも同じである。

条約局		通商局		情報部		文化事業部		調査部／局	
			1						
1									
	1	1							
1	2	2							
5		4		0		0		0	
35.7		28.5		0.0		0.0		0.0	

州										米州				アジア					
土国		蘭国		瑞西		その他		連盟*		米国		中南米		中国		満洲		その他	
						2													
														2					
		1		1										1					
							1												
								3							1		2		
												2			1				
						1		1											
0	0	1	0	1	0	3	1	4	0	0	0	2	0	3	2	0	2	0	0
0.0	0.0	2.1	0.0	2.1	0.0	6.3	2.1	8.5	0.0	0.0	0.0	4.2	0.0	6.3	4.2	0.0	4.2	0.0	0.0
0.0		2.1		2.1		8.5		8.5		0.0		4.2		10.6		4.2		0.0	
										0.0		4.2		14.8				0.0	
												4.2		14.8					

表２－１　国際連盟帝国事務局次長就任者の本省勤務経験

			大臣官房		政務局		地域局					
	本省部局						亜細亜／東亜局		欧米／欧亜局		亜米利加局	
	課長以上	課長未満										
在職期間	事務局次長	合格年次										
1921/8/22～23/12/27	奥山清治	1904	1									
23/12/27～26/6/23	杉村陽太郎	1908				1						
27/5/18～33/11/2	伊藤述史	1909										
33/11/2～36/12/8	横山正幸	1915								1		
37/4/5～38/10/5	宇佐美珍彦	1918※3										
38/10/5～40/6/14	柳井恒夫	1919					1	1				
40/6/15～41/4/12	小林亀久雄	1918※3										
合計	7		1		1		2		1		0	
歴任率(%)			7.1		7.1		14.2		7.1		0.0	

表２－２　国際連盟帝国事務局次長就任者の在外勤務経験

	勤務地域		欧											
	勤務国		英国		仏国		白国		独国		伊国		露国	
	大・公使館	領事館												
在職期間	事務局次長	合格年次												
1921/8/22～23/12/27	奥山清治	1904												
23/12/27～26/6/23	杉村陽太郎	1908			3	1								
27/5/18～33/11/2	伊藤述史	1909			3	1			1		2			
33/11/2～36/12/8	横山正幸	1915			5		1							
37/4/5～38/10/5	宇佐美珍彦	1918※3			2									
38/10/5～40/6/14	柳井恒夫	1919			3		1		2					
40/6/15～41/4/12	小林亀久雄	1918※3			2		1							
合計	7		0	0	18	2	3	0	3	0	2	0	0	0
勤務国・業務区分別歴任率(%)			0.0	0.0	38.2	4.2	6.3	0.0	6.3	0.0	4.2	0.0	0.0	0.0
勤務国別歴任率(%)			0.0		41.6		6.3		6.3		4.2		0.0	
勤務地域別歴任率①(%)			80.8											
勤務地域別歴任率②(%)			80.8											
大・公使館勤務(%)			85.1											
領事館勤務(%)			14.8											

条約局長	通商局長	情報部長	文化事業部長	調査部／局長
	1			
	1			
	1			
	1			
	1			
	1			
	1			
				1
		1		
	1			
1				
1				
2	8	1	0	1

表3－1　次官就任者の本省局部長経験

	本省部局		政務局長	地域局		
				亜細亜／東亜局長	欧米／欧亜局長	亜米利加局長
在職期間	外務次官	合格年次				
1886/3/4～89/12/24	青木周蔵	1873※				
89/12/26～91/6/15	岡部長職	1886※				
91/6/15～95/5/21	林董	1871※				
95/5/21～96/6/11	原敬	1882※				
96/6/11～98/9/13	小村寿太郎	1884※	1			
98/9/13～98/11/8	鳩山和夫	1885※				
98/11/8～99/4/20	都筑馨六	1886※				
99/6/17～1900/6/16	高平小五郎	1876※				
1900/6/16～00/10/19	浅田徳則	1874※				
00/10/22～01/9/21	内田康哉	1887※1	1			
01/11/27～08/6/6	珍田捨巳	1886※1				
08/6/6～12/5/8	石井菊次郎	1890※1				
12/5/8～13/2/1	倉知鉄吉	1896※2	1			
13/2/1～15/10/29	松井慶四郎	1889※1				
15/10/29～19/9/11	幣原喜重郎	1896				
19/9/11～22/12/23	埴原正直	1898	1			
22/12/23～23/9/26	田中都吉	1898				
23/9/26～24/12/18	松平恒雄	1902			1	
24/12/18～28/7/24	出淵勝次	1902		1		
28/7/24～30/12/6	吉田茂	1906				
30/12/6～32/5/10	永井松三	1902				
32/5/10～33/5/16	有田八郎	1909		1		
33/5/16～36/4/10	重光葵	1911				
36/4/10～38/10/15	堀内謙介	1911				1
38/10/15～39/9/26	沢田廉三	1914				
39/9/26～40/7/25	谷正之	1913		1		
40/11/12～41/7/21	大橋忠一	1918				
41/8/15～41/10/21	天羽英二	1912				
41/10/21～42/9/1	西春彦	1918			1	
42/9/18～42/11/1	山本熊一	1919※3		1		
42/11/1～44/10/21	松本俊一	1919※3				
44/10/21～45/5/13	沢田廉三	1914				
45/5/13～45/9/25	松本俊一	1919※3				
合計	33		4	4	2	1

局					
亜米利加局	条約局	通商局	情報部	文化事業部	調査部／局
		1	1		
	1				
		1			
		1			
		1	1		1
	2				
	2				
0	5	4	2	0	1

表3－2　次官就任者の本省課長経験

本省部局			大臣官房	政務局	地域	
					亜細亜／東亜局	欧米／欧亜局
在職期間	外務次官	合格年次				
1886/3/4～89/12/24	青木周蔵	1873※	1			
89/12/26～91/6/15	岡部長職	1886※				
91/6/15～95/5/21	林董	1871※				
95/5/21～96/6/11	原敬	1882※				
96/6/11～98/9/13	小村寿太郎	1884※				
98/9/13～98/11/8	鳩山和夫	1885※				
98/11/8～99/4/20	都筑馨六	1886※				
99/6/17～1900/6/16	高平小五郎	1876※				
1900/6/16～00/10/19	浅田徳則	1874※				
00/10/22～01/9/21	内田康哉	1887※1	1			
01/11/27～08/6/6	珍田捨巳	1886※1	1			
08/6/6～12/5/8	石井菊次郎	1890※1	1			
12/5/8～13/2/1	倉知鉄吉	1896※2				
13/2/1～15/10/29	松井慶四郎	1889※1				
15/10/29～19/9/11	幣原喜重郎	1896	1			
19/9/11～22/12/23	埴原正直	1898	1			
22/12/23～23/9/26	田中都吉	1898				
23/9/26～24/12/18	松平恒雄	1902				
24/12/18～28/7/24	出淵勝次	1902		1		
28/7/24～30/12/6	吉田茂	1906				
30/12/6～32/5/10	永井松三	1902	1			
32/5/10～33/5/16	有田八郎	1909				
33/5/16～36/4/10	重光葵	1911				
36/4/10～38/10/15	堀内謙介	1911		1		1
38/10/15～39/9/26	沢田廉三	1914	1			
39/9/26～40/7/25	谷正之	1913			2	
40/11/12～41/7/21	大橋忠一	1918				
41/8/15～41/10/21	天羽英二	1912				
41/10/21～42/9/1	西春彦	1918				1
42/9/18～42/11/1	山本熊一	1919※3				
42/11/1～44/10/21	松本俊一	1919※3	1			
44/10/21～45/5/13	沢田廉三	1914	1			
45/5/13～45/9/25	松本俊一	1919※3	1			
合計	33		11	2	2	2

州										米	州			ア	ジ	ア					
土国		蘭国		瑞西		その他		連盟*		米国		中南米		中国		満洲		朝鮮		その他	
														1							
														1				1			
		1								1	1				1			1			
										1											
										1				2							
		1									2	1			1				1		
														2					1		
										3				2				3			
		1	1							1									2		
										4	1			1				1			
										1	3								1		2
														1	1						
										2				1	1						
															2		3				
						1				1	3										
						1					2			1	1		2			1	
											1			3	1						
										1	1			1	1						
											1	2		3							
		1				1				1						1					
										2	2			2		1	2				
				3				1						1	1		2				
											1				1		1				
1																2					
			1					2						1							
											1	2		3						1	
			1					2						1							
1	0	4	3	3	0	3	0	5	0	19	19	5	0	27	11	4	10	6	5	2	2
0.5	0.0	2.0	1.5	1.5	0.0	1.5	0.0	2.5	0.0	9.6	9.6	2.5	0.0	13.7	5.5	2.0	5.0	3.0	2.5	1.0	1.0
0.5		3.5		1.5		1.5		2.5		19.2		2.5		19.2		7.1		5.5		2.0	
										19.2		2.5		26.3				5.5		2.0	
												2.5		34.0							

表３－３　次官就任者の在外勤務経験

	勤務地域		欧											
	勤務国		英国		仏国		白国		独国		伊国		露国	
	大・公使館	領事館												
在職期間	外務次官	合格年次												
1886/3/4～89/12/24	青木周蔵	1873※							2					
89/12/26～91/6/15	岡部長職	1886※	1											
91/6/15～95/5/21	林董	1871※												
95/5/21～96/6/11	原敬	1882※			1									
96/6/11～98/9/13	小村寿太郎	1884※												
98/9/13～98/11/8	鳩山和夫	1885※												
98/11/8～99/4/20	都筑馨六	1886※			1									
99/6/17～1900/6/16	高平小五郎	1876※									1			
1900/6/16～00/10/19	浅田徳則	1874※												
00/10/22～01/9/21	内田康哉	1887※1	2											
01/11/27～08/6/6	珍田捨巳	1886※1											1	
08/6/6～12/5/8	石井菊次郎	1890※1			1									
12/5/8～13/2/1	倉知鉄吉	1896※2							2					
13/2/1～15/10/29	松井慶四郎	1889※1	1		1									
15/10/29～19/9/11	幣原喜重郎	1896	1	1										
19/9/11～22/12/23	埴原正直	1898												
22/12/23～23/9/26	田中都吉	1898												
23/9/26～24/12/18	松平恒雄	1902	3		1									
24/12/18～28/7/24	出淵勝次	1902							3					
28/7/24～30/12/6	吉田茂	1906	1								1			
30/12/6～32/5/10	永井松三	1902	1				1							
32/5/10～33/5/16	有田八郎	1909	1	1										
33/5/16～36/4/10	重光葵	1911	2						2					
36/4/10～38/10/15	堀内謙介	1911	3	1										
38/10/15～39/9/26	沢田廉三	1914	2		3									
39/9/26～40/7/25	谷正之	1913			2					1				
40/11/12～41/7/21	大橋忠一	1918												
41/8/15～41/10/21	天羽英二	1912	2	1							1		2	
41/10/21～42/9/1	西春彦	1918											4	
42/9/18～42/11/1	山本熊一	1919※3	1											
42/11/1～44/10/21	松本俊一	1919※3			2		1							
44/10/21～45/5/13	沢田廉三	1914	2		4									
45/5/13～45/9/25	松本俊一	1919※3			2		1							
合計	33		23	4	18	0	3	0	9	1	3	0	7	0
勤務国別・業務区分別歴任率(%)			11.6	2.0	9.1	0.0	1.5	0.0	4.5	0.5	1.5	0.0	3.5	0.0
勤務国別歴任率(%)			13.7		9.1		1.5		5.0		1.5		3.5	
勤務地域別歴任率①(%)													44.1	
勤務地域別歴任率②(%)														63.4
大・公使館勤務(%)			72.0											
領事館勤務(%)			27.9											

条約局		通商局		情報部		文化事業部		調査部／局	
			1						
			1						
			1						
	1							2	
0		2		0		0		0	
0.0		10.0		0.0		0.0		0.0	

表4－1　政務局長就任者の本省勤務経験

本省部局			大臣官房		政務局		地域局 亜細亜／東亜局		欧米／欧亜局		亜米利加局	
	課長以上	課長未満										
在職期間	政務局長	合格年次										
1891/8/16～94/7/28	栗野慎一郎	1881※										
94/7/28～94/12/28	加藤高明	1887※	1	2								
94/12/28～95/10/17	小村寿太郎	1884※										
95/10/22～98/10/29	中田敬義	1876※	2									
98/10/29～98/11/12	早川鉄治	1885※										
98/11/12～1901/9/21	内田康哉	1887※1	1									
1901/12/23～08/6/6	山座円次郎	1892※1				1						
08/6/6～12/5/8	倉知鉄吉	1896※2		1		1						
12/5/8～13/9/2	阿部守太郎	1896※2		3								
13/10/13～16/11/30	小池張造	1896		1								
16/11/30～18/10/29	小幡酉吉	1898										
19/10/29～19/9/11	埴原正直	1898	1									
19/9/11～19/10/23	芳沢謙吉	1899	1		1	2						
42/11/1～45/5/23	上村伸一	1920					1	1				
45/5/23～45/9/28	安東義良	1921							1			
合計	13		13		5		0		0		0	
歴任率(%)			65.0		25.0		0.0		0.0		0.0	

州										米州				アジア							
土国		蘭国		瑞西		その他		連盟*		米国		中南米		中国		満洲		朝鮮		その他	
														1							
														1							
										1				2							
															1			2	3		
														1							
						1					2			1			1	1			
														2							
										4	1				1			1			
														1	3		1				
						1								2							
				2				2						2							
0	0	0	0	0	0	1	0	0	0	5	3	0	0	9	5	0	2	4	3	0	0
0.0	0.0	0.0	0.0	0.0	0.0	2.0	0.0	0.0	0.0	10.0	6.0	0.0	0.0	18.0	10.0	0.0	4.0	8.0	6.0	0	0
0.0		0.0		0.0		2.0		0.0		16.0		0.0		28.0		4.0		14.0		0.0	
										16.0		0.0		32.0				14.0		0.0	
												0.0		46.0							

表4－2　政務局長就任者の在外勤務経験

	勤務地域		欧											
	勤務国		英国		仏国		白国		独国		伊国		露国	
	大・公使館	領事館												
在職期間	政務局長	合格年次												
1891/8/16～94/7/28	栗野慎一郎	1881※												
94/7/28～94/12/28	加藤高明	1887※	1											
94/12/28～95/10/17	小村寿太郎	1884※												
95/10/22～98/10/29	中田敬義	1876※	2											
98/10/29～98/11/12	早川鉄冶	1885※												
98/11/12～1901/9/21	内田康哉	1887※1	2											
1901/12/23～08/6/6	山座円次郎	1892※1	2											
08/6/6～12/5/8	倉知鉄吉	1896※2							2					
12/5/8～13/9/2	阿部守太郎	1896※2	1											
13/10/13～16/11/30	小池張造	1896	4											
16/11/30～18/10/29	小幡酉吉	1898	2											
19/10/29～19/9/11	埴原正直	1898												
19/9/11～20/10/23	芳沢謙吉	1899	1	1										
42/11/1～45/5/23	上村伸一	1920	3	1									1	1
45/5/23～45/9/28	安東義良	1921			1						1		1	
合計	13		15	1	0	0	0	0	2	0	0	0	0	0
勤務国別・業務区分別歴任率(%)			30.0	2.0	0.0	0.0	0.0	0.0	4.0	0.0	0.0	0.0	0.0	0.0
勤務国別歴任率(%)			32.0		0.0		0.0		4.0		0.0		0.0	
勤務地域別歴任率①(%)			38.0											
勤務地域別歴任率②(%)			54.0											
大・公使館勤務(%)			72.0											
領事館勤務(%)			28.0											

網掛けは再設置後の就任者であるため，集計から除外している。

局											
亜米利加局		条約局		通商局		情報部		文化事業部		調査部／局	
					1						
							1				
						1					
				1							
					1						
			1	1	1	1					
0		1		5		3		0		0	
0.0		3.8		19.2		11.5		0.0		0.0	

州										米　州				ア　ジ　ア					
土　国		蘭　国		瑞　西		その他		連盟*		米　国		中南米		中　国		満　洲		その他	
														1	3		1		
										2				1	1				1
										2									
										1	2			1	1		2	1	
		1								1									
										1	3				3		1		1
										2							2		
										1	1	2			3		1	1	
						3									2	1	3		
														3	3				
1																2			
1	0	1	0	0	0	3	0	0	0	10	6	2	0	6	16	3	10	2	2
1.2	0.0	1.2	0.0	0.0	0.0	3.8	0.0	0.0	0.0	12.8	7.6	2.5	0.0	7.6	20.5	3.8	12.8	2.5	2.5
1.2		1.2		0.0		3.8		0.0		20.5		2.5		28.2		16.6		5.1	
										20.5		2.5		44.8				5.1	
												2.5		50.0					

表5－1　亜細亜／東亜局長就任者の本省勤務経験

	本省部局		大臣官房		政務局		地域 亜細亜／東亜局		地域 欧米／欧亜局	
	課長以上	課長未満								
在職期間	亜細亜／東亜局長	合格年次								
1920/10/23～23/5/31	芳沢謙吉	1899	1		1	2				
23/5/31～24/12/18	出淵勝次	1902			1					
25/2/10～27/9/13	木村鋭市	1908			1	1	1			
27/9/13～30/10/31	有田八郎	1909				1				
30/10/31～33/8/1	谷正之	1913					2	1		
33/8/1～37/1/27	桑島主計	1911							1	1
37/4/5～37/5/11	森島守人	1919						1		
37/5/11～38/11/9	石射猪太郎	1915								
38/11/9～39/10/16	栗原正	1915	1					1		
39/10/18～40/9/2	堀内干城	1918								
40/9/2～42/9/18	山本熊一	1919※3								
合計	11		2		7		6		2	
歴任率(%)			7.6		26.9		23.0		7.7	

表5－2　亜細亜／東亜局長就任者の在外勤務経験

	勤務地域		欧											
	勤務国		英国		仏国		白国		独国		伊国		露国	
	大・公使館	領事館												
在職期間	亜細亜／東亜局長	合格年次												
1920/10/23～23/5/31	芳沢謙吉	1899	1	1										
23/5/31～24/12/18	出淵勝次	1902							3					
25/2/10～27/9/13	木村鋭市	1908			1		1							
27/9/13～30/10/31	有田八郎	1909		1										
30/10/31～33/8/1	谷正之	1913			2					1				
33/8/1～37/1/27	桑島主計	1911												
37/4/5～37/5/11	森島守人	1919												
37/5/11～38/11/9	石射猪太郎	1915	1											
38/11/9～39/10/16	栗原正	1915				1	1							
19/10/18～40/9/2	堀内干城	1918	1											
40/9/2～42/9/18	山本熊一	1919※3	1											
合計	11		4	2	3	1	2	0	3	1	0	0	0	0
勤務国別・業務区分別歴任率(%)			5.1	2.5	3.8	1.2	2.5	0.0	3.8	1.2	0.0	0.0	0.0	0.0
勤務国別歴任率(%)			7.6		5.1		2.5		5.1		0.0		0.0	
勤務地域別歴任率①(%)			26.9											
勤務地域別歴任率②(%)			47.4											
大・公使館勤務(%)			51.2											
領事館勤務(%)			48.7											

局											
亜米利加局		条約局		通商局		情報部		文化事業部		調査部／局	
				1		2					
				1	1						
				1							
				1							
		1	2		1						
			1							2	
0		4		6		2		0		2	
0.0		19.0		28.5		9.5		0.0		9.5	

州										米州				アジア					
土国		蘭国		瑞西		その他		連盟*		米国		中南米		中国		満洲		その他	
														1	1				
										1				1					
														2					
						1											2		
				2						1							1		
											1			1	1				
											1				1		1		
								3		1									
				2				2						2					
0	0	0	0	4	0	1	0	5	0	3	2	0	0	7	3	0	4	0	0
0.0	0.0	0.0	0.0	6.4	0.0	1.6	0.0	8.0	0.0	4.8	3.2	0.0	0.0	11.2	4.8	0.0	6.4	0.0	0.0
0.0		0.0		6.4		1.6		8.0		8.0		0.0		16.0		6.4		0.0	
										8.0		0.0		22.5				0.0	
												0.0		22.5					

表6－1　欧米／欧亜局長就任者の本省勤務経験

	本省部局		大臣官房		政務局		地域 亜細亜／東亜局		地域 欧米／欧亜局	
	課長以上	課長未満								
在職期間	欧米／欧亜局長	合格年次								
1920/11/13～23/9/26	松平恒雄	1902								
23/9/26～26/11/22	広田弘毅	1906								
26/11/22～31/1/17	堀田正昭	1910	1							
31/1/17～32/11/7	松島肇	1907		1						
33/2/1～37/10/27	東郷茂徳	1912							1	1
37/10/27～39/6/6	井上庚二郎	1917						1		
39/6/6～40/9/12	西春彦	1918							1	
40/9/12～42/5/29	坂本瑞男	1920								
42/5/29～42/11/1	安東義良	1921							1	
合計	9		2		0		1		4	
歴任率(%)			9.5		0.0		4.7		19.0	

表6－2　欧米／欧亜局長就任者の在外勤務経験

	勤務地域		欧											
	勤務国		英国		仏国		白国		独国		伊国		露国	
	大・公使館	領事館												
在職期間	欧米／欧亜局長	合格年次												
1920/11/13～23/9/26	松平恒雄	1902	3											
23/9/26～26/11/22	広田弘毅	1906	2											
26/11/22～31/1/17	堀田正昭	1910			1				2		2			
31/1/17～32/11/7	松島肇	1907			1								4	1
33/2/1～37/10/27	東郷茂徳	1912							2					
37/10/27～39/6/6	井上庚二郎	1917	1	2					1					
39/6/6～40/9/12	西春彦	1918											3	
40/9/12～42/5/29	坂本瑞男	1920			2		1				2			
42/5/29～42/11/1	安東義良	1921			1						1		1	
合計	9		6	2	5	0	1	0	5	0	5	0	8	1
勤務国・業務区分別歴任率(%)			9.6	3.2	8.0	0.0	1.6	0.0	8.0	0.0	8.0	0.0	12.9	1.6
勤務国別歴任率(%)			12.8		8.0		1.6		8.0		8.0		14.5	
勤務地域別歴任率①(%)														69.3
勤務地域別歴任率②(%)														77.4
大・公使館勤務(%)			80.6											
領事館勤務(%)			19.3											

局											
亜米利加局		条約局		通商局		情報部		文化事業部		調査部／局	
			1								1
0		1		0		0		0		1	
0.0		12.5		0.0		0.0		0.0		12.5	

欧州														米州			
伊国		露国		土国		蘭国		瑞西		その他		連盟*		米国		中南米	
1 2										1				1 2 1	1 1 2		
3	0	0	0	0	0	0	0	0	0	1	0	0	0	4	3	0	0
10.0	0.0	0.0	0.0	0.0	0.0	0.0	0.0	0.0	0.0	3.3	0.0	0.0	0.0	13.3	10.0	0.0	0.0
10.0		0.0		0.0		0.0		0.0		3.3		0.0		23.3		0.0	
56.6														23.3		0.0	
80.0																0.0	

表７－１　亜米利加局長就任者の本省勤務経験

	本省部局		大臣官房		政務局		地域 亜細亜／東亜局		地域 欧米／欧亜局	
	課長以上	課長未満								
在職期間	亜米利加局長	合格年次								
1934/6/1～36/4/10	堀内謙介	1911				1			1	
36/5/30～37/4/5	岡本季正	1918	1						1	1
37/4/5～40/9/12	吉沢清次郎	1917								1
40/9/12～41/10/28	寺崎太郎	1921								
合計	4		1		1		0		4	
歴任率(%)			12.5		12.5		0.0		50.0	

表７－２　亜米利加局長就任者の在外勤務経験

	勤務地域									
	勤務国		英国		仏国		白国		独国	
	大・公使館	領事館								
在職期間	亜米利加局長	合格年次								
1934/6/1～36/4/10	堀内謙介	1911	3	1						
36/5/30～37/4/5	岡本季正	1918	2							
37/4/5～40/9/12	吉沢清次郎	1917	2						1	
40/9/12～41/10/28	寺崎太郎	1921	2		1		1			
合計	4		9	1	1	0	1	0	1	0
勤務国・業務区分別歴任率(%)			30.0	3.3	3.3	0.0	3.3	0.0	3.3	0.0
勤務国別歴任率(%)			33.3		3.3		3.3		3.3	
勤務地域別歴任率①(%)										
勤務地域別歴任率②(%)										
大・公使館勤務(%)			73.3							
領事館勤務(%)			26.6							

条約局		通商局		情報部		文化事業部		調査部／局	
3									
1	2								
2	2								
	1							2	
	1								
12		0		0		0		2	
34.2		0.0		0.0		0.0		5.7	

州										米州				アジア							
土国		蘭国		瑞西		その他		連盟*		米国		中南米		中国		満洲		その他	
		4				1															
										2											
											1			1	1						
		1						1													
										1							1				
								1													
			1					2						1							
				2				2						2							
					1			1				3									
				1		1		1				2		1							
0	0	5	1	3	1	2	0	8	0	3	1	5	0	5	1	0	1	0	0		
0.0	0.0	6.1	1.2	3.7	1.2	2.4	0.0	9.8	0.0	3.7	1.2	6.1	0.0	6.1	1.2	0.0	1.2	0.0	0.0		
0.0		7.4		4.9		2.4		9.8		4.9		6.1		7.4		1.2		0.0			
										4.9		6.1		8.6				0.0			
												6.1		8.6							

表８－１　条約局長就任者の本省勤務経験

			大臣官房		政務局		地域局					
	本省部局						亜細亜／東亜局		欧米／欧亜局		亜米利加局	
	課長以上	課長未満										
在職期間	条約局長	合格年次										
1919/7/2～20/9/25	松田道一	1901※2		3	1							
20/9/25～25/8/10	山川端夫	1898※2										
25/8/20～26/6/21	長岡春一	1900※2	1	1		1						
26/8/27～27/8/13	佐分利貞男	1905	1			2						
27/11/25～30/10/31	松永直吉	1908	1									
30/10/31～33/5/26	松田道一	1901※2		3	1							
33/5/26～37/5/4	栗山茂	1913										
37/5/4～40/9/5	三谷隆信	1916※2	1									
40/9/5～42/11/1	松本俊一	1919※3	1									
42/11/1～44/8/23	安東義良	1921							1			
44/11/18～45/6/20	柳井恒夫	1919					1	1				
45/6/20～45/9/28	渋沢信一	1922									1	
合計	12		12		5		2		1		1	
歴任率(%)			34.2		14.2		5.7		2.8		2.8	

表８－２　条約局長就任者の在外勤務経験

	勤務地域		欧											
	勤務国		英国		仏国		白国		独国		伊国		露国	
	大・公使館	領事館												
在職期間	条約局長	合格年次												
1919/7/2～20/9/25	松田道一	1901※2					2							
20/9/25～25/8/10	山川端夫	1898※2												
25/8/20～26/6/21	長岡春一	1900※2			3		1		1				1	
26/8/27～27/8/13	佐分利貞男	1905			4									
27/11/25～30/10/31	松永直吉	1908		1					1	1				
30/10/31～33/5/26	松田道一	1901※2			2		2				1			
33/5/26～37/5/4	栗山茂	1913			6	1								
37/5/4～40/9/5	三谷隆信	1916※2			4									
40/9/5～42/11/1	松本俊一	1919※3			2		1							
42/11/1～44/8/23	安東義良	1921			1						1		1	
44/11/18～45/6/20	柳井恒夫	1919			3		1		2					
45/6/20～45/9/28	渋沢信一	1922			2									
合計	12		0	1	27	1	7	0	4	1	2	0	2	0
勤務国・業務区分別歴任率(%)			0.0	1.2	33.3	1.2	8.6	0.0	4.9	1.2	2.4	0.0	2.4	0.0
勤務国別歴任率(%)			1.2		34.5		8.6		6.1		2.4		2.4	
勤務地域別歴任率①(%)			80.2											
勤務地域別歴任率②(%)			85.1											
大・公使館勤務(%)			91.3											
領事館勤務(%)			8.6											

条約局		通商局		情報部		文化事業部		調査部／局	
			1						
			2						
		1	1						
		1	1						
			1						
		2	1	1					
		2	1						
		2	3						
	1	1	2	1				1	
	1	2	1					1	
	1	2	1						
	1								
								1	
4		28		2		0		3	
7.8		54.9		3.9		0.0		5.8	

表9－1　通商局長就任者の本省勤務経験

	本省部局		大臣官房		政務局		地域局					
							亜細亜／東亜局		欧米／欧亜局		亜米利加局	
	課長以上	課長未満										
在職期間	通商局長	合格年次										
1886/3/3～89/12/26	浅田徳則	1874※										
90/2/25～91/7/24	河上謹一	1885※										
91/8/16～92/8/13	安藤太郎	1871※										
92/8/13～95/5/22	原敬	1882※										
95/5/22～97/4/7	藤井三郎	1885※										
97/4/7～97/11/5	高田早苗	政治任用										
97/11/30～98/7/13	内田康哉	1887※1	1									
98/7/13～98/11/12	重岡薫五郎	政治任用										
98/12/9～99/6/1	林権助	1887※1										
99/6/1～1904/11/26	杉村濬	1880※	1									
1904/11/26～08/9/9	石井菊次郎	1890※1	1									
08/9/9～11/5/26	萩原守一	1895										
08/9/9～16/10/13	坂田重次郎	1896				1						
16/10/13～18/6/29	中村巍	1897										
18/6/29～18/10/29	埴原正直	1898	1									
19/1/8～21/10/12	田中都吉	1898										
22/7/1～24/5/7	永井松三	1902	1									
24/9/8～26/8/27	佐分利貞男	1905	1			2						
26/8/27～27/7/27	斎藤良衛	1910								1		
27/7/27～32/11/22	武富敏彦	1910										
32/11/22～36/4/10	来栖三郎	1909										
36/4/10～39/11/25	松島鹿夫	1913※2										
39/11/25～40/9/2	山本熊一	1919※3										
40/9/2～42/5/29	水野伊太郎	1919※3										
42/5/29～42/10/29	新納克己	1921※3										
42/11/1～45/6/20	渋沢信一	1922									1	
45/6/20～46/1/26	井上孝治郎	1927	1							2		
合計	27		7		3		0		3		1	
歴任率(%)			13.7		5.8		0.0		5.8		1.9	

州										米州				アジア							
土国		蘭国		瑞西		その他		連盟*		米国		中南米		中国		満洲		朝鮮		その他	
										1											
											1				1						
											1										1
															1						
											3										
										1				2							
														1	2				1		
																		3	3		
																			1		
																	1	2	1		
										1									2		
										2	1				1				1		
										4	1				1			1			
										1	3								1		2
										1	3										
										2											
										1					3						
										2	1	2									
						1					3	2			1						1
						2										1					
	1															2					
						2															
																					1
				1		1		1				2			1	1					
						1						1									
1	0	0	0	1	0	7	0	1	0	16	17	7	0	3	11	4	1	6	10	0	5
0.7	0.0	0.0	0.0	0.7	0.0	5.5	0.0	0.7	0.0	12.6	13.4	5.5	0.0	2.3	8.7	3.1	0.7	4.7	7.9	0.0	3.9
0.7		0.0		1.0		5.5		0.7		26.1		5.5		11.1		3.9		12.6		3.9	
										26.1		5.5		15.0				12.6		3.9	
												5.5		31.7							

表9－2　通商局長就任者の在外勤務経験

	勤務地域		欧											
	勤務国		英国		仏国		白国		独国		伊国		露国	
	大・公使館	領事館												
在職期間	通商局長	合格年次												
1886/3/3～89/12/26	浅田徳則	1874*												
90/2/25～91/7/24	河上謹一	1885*												
91/8/16～92/8/13	安藤太郎	1871*												
92/8/13～95/5/22	原敬	1882*			1									
95/5/22～97/4/7	藤井三郎	1885*												
97/4/7～97/11/5	高田早苗	政治任用												
97/11/30～98/7/13	内田康哉	1887*1	2											
98/7/13～98/11/12	重岡薫五郎	政治任用												
98/12/9～99/6/1	林権助	1887*1	1	1										
99/6/1～1904/11/26	杉村濬	1880*		1										
1904/11/26～08/9/9	石井菊次郎	1890*1	1											
08/9/9～11/5/26	萩原守一	1895					1		1					
08/9/9～16/10/13	坂田重次郎	1896	2	1										
16/10/13～18/6/29	中村巍	1897		2										
18/6/29～18/10/29	埴原正直	1898												
19/1/8～21/10/12	田中都吉	1898												
22/7/1～24/5/7	永井松三	1902	1											
24/9/8～26/8/27	佐分利貞男	1905			4									
26/8/27～27/7/27	斎藤良衛	1910		1										
27/7/27～32/11/22	武富敏彦	1910			1									
32/11/22～36/4/10	来栖三郎	1909								1	1			
36/4/10～39/11/25	松島鹿夫	1913*2			1									
39/11/25～40/9/2	山本熊一	1919*3	1											
40/9/2～42/5/29	水野伊太郎	1919*3			1		2							
42/5/29～42/10/29	新納克己	1921*3	2	1										
42/11/1～45/6/20	渋沢信一	1922			2									
45/6/20～46/1/26	井上孝治郎	1927	2		1									
合計	27		12	7	11	0	3	0	1	1	1	0	0	0
勤務国・業務区分別歴任率(%)			9.5	5.5	8.7	0.0	2.3	0.0	0.7	0.7	0.7	0.0	0.0	0.0
勤務国別歴任率(%)			15.0		8.7		2.3		1.5		0.7		0.0	
勤務地域別歴任率①(%)													36.5	
勤務地域別歴任率②(%)														62.6
大・公使館勤務(%)			58.7											
領事館勤務(%)			41.2											

条約局		通商局		情報部		文化事業部		調査部／局	
		1	1						
				1	1				
			2	1					
	1								
1		2		3		0		0	
6.2		12.5		18.7		0.0		0.0	

州										米州				アジア							
土国		蘭国		瑞西		その他		連盟*		米国		中南米		中国		満洲		その他	
														1	4				2
										1	3							2	1
														1	1				
										2				1	1				
										2	3								
										2				1					1
				2											1		2		
										2					2				
										1				3	2				
0	0	0	0	2	0	0	0	0	0	7	3	0	0	4	5	0	2	0	1
0.0	0.0	0.0	0.0	5.2	0.0	0.0	0.0	0.0	0.0	18.4	7.8	0.0	0.0	10.5	13.1	0.0	5.2	0.0	2.6
0.0		0.0		5.2		0.0		0.0		26.3		0.0		23.6		5.2		2.6	
										26.3		0.0		28.9				2.6	
												0.0		31.5					

表10－1　情報部長就任者の本省勤務経験

	本省部局		大臣官房		政務局		地域局					
							亜細亜／東亜局		欧米／欧亜局		亜米利加局	
	課長以上	課長未満										
在職期間	情報部長	合格年次										
1921/8/13～22/9/8	伊集院彦吉	1890※1										
22/12/23～23/9/26	田中都吉	1898										
23/9/26～24/12/18	松平恒雄	1902										
24/12/18～27/6/23	出淵勝次	1902			1							
27/6/23～29/1/17	小村欣一	1907			1	2		1		1		
29/1/17～30/10/31	斎藤博	1910										
30/10/31～33/6/2	白鳥敏夫	1913	1			1				1		
33/6/2～37/4/28	天羽英二	1912								1		
37/4/28～39/10/18	河相達夫	1918										
39/10/18～40/12/6	須磨弥吉郎	1919								1		
合計	6		1		4		1		4		0	
歴任率(%)			6.2		25.0		6.2		25.0		0.0	

表10－2　情報部長就任者の在外勤務経験

	勤務地域		欧											
	勤務国		英国		仏国		白国		独国		伊国		露国	
	大・公使館	領事館												
在職期間	情報部長	合格年次												
1921/8/13～22/9/8	伊集院彦吉	1890※1	2								1			
22/12/23～23/9/26	田中都吉	1898												
23/9/26～24/12/18	松平恒雄	1902	3		1									
24/12/18～27/6/23	出淵勝次	1902							3					
27/6/23～29/1/17	小村欣一	1907	2											
29/1/17～30/10/31	斎藤博	1910	2											
30/10/31～33/6/2	白鳥敏夫	1913							1					
33/6/2～37/4/28	天羽英二	1912	2	1									2	
37/4/28～39/10/18	河相達夫	1918		1										
39/10/18～40/12/6	須磨弥吉郎	1919	2						1					
合計	6		8	2	0	0	0	0	2	0	0	0	2	0
勤務国・業務区分別歴任率(%)			22.2	5.2	0.0	0.0	0.0	0.0	5.2	0.0	0.0	0.0	5.2	0.0
勤務国別歴任率(%)			26.3		0.0		0.0		5.2		0.0		5.2	
勤務地域別歴任率①(%)													42.1	
勤務地域別歴任率②(%)													68.4	
大・公使館勤務(%)			65.7											
領事館勤務(%)			34.2											

網掛けは兼任者であるため，集計から除外している。

局											
亜米利加局		条約局		通商局		情報部		文化事業部		調査部／局	
				1							
	1 2	2 2									
0		0		1		0		0		0	
0.0		0.0		11.1		0.0		0.0		0.0	

州										米州				アジア					
土国		蘭国		瑞西		その他		連盟*		米国		中南米		中国		満洲		その他	
						2	1			1 1	1				1		3 2		1
		1						1 2						1					
0	0	0	0	0	0	2	1	0	0	2	1	0	0	0	1	0	5	0	1
0.0	0.0	0.0	0.0	0.0	0.0	8.6	4.3	0.0	0.0	8.6	4.3	0.0	0.0	0.0	4.3	0.0	21.7	0.0	4.3
0.0		0.0		0.0		13.0		0.0		13.0		0.0		4.3		21.7		4.3	
										13.0		0.0		26.0				4.3	
												0.0		30.4					

表11－1　文化事業部長就任者の本省勤務経験

	本省部局		大臣官房		政務局		地域			
							亜細亜／東亜局		欧米／欧亜局	
	課長以上	課長未満								
在職期間	文化事業部長	合格年次								
1927/6/23～29/2/14	岡部長景	1909				2	1			
29/2/14～34/7/10	坪上貞二	1912	1				2			
34/7/13～38/3/26	岡田兼一	1916								
38/3/26～38/12/17	蜂谷輝雄	1919								2
38/12/17～40/9/5	三谷隆信	1916※2								
40/9/5～40/12/6	松本俊一	1919※3								
合計	4		1		2		3		2	
歴任率(%)			11.1		22.2		33.3		22.2	

表11－2　文化事業部長就任者の在外勤務経験

	勤務地域		欧											
	勤務国		英国		仏国		白国		独国		伊国		露国	
	大・公使館	領事館												
在職期間	文化事業部長	合格年次												
1927/6/23～29/2/14	岡部長景	1909	2											
29/2/14～34/7/10	坪上貞二	1912	2											1
34/7/13～38/3/26	岡田兼一	1916	1											
38/3/26～38/12/17	蜂谷輝雄	1919	1	1						2				
38/12/17～40/9/5	三谷隆信	1916※			4									
40/9/5～40/12/6	松本俊一	1919※2			2		1							
合計	4		6	1	0	0	0	0	0	2	0	0	0	1
勤務国・業務区分別歴任率(%)			26.0	4.3	0.0	0.0	0.0	0.0	0.0	8.6	0.0	0.0	0.0	4.3
勤務国別歴任率(%)			30.4		10.5		0.0		8.6		0.0		4.3	
勤務地域別歴任率①(%)			56.5											
勤務地域別歴任率②(%)			69.5											
大・公使館勤務(%)			43.4											
領事館勤務(%)			56.5											

網掛けは兼任者であるため，集計から除外している。

局											
亜米利加局		条約局		通商局		情報部		文化事業部		調査部／局	
					1					1	1
										1	
											1
										1	
0		0		1		0		0		5	
0.0		0.0		5.2		0.0		0.0		26.3	

州										米州				アジア					
土国		蘭国		瑞西		その他		連盟*		米国		中南米		中国		満洲		その他	
										1	1			1	1				
						2									2	1	3		
																1	1		1
						1												1	1
															2	2		1	
														3	4				1
										2	1			2					1
										2				2	3				2
0	0	0	0	0	0	3	0	0	0	5	2	0	0	8	12	4	4	2	6
0.0	0.0	0.0	0.0	0.0	0.0	4.4	0.0	0.0	0.0	7.4	2.9	0.0	0.0	11.9	17.9	5.9	5.9	2.9	8.9
0.0		0.0		0.0		4.4		0.0		10.4		0.0		29.8		11.9		11.9	
										10.4		0.0		41.7				11.9	
												0.0		53.7					

表12－1　調査部／局長就任者の本省勤務経験

	本省部局		大臣官房		政務局		地域			
							亜細亜／東亜局		欧米欧亜局	
	課長以上	課長未満								
在職期間	調査部／局長	合格年次								
1934/3/31～34/7/13	堀内謙介	1911				1			1	
34/7/13～37/1/9	栗原正	1915	1					1		
37/11/1～39/6/6	米沢菊二	1918※3	1							
39/6/6～40/9/5	松宮順	1916	1							
40/9/5～41/11/8	高瀬真一	1921								
41/11/8～42/11/1	田尻愛義	1921					2	2		
42/11/1～45/4/1	山田芳太郎	1922							1	1
45/4/1～45/8/26	岡崎勝男	1922						1		
合計	8		3		1		6		3	
歴任率(%)			15.7		5.2		31.5		15.7	

表12－2　調査部／局長就任者の在外勤務経験

	勤務地域		欧											
	勤務国		英国		仏国		白国		独国		伊国		露国	
	大・公使館	領事館												
在職期間	調査部／局長	合格年次												
1934/3/31～34/7/13	堀内謙介	1911	3	1										
34/7/13～37/1/9	栗原正	1915				1	1							
37/11/1～39/6/6	米沢菊二	1918※3	2	1										
39/6/6～40/9/5	松宮順	1916	2						3		1			
40/9/5～41/11/8	高瀬真一	1921		1						1				
41/11/8～42/11/1	田尻愛義	1921	1											
42/11/1～45/4/1	山田芳太郎	1922	2											
45/4/1～45/8/26	岡崎勝男	1922	1											
合計	8		11	3	0	1	1	0	3	1	1	0	0	0
勤務国・業務区分別歴任率(%)			16.4	4.4	0.0	1.4	1.4	0.0	4.4	1.4	1.4	0.0	0.0	0.0
勤務国別歴任率(%)			20.8		1.4		1.4		5.9		1.4		0.0	
勤務地域別歴任率①(%)														35.8
勤務地域別歴任率②(%)														46.2
大・公使館勤務(%)			55.2											
領事館勤務(%)			44.7											

あとがき

本書は、「戦後日本における再軍備論の理念とその起源――「新外交」論者芦田均の戦前・戦中・戦後」（大阪大学大学院法学研究科博士学位論文、二〇一四年三月）を原型としている。ただし、本書にまとめるに当たって、加筆修正を施すとともに、学位取得後に発表したいくつかの論文を組み込んだ。これまでに発表した論文の初出と本書の関係を示すと、以下のとおりである。

「芦田均の国際政治観（一）・（二・完）――満州事変前後の連続性を中心に」（『阪大法学』第六〇巻第二号・第三号、二〇一〇年七月・九月）……第一章、第二章

「芦田均と戦中期の「自由主義」勢力――「芦田均文書の保存・整理・公開および研究基盤創出のための総合研究」の成果とその紹介」（『同時代史研究』第五号、二〇一二年）……補論3

「戦中期芦田均における普遍主義的国際政治観（一）・（二・完）――対ソ協調論と対米協調論の関係を中心に」（『阪大法学』第六二巻第五号・第六号、二〇一三年一月・三月）……第四章

「芦田均と政民連携運動――一九三〇年代の外交と政党政治の関係をめぐって」（『日本歴史』第七九三号、二〇一四年六月）……第三章

「芦田均と『ジャパン・タイムズ』――一九三〇年代における日本の対外宣伝の一側面」（『名城法学』第六五巻第一・二合併号、二〇一五年一一月）……補論2

「日本国憲法第9条と集団安全保障――芦田均の軌跡を手がかりに」(『比較憲法学研究』第二九号、二〇一七年一〇月)……第五章第一節

「外務省連盟派とその政策――戦前外交官のキャリアパスと「機関哲学」の形成と継承」(『名城法学』第六八巻第一号、二〇一八年九月)……補論1

以上のように、本書は、大学院に進学してから現在に至るまでの約一四年間に執筆した論文を集成したものである。この間、芦田均という人物そのものに向けられていた関心は、「新外交」の理想や連盟外交の経験と戦後外交との関係へと移っていった。冷戦後の世界から芦田の内面をくぐり抜け、見えてきた新たな課題である。その点で、本書は終着点ではなく、一つの通過点である。

とはいえ、多くの方の支えがなければ、ここまで辿りつくこともできなかった。これまでお世話になったすべての方に心からお礼を申し上げたい。

とくに大学院進学以後、一貫して指導してくださった瀧口剛先生からは言葉では表せないほどの学恩を賜った。はじめて一対一で指導を受けたとき、普段の温和な表情からは想像もつかないほど険しい顔つきに変わられたことを今でも鮮明に覚えている。一四時からはじまった指導は二一時までおよび、研究の何たるかをまったく理解していなかった私は、眼鏡越しにのぞく先生の鋭い眼光を前にただただ立ちすくむばかりであった。情熱をもって真摯に研究に向き合われる先生の姿は、今も変わらず、私の目標でありつづけている。

坂元一哉先生からも折に触れてご指導を賜った。日米関係史の大家であり、論壇でも活躍される先生のゼミに参加させていただいたことは、ほかでは得難い貴重な財産の一つとなっている。研究の現代的意義について深く考えるようになったのも、先生のご指導を受けたことがきっかけであったように思う。また、坂元ゼミでは高橋慶吉先生とご

一緒させていただいた。比較的年齢の近い先生からは、いつも励ましの言葉をかけていただき、博士論文の審査では坂元先生とともに副査を務めていただいた。

福永文夫先生からは、「芦田均文書の保存・整理・公開および研究基盤創出のための総合的研究」に参加する機会を与えていただいた。芦田の日記に出会えたのもこの研究を通じてであった。日記の閲覧をお許しくださったご令孫の下河辺元春先生にも改めてお礼を申し上げたい。さらに同研究では、故天川晃先生、雨宮昭一先生、津田由美子先生、三川譲二先生、源川真希先生、村井良太先生にお目にかかることもできた。御大ともいえる先生方と第一線で活躍される先生方の議論を間近で拝聴できたことは、大きな刺激となった。また、コンペル・ラドミールさん、植田麻記子さんには、まだ十分にかたちになっていなかった芦田像についてあれこれとお話を聞いていただいた。

同門の先輩である森川正則先生や後輩の醍醐龍馬さん、野間俊希さんをはじめ、大学院でともに学んだ諸先輩方や友人たち、研究会でご一緒させていただいた方々からも数えきれないほどの支援を得た。なかでも小野博司先生は、草稿段階の論文を丁寧に読んでくださり、いつも的確なコメントをくださった。片山慶隆先生は、引きこもりがちな私にいくつもの研究会をご紹介してくださり、分野を越えた知見を広げるきっかけを与えてくださった。先生はまた、これまでの研究を著書としてまとめるように勧めてくださり、出版社もご紹介してくださった。中谷直司先生は、日本学術振興会の特別研究員（ＰＤ）として瀧口先生のもとに来られ、わずかな間であったが一緒に勉強させていただいた。ほかにも、中国政治史の田中仁先生、鄒燦さん、フランス外交史の鳥潟優子先生、日米関係史の渡邉浩崇先生、小島吉之さん、田中慎吾さん、鍛治一郎さん、真栄城拓也さん、文学研究科西洋史研究室から来られていた酒井一臣先生、日本史研究室から来られていた久保田裕次さん、久野洋さん、望月みわさんら多様な分野にまたがる方々から多くのことを学ばせていただいた。これからもひきつづき一緒に勉強させていただければと願っている。

これまでに勤務させていただいた、大阪府公文書館、関西外国語大学、京都教育大学、京都橘大学、甲南大学、同志社大学、ＥＣＣ国際外語専門学校の先生方や職員の方々にも大変お世話になった。未熟な講義にもかかわらず、熱心に耳を傾けてくれた学生の皆さんには申し訳ない気持ちでいっぱいであるが、これらの経験の一つひとつが現在の私をかたちづくっている。

二〇一五年からは名城大学法学部に勤務させていただいている。政治学部門の松本俊太先生、髙松淳也先生、仁井田崇先生をはじめ、法学部の先生方や職員の方々には大変親切にしていただいている。ゼミ生をはじめとして私の議論につき合ってくれる学生の存在もありがたく、自分の研究を見つめ直す重要な機会を与えてくれている。

本書の出版に際しては、吉川弘文館編集部の永田伸、並木隆両氏と歴史の森の関昌弘氏からご助力を得た。はじめての出版で右も左もわからない私を懇切丁寧に導いてくださったことに心よりお礼申し上げたい。

また、本書の刊行に当たって、名城大学法学会より助成を受けたほか、これまでにＪＳＰＳ科研費１５Ｋ２１１２３および１８Ｋ１２７３２の助成を受けた。記して感謝申し上げる。

最後に、いつも私の選択を尊重し、温かく見守りつづけてくれた両親に感謝の言葉を捧げたい。ありがとう。本書がささやかな親孝行となれば幸いである。

二〇一九年九月

矢　嶋　　光

索　　引

Ⅰ 人　名

あ 行

か 行

さ　行

た　行

な 行

は 行

ま 行

や　行

ら　行

わ　行

II 事　　項

あ 行

か 行

さ 行

た　行

な 行

は 行

ま 行

や 行

ら　行

わ　行

著者略歴

一九八一年　滋賀県に生まれる
二〇一四年　大阪大学大学院法学研究科博士後期課程修了
現在　名城大学法学部准教授　博士(法学)

〔主要論文〕
「日本国憲法第9条と集団安全保障――芦田均の軌跡を手がかりに」(『比較憲法学研究』第二九号、二〇一七年一〇月)
「外務省連盟派とその政策――戦前外交官のキャリアパスと「機関哲学」の形成と継承」(『名城法学』第六八巻第一号、二〇一八年九月)

芦田均と日本外交
連盟外交から日米同盟へ

二〇一九年(令和元)十二月一日　第一刷発行

著者　矢《や》嶋《じま》光《あきら》

発行者　吉川道郎

発行所　株式会社　吉川弘文館
郵便番号一一三―〇〇三三
東京都文京区本郷七丁目二番八号
電話〇三―三八一三―九一五一〈代〉
振替口座〇〇一〇〇―五―二四四
http://www.yoshikawa-k.co.jp/

印刷＝亜細亜印刷株式会社
製本＝誠製本株式会社
装幀＝山崎　登

ISBN978-4-642-03890-4